Von Doreen Virtue sind in unserem Hause erschienen:

Das Heilgeheimnis der Engel
Engel-Gespräche
Die Heilkraft der Engel
Die Heilkraft der Feen
Dein Leben im Licht
Engel der Erde
Neue Engelgespräche
Medizin der Engel
Das Heil-Orakel der Engel (44 Karten mit Anleitung)

Doreen Virtue

Engel-Gespräche

Wahre Begegnungen

*Aus dem Amerikanischen
von Karin Adrian*

Ullstein

Besuchen Sie uns im Internet:
www.ullstein-taschenbuch.de

Ullstein Esoterik
Herausgegeben von Michael Görden

Aus dem Amerikanischen von Karin Adrian
Titel der Originalausgabe
ANGEL VISIONS
Erschienen bei Hay House, Inc. Carlsbad, CA

Neuausgabe im Ullstein Taschenbuch
1. Auflage August 2004
2. Auflage 2005
© der deutschen Ausgabe 2004 by Ullstein Buchverlage GmbH
© der deutschsprachigen Ausgabe 2003 by
Wilhelm Heyne Verlag GmbH & Co. KG, München
© der Originalausgabe 2000 by Doreen Virtue
Umschlaggestaltung: FranklDesign, München
Titelabbildung: Hay House, CA
Gesetzt aus der Palatino
Druck und Bindearbeiten: Ebner & Spiegel, Ulm
Printed in Germany
ISBN-13: 978-3-548-74130-7
ISBN-10: 3-548-74130-4

INHALT

Ein himmlischer Arzt
Ein Engel kam zu Hilfe
Ein Engel für eine trauernde Tochter
Er rettete mir das Leben
Von Freude überwältigt
Der Himmel half mir
Von einem Engel gerettet
Beten lohnt sich

Eine lebenswichtige Nachricht
Trost von oben
Gott wirkt auf rätselhafte Weise
Ein Engel in New York City
Alles wird wieder gut
Ein himmlischer Begleiter
Bitte, und du wirst empfangen
Der betende Arzt in Weiß
Begegnung mit meinem Engel
Tanzender Engelsjunge
Ein Bote von oben
Meine Angst wurde geheilt
Ein verkleideter Engel
Gott segne ihr Herz

Vielen Dank, Papa!
Er passt auf uns auf
Die ewige Liebe einer Mutter
Papa hat mir immer Mut gemacht
Grünes Licht für Großvater
Sie strahlte vor Freude
Es tut mir Leid, dass ich nicht warten konnte
Himmlische Ehestifter
Meine Mutter, der Engel
Der Schutzengel meines Babys
Ich werde immer bei dir sein
Eine Warnung von oben
Wunderschön im Licht
Als ich ihn am meisten brauchte

Warme, liebevolle Energie
Sie berührte uns
Es gibt keinen Abschied
Alles wird gut
Er hielt meine Schwester fest
Eine Botschaft aus der anderen Welt
Mir geht es jetzt so viel besser
Einen helleren Ort aus der Welt machen

Der große blaue Engel des Friedens und der Heilung
Träume voll göttlicher Führung
Die goldene Kordel
Das rosa Badeschwämmchen
Ein ermutigender Traum

Die Entscheidung
Heilende Lichter
Lichter der Reinheit und Freude
Weiße Lichter und eine wunderbare Genesung
Ein herrliches weißes Licht
Von Engeln begleitet
Engel in der Sauna
Vom Licht gerettet
Ein beruhigender Anblick
Ein Strom schimmernder Funken
Schutzengel an der Straße
Eine Bestätigung für meinen Glauben
Das Licht der Liebe und Weisheit meiner Mutter
Ein beruhigender Nebel
Unzertrennlich
Eine dringende Botschaft aus dem Nebel
Danke, lieber Gott!

Der Engel mit den Purpurhaaren
Ein Engel auf meiner Schulter

Die tröstende Engelswolke
Sofortiger Beweis
Glücklich im Himmel
Eine innere Gewissheit
Die Botschaft der Rosenblätter
Ein Regenbogen als Zeichen
Ein Zeichen von Schutz
Ein Zeichen von der Muttergottes
Daniel
Gesundheit!
Ein großzügiges Zeichen
Du musst nur bitten

Eine aufschlussreiche Erfahrung
Eine Erfahrung, die mein Leben veränderte
Sanfte Lichtwesen
In die Arme von Engeln
Tante Nina

TEIL II: WIE AUCH SIE ENGEL SEHEN KÖNNEN

Wie das Tönen mir half, einen Engel zu sehen

Ein irdischer Engel in meinem Leben

*Für meinen Großvater Ben, meine Großmutter Pearl
und meinen Großvater Fount Leroy Merrill,
die mir als Engel erschienen sind*

VORWORT

Haben Sie schon einmal einen Engel gesehen? Viele Menschen sind bereits einem Engel begegnet. Vielleicht ist es auch Ihnen schon passiert, ohne dass Sie es wissen. In diesem Buch werden Sie Menschen aus allen Lebensbereichen begegnen, die eines gemeinsam haben: *Sie hatten eine Engelsvision.*

Eine Engelsvision bedeutet, das Göttliche zu sehen oder das, was allgemein als unsichtbar gilt. Dabei gibt es verschiedene Arten von Engelserscheinungen. Manche Menschen sehen tatsächlich den typischen Renaissance-Engel mit Flügeln. Für andere bedeutet es das Erscheinen eines geliebten Verstorbenen. Wieder anderen erscheinen Engel im Traum, wobei solch ein Traum besonders tief und plastisch und oftmals prophetischer Natur ist. Es gibt auch Menschen, die Begegnungen mit Jesus, Maria, einem Heiligen oder einem Avatar haben.

Engelserscheinungen können aber auch in Form unerwarteter Begegnungen mit hilfsbereiten Fremden auftreten, die in ein Geschehen eingreifen oder eine wichtige Nachricht übermitteln – und dann spurlos verschwinden. Manche Menschen empfangen auch himmlische Zeichen, zum Beispiel in Form unerklärlicher Lichter oder Farben.

Als Psychotherapeutin lernte ich während meiner Ausbildung, dass es sich um eine Halluzination handelt, wenn Menschen etwas sehen, das nicht da ist. Tatsächlich habe ich viele als schizophren diagnostizierte Patienten behandelt, die mir von Dingen und Personen erzählten, die ich nicht sehen konnte. Ich kann nur spekulieren, wie viele meiner Patienten möglicherweise durch den Schleier zwischen den Welten blicken können und tatsächlich Engelsvisionen haben, die wir Therapeuten fälschlicherweise als Halluzinationen betrachten.

Viele der Engelsvisionen in diesem Buch stammen von Kindern, was nicht weiter überraschend sein sollte. Kinder sind weniger skeptisch und weniger mit der materiellen Welt beschäftigt, zwei Faktoren, die meiner Ansicht nach bei vielen Erwachsenen die Begegnung mit Engeln verhindern. In einer 1995 von Dr. William MacDonald an der Universität von Ohio durchgeführten Untersuchung kam man zu dem Schluss, dass Kinder mit höherer statistischer Wahrscheinlichkeit hellseherische und telepathische Fähigkeiten aufweisen als Erwachsene.[1]

Ich erinnere mich, dass ich als Kind funkelnde Lichter sah und mich durch sie angenehm getröstet fühlte. Diese Lichter, die ich heute als »Engelsspuren« bezeichne und bei denen es sich um die kleinen Funken handelt, die Engel bei jeder Bewegung ausstrahlen, haben mich mein ganzes Leben lang begleitet. Ich wusste immer, dass es ein gutes Zeichen für meine jeweiligen Entscheidungen war, wenn ich diese hellen Blitze oder Lichtfunken sah. Doch erst vor kurzem habe ich begonnen, über all dies zu sprechen. Seit ich mich im Hinblick auf meine Engelsvisionen »geoutet« habe, stelle ich fest, dass Tausende andere rational denkende, normale, intelligente Erwachsene ebenfalls Engelsspuren sehen.

Wenn die Vorstellung, Engel sehen zu können, Ihre Begeisterung weckt, werden Sie den zweiten Teil dieses Buches mit besonderem Interesse lesen. Darin beschreibe ich ausführlich die einzelnen Schritte, die ich meinen Schülern an die Hand gebe. Zahlreiche Menschen haben mithilfe dieser Schritte bereits erfolgreich den Schleier zur anderen Welt gelüftet und himmlische Erscheinungen wahrgenommen.

Engel erscheinen in vielerlei Gestalt und Größe

Verschiedene Umfragen haben ergeben, dass zwischen 72 und 85 Prozent der Amerikaner an Engel glauben. Bei einer

---

[1] MacDonald, William L. (1995).

kürzlich durchgeführten Untersuchung gaben mehr als 32 Prozent der Amerikaner an, schon einmal einem Engel begegnet zu sein. Ein Drittel der Leute, die von der Zeitschrift *The Sceptic* befragt wurden, sagten aus, dass sie schon einmal ein »himmlisches Wesen« gesehen hätten. 80 Prozent glauben an Wunder, und ein Drittel hat laut einer 1999 vom Fernsehsender CBS durchgeführten Befragung schon einmal ein Wunder erlebt. Daraus könnte man den Schluss ziehen, dass es *normal* ist, an Engel und Wunder zu glauben, und dass es eine relativ verbreitete Erfahrung ist, einen Engel zu sehen!

Doch sprechen alle Leute von derselben Sache, wenn sie sagen, dass sie an »Engel« glauben? Jeder scheint seine eigene Definition davon zu haben, was ein Engel ist. Wenn ich von Engeln spreche, denke ich normalerweise an Wesen aus der geistigen Welt, seien es nun Verstorbene, Engel mit Flügeln, wie sie die Bibel beschreibt, oder Gestalten wie Jesus und die Heiligen.

Engel erscheinen jedoch auch auf Erden. Viele der Geschichten, die Sie in diesem Buch lesen können, erzählen von Begegnungen mit ganz realen, körperlichen Personen, die Hilfe oder eine wichtige Botschaft überbrachten und dann ebenso geheimnisvoll wieder verschwanden, wie sie aufgetaucht waren. Das ist zweifellos der Typ Engel, den der Apostel Paulus in seinem Brief an die Hebräer anspricht: *»Vergesst die Gastfreundschaft nicht; denn durch sie haben einige, ohne es zu ahnen, Engel beherbergt.«*

Rein formal bezieht sich das Wort *Engel* auf ein geistiges, nichtkörperliches Wesen mit Flügeln. Engel sind Boten, die uns von unserem Schöpfer gesandt werden, um uns Hilfe, Führung, Unterstützung und Schutz zu geben. Solche Engelswesen sind in den meisten großen Religionen des Ostens und des Westens bekannt.

Uns nahe stehende Verstorbene werden gewöhnlich nicht als Engel, sondern als »geistige Helfer« oder »Geistführer« bezeichnet, weil sie bereits einmal als Menschen gelebt haben.

Wenn wir nämlich als fehlbare Menschen gelebt haben, sind wir grobstofflicher und weniger feinstofflich als die Engel, die kein Leben auf der Erde verbracht haben. Natürlich stimmt es spirituell gesehen, dass wir alle eins sind mit Gott und den Engeln. Wir sind alle Gottes vollkommene Schöpfung. Trotzdem scheint für uns hier auf Erden Lebende zu gelten, dass die Engel in ihrem Denken weniger erdgebunden sind und deshalb ein reineres Bewusstsein von der Liebe haben.

Jesus, Maria, die Heiligen und andere große spirituelle Lehrer werden meist als »aufgestiegene Meister« bezeichnet. Sie bleiben in engem Kontakt mit den Erdbewohnern und sind für alle erreichbar, die ihrer bedürfen, unabhängig von Glauben und religiöser Praxis.

Begegnungen mit Engeln

Weil so viele Menschen Engelsvisionen haben und Engeln begegnet sind, werden weltweit umfangreiche Untersuchungen durchgeführt und Dokumentationen erstellt.

Zum Beispiel hat Emma Heathcote, Theologin an der Birmingham-Universität, seit 1998 mehrere hundert Menschen in England interviewt, die Begegnungen mit Engeln hatten.[2] Interessanterweise trat die höchste Rate von Engelserfahrungen bei Menschen im Alter zwischen 36 und 55 Jahren auf. Emma Heathcote hat die von ihr untersuchte Gruppe in folgende Kategorien unterteilt.

- 26 Prozent sahen den klassischen Engeltyp mit Flügeln.
- 21 Prozent erblickten eine menschliche Gestalt, die erschien und wieder verschwand.
- 15 Prozent fühlten eine Kraft oder Präsenz.

---

[2] Interview von Gill Fry mit Emma Heathcote für Share International Media Service 1999. Daten zitiert mit freundlicher Genehmigung von Emma Heathcote.

- 11 Prozent sahen eine Gestalt in Weiß.
- 7 Prozent nahmen einen ungewöhnlichen, unerklärbaren Geruch wahr.
- 6 Prozent fühlten sich von Licht umgeben.
- 6 Prozent hörten eine körperlose Stimme, die Stimme eines Engels oder einer Erscheinung.
- 4 Prozent fühlten oder sahen, wie sie von Flügeln eingehüllt wurden.
- Sonstiges: weitere 4 Prozent.

In diesem Buch finden Sie Geschichten über eine Reihe unterschiedlicher Engelserfahrungen. In den beiden ersten Kapiteln wird von erwachsenen Menschen und von Kindern, die mit ihren (physischen) Augen geflügelte Lichtwesen wahrnahmen, berichtet. Das dritte Kapitel lässt Sie an den ungewöhnlichen Erfahrungen von Menschen teilhaben, bei denen in einer schwierigen Situation ein geheimnisvoller Fremder auftauchte, der ihnen half und dann spurlos verschwand. Im vierten Kapitel lesen Sie von Fremden, die auftauchten, um eine dringende oder wichtige Botschaft zu übermitteln.

Erscheinungen

Wie die Menschen im fünften Kapitel hatte auch ich schon einmal eine Erscheinung, das heißt, ich sah und sprach mit einem Verstorbenen.

Als das geschah, war ich 17 Jahre alt. Meine Großeltern Pearl und Ben besuchten meine Eltern, meinen Bruder und mich, und ich war richtig aufgeregt deswegen. Sie waren den weiten Weg bis zu unserem Haus in Escondido nördlich von San Diego gekommen.

Als heranwachsende Jugendliche war ich in dem Alter, in dem ich meine Zeit lieber mit meinen Freunden als mit meiner Familie verbrachte. Mein Großvater schien dafür Verständnis zu haben, denn er bestand darauf, mich am Samstagabend zu der Party zu bringen, die bei einer meiner besten Freundinnen stattfand. Während der Fahrt erzählte er mir Geschichten aus seiner eigenen Jugendzeit. Als er mich an diesem Abend mit einer Umarmung absetzte, fühlte ich mich meinem Großvater sehr nahe.

Am nächsten Tag machten sich Ben und Pearl wieder auf den Weg nach Hause. Es war für uns alle ein schöner Besuch gewesen. Doch gegen 18 Uhr klingelte das Telefon. Ich sah, wie mein Vater heftig zu zittern anfing, und hörte, wie er ausrief: »O nein!« Etwas Furchtbares musste passiert sein. »Es hat einen Unfall gegeben«, erklärte er uns. »Oma Pearl liegt im Krankenhaus und Ben ist tot.« Seine Worte – »Ben ist tot!« – habe ich noch heute im Ohr.

Meine Mutter, mein Vater und mein Bruder gaben sich ihrem emotionalen Aufruhr hin. Sie protestierten laut gegen das, was geschehen war, weinten und fielen sich gegenseitig in die Arme. Um meinem eigenen Schmerz zu entkommen, lief ich in mein verdunkeltes Schlafzimmer und holte meine Akustikgitarre hervor.

Völlig abwesend zupfte ich die Saiten. Ich fühlte mich schrecklich schuldig, dass ich über den Tod meines Großvaters nicht in Tränen ausbrach. Es bedeutete nicht, dass ich ihn nicht geliebt hatte. Im tiefsten Inneren hatte ich jedoch das Gefühl, dass es meinem Großvater gut ging und dass es keinen Grund gab, traurig zu sein.

Plötzlich nahm ein bläulich weißes Licht am Fußende meines Bettes meine Aufmerksamkeit gefangen. Inmitten dieses Lichtes stand mein Großvater! Als ich mir Jahre später den Film *Star Wars* ansah, erinnerte mich die Szene, in der Prinzessin Leah aus dem Speicher von C3PO auftaucht, an die Art und Weise, wie mein Großvater mir damals erschien. Er war dreidimensional, aber nur ungefähr halb so groß wie ursprünglich, wie ein 1,20 Meter großes Hologramm.

Auch wenn ich mich nicht erinnern kann, dass mein Großvater die Lippen bewegte, so übermittelte er mir seine

Gedanken doch mit seiner vertrauten Stimme. Die irgendwie telepathisch in mein Gehirn übertragenen Worte waren: »Was du fühlst, ist richtig. Mir geht es gut.« Meine Schuldgefühle verschwanden, und ich erkannte, dass es keinen Grund zum Trauern gab. Meinem Großvater ging es gut.

Viele Geschichten in den beiden Kapiteln über Erscheinungen Verstorbener sind ganz ähnlich wie diese, wobei die Verstorbenen ihren Hinterbliebenen sagen: »Mir geht es gut. Bitte mach dir keine Sorgen um mich.« Zunächst lesen Sie von Erwachsenen und Kindern, die wie ich einen Verstorbenen mit offenen Augen im Wachzustand sahen. Im folgenden Kapitel erfahren Sie etwas über Menschen, die im Traum mit ihren Verstorbenen kommunizierten. Wie im Kapitel über Träume von Engeln werden Sie auch hier feststellen, dass diese Traumerscheinungen ganz außergewöhnlich sind.

Forscher der Parawissenschaften definieren Erscheinungen nach ihren charakteristischen Fähigkeiten, zum Beispiel ihrem blitzartigen Auftauchen und Verschwinden, ohne Spuren ihres Kommens und Gehens zu hinterlassen. Erscheinungen können sich außerdem durch feste Gegenstände, Mauern und geschlossene Türen bewegen. Und sie gleiten oder schweben mehr, als dass sie gehen.[3]

Untersuchungen in England und in den USA haben ergeben, dass zwischen 10 und 27 Prozent der Bevölkerung schon einmal eine Erfahrung hatten, bei der sie einen Verstorbenen sahen und mit ihm kommunizierten.[4] Laut Andrew M. Greeley, Autor, Pfarrer und Soziologe am General Social Survey der Universität von Chicago, haben etwa zwei Drittel aller Witwen eine Erscheinung, wobei ihnen meist der verstorbene Ehemann erscheint.

Greeleys Untersuchung ergab, dass der Glaube an ein Leben nach dem Tod zunimmt und dass die Mehrheit der

---

[3] Stevenson, I. (1982).

[4] Stevenson, I., ibid.

Menschen heute davon überzeugt ist, dass die Seele weiter-
lebt. Er schreibt:

Der Glaube an ein Leben nach dem Tod ist nach den Untersu-
chungsergebnissen des General Social Survey in den 90er-Jahren
verbreiteter als in den 70ern. Die Veränderung tauchte zuerst bei
den Angehörigen von Außenseiterreligionen und Menschen ohne
Religionszugehörigkeit auf. Etwa 85 Prozent der Protestanten jeder
Altersstufe glauben an ein Leben nach dem Tod. Der prozentuale
Anteil der Katholiken, die an ein Leben nach dem Tod glauben, stieg
von 67 Prozent bei den zwischen 1900 und 1909 Geborenen auf
85 Prozent bei den zwischen 1960 und 1969 Geborenen. Der Glau-
be an ein Leben nach dem Tod liegt bei Katholiken mit Universitäts-
abschluss etwa 11 Prozent höher als bei jenen, die ihre Ausbildung
mit der Highschool abschlossen, und 16 Prozent höher als bei allen,
die die Highschool vorzeitig verließen.

Bei den Juden glaubten 17 Prozent der zwischen 1900 und 1909
Geborenen an ein Leben nach dem Tod. Von den 1960 bis 1969 Ge-
borenen glauben bereits 74 Prozent daran. Und der prozentuale
Anteil von Menschen ohne Religionszugehörigkeit, die an ein Wei-
terleben der Seele nach dem Tod glauben, erhöhte sich von 44 Pro-
zent auf 58 Prozent.[5]

Menschen, die eine Erscheinung hatten, sagen, dass es nicht
wichtig ist, ob andere Leute ihnen glauben oder nicht. Sie *wis-*
sen, dass sie tatsächlich dem lebendigen Geist ihres geliebten
Verstorbenen begegnet sind. Trotzdem erzählen sie anderen
oft nicht von ihrem Erlebnis, weil sie vermeiden wollen, aus-
gelacht zu werden oder Skepsis zu begegnen. Doch finden
diejenigen, die eine Erscheinung hatten, Bestätigung und
Trost bei Menschen, die ihnen glauben oder die selbst schon
einmal einem Verstorbenen begegnet sind.

Ich glaube, es ist an der Zeit, uns spirituell zu »outen« und

---

[5] Greeley, A. M.; Hout, M. (1998).

unsere Erlebnisse offen mitzuteilen. Erst dann können wir erkennen, wie verbreitet sie sind. Außerdem können wir alle von den liebevollen, weisen und hilfreichen Botschaften profitieren, die uns von geliebten Verstorbenen übermittelt werden.

Auch wenn Menschen, die eine Erscheinung hatten, die Gültigkeit ihrer Erfahrung nicht anzweifeln, so verlangt die Wissenschaft doch nach zusätzlichen Beweisen für die Authentizität solcher Erfahrungen. Es gibt vor allem zwei Möglichkeiten, wie Wissenschaftler eine solche Erfahrung »nachweisen« können. Erstens sind hier die Fälle zu nennen, in denen jemand von einem Verstorbenen eine *neue* Information erhält – wenn ein Verstorbener beispielsweise von einem bevorstehenden Ereignis erzählt oder wenn er sagt, dass gerade jemand gestorben ist, und der Betreffende dies bis zu diesem Zeitpunkt noch nicht wusste. Zweitens untersuchen Wissenschaftler das Phänomen der Gruppenerfahrung, bei dem mehrere Personen gleichzeitig dieselbe Erscheinung haben. Zu solchen Gruppenerfahrungen zählen auch die seit Jahrzehnten immer wieder auftretenden Marienerscheinungen. Bei einer Untersuchung an 238 Personen, die eine Erscheinung hatten, nahmen in ungefähr einem Drittel der Fälle zwei oder mehr Menschen den gleichen Verstorbenen wahr. In einer ähnlichen Untersuchung kam man zu dem Ergebnis, dass bei 56 Prozent der Erscheinungen mehrere Menschen gleichzeitig den Verstorbenen sahen.[6]

Träume von Engeln und Verstorbenen

Das nächste Kapitel handelt von Menschen, die in ihren Träumen Engelserscheinungen hatten. Ist die Begegnung mit Engeln oder Verstorbenen im Traum weniger wert als eine Begegnung im Wachzustand? Meine Untersuchungen und persönlichen Erfahrungen haben gezeigt, dass Engelserfah-

---

[6] Stevenson, I. (1982).

rungen im Schlaf- und Wachzustand gleich tief greifend sind. Zum Beispiel erschien mir meine Großmutter Pearl zwei Jahre nach ihrem Tod im Traum. Sie war so wirklich, so greifbar, so hörbar. Meine Großmutter sagte nur zwei Worte, aber ich höre sie immer noch: »Studiere Pythagoras.« Ich wachte auf und fragte mich: »Der mit dem Dreieck?« Schnell schrieb ich mir ihre Worte auf einen Notizblock, den ich immer auf meinem Nachttisch liegen habe. Mein Wissen über Pythagoras beschränkte sich auf das, was ich in ein paar Stunden Algebra auf der Highschool gelernt hatte. Ich war mir nicht einmal sicher, ob ich den Namen richtig buchstabieren konnte.

Da ich meiner Großmutter vertraute, suchte ich im Internet und in Fachbuchhandlungen nach Material über Pythagoras. Ich fand heraus, dass dieser griechische Philosoph ein strikter Vegetarier gewesen war und dass er und seine Schüler sich in Höhlen trafen, um Alchemie und alternative Heilmethoden zu studieren. Zu ihren Entdeckungen zählten die Gesetze der harmonischen Schwingung von Saiten bei Musikinstrumenten. Insbesondere ermittelte Pythagoras die mathematischen Formeln verschiedener Töne und Akkorde. Er ging von der Annahme aus, dass jede Tonschwingung eine spezifische Heilqualität besitzt.

Seine Schwingungsgesetze weisen Ähnlichkeiten mit der numerologischen Arbeit der alten Ägypter auf, die die Basis für das Tarot bildet. Ich erfuhr, dass jede Tarotkarte eine Zahl hat und dass mit jeder Zahl eine bestimmte Bedeutung verbunden ist. Jedes Bild und die dazugehörige Bezeichnung sind von einmaliger Schwingungsqualität. Wenn jemand eine Frage stellt und dann eine Tarotkarte zieht, führt die Schwingung seiner Gedanken und Gefühle dazu, dass er automatisch die Karte zieht, die die gleiche Schwingungsqualität aufweist.

Nachdem meine Großmutter mich dazu gedrängt hatte, Pythagoras zu studieren, kam ich schließlich auf die Idee, Engelkarten zu entwickeln, ähnlich wie das Tarotspiel, aber ohne negative oder Furcht erregende Karten im Spiel. Die

Karten besitzen ihre ganz eigene Energie und eine gewisse magnetische Anziehungskraft, die dazu führt, dass man als Antwort auf seine Fragen immer die richtige Karte zieht.

Dieser Traum weckte in mir auch Interesse für Numerologie. Ich stellte fest, dass Engel oft zu uns sprechen, indem sie uns auf bestimmte Zahlensequenzen aufmerksam machen, zum Beispiel auf der Uhr, auf Nummernschildern, sonstigen Schildern oder bei anderen Gelegenheiten. Ich beschäftigte mich daraufhin mit der Bedeutung der verschiedenen Zahlensequenzen und schrieb ein Kapitel über die Vorhersage mithilfe von Zahlen in meinem Buch »Die Heilkraft der Engel«.

Sie werden feststellen, dass viele Träume, von denen in diesem Buch die Rede ist, zu erstaunlichen Ergebnissen geführt haben. Zahlreiche Geschichten handeln davon, wie das Leben des Träumenden gerettet wurde, weil ihm ein Engel oder ein nahe stehender Verstorbener eine dringende Warnung übermittelte.

Was den bloßen alltäglichen Traum von einem echten hellsichtigen Traum unterscheidet, ist die Tatsache, dass hellsichtige Träume in der Regel besonders plastisch und lebendig sind. 80,5 Prozent von 229 hellsichtigen Träumen, die John Palmer an der Universität von Virginia untersuchte, wurden als »besonders lebendig« beschrieben.[7] Ian Stevenson, ein Experte für paranormale Wissenschaften an der medizinischen Fakultät der Universität von Virginia, kam zu dem Schluss, dass die Aussagen über hellseherische Träume nahe legen, »dass besondere Lebendigkeit eines Traums ein Merkmal für Paranormalität ist«.[8]

Manche der Engelsvisionen, von denen dieses Buch berichtet, tauchen auch während einer Meditation oder einer Heilbehandlung auf. Für mich sind diese Engelsvisionen genauso stark und wirklich wie jede andere solche Begegnung. Als ich

---

[7] Palmer, J. (1979).
[8] Stevenson, I. (1992).

mich einmal von einem spirituellen Heiler behandeln ließ und mich in einer tiefen Trance befand, tauchte plötzlich das Gesicht eines Mannes vor mir auf. Obwohl er gestorben war, bevor ich geboren wurde, und ich mich nicht erinnern kann, jemals von ihm ein Foto oder Video gesehen zu haben, wusste ich mit absoluter Sicherheit, dass dies der Vater meiner Mutter war.

Mein Großvater erklärte mir, dass ihm einiges sehr Leid täte, was die Erziehung meiner Mutter betraf. Er sagte, dass seine Fehler als Vater das Selbstbewusstsein meiner Mutter zutiefst verletzt hätten und dass dies wiederum einen negativen Einfluss auf mein eigenes Selbstbewusstsein hatte. Plötzlich hatte ich das Gefühl, als würden viele Jahre emotionaler Schmerzen von mir abfallen. Der Vorfall trug sehr zu meiner seelischen Heilung bei. Viele Berichte in diesem Buch handeln von ähnlichen Erfahrungen.

Handelt es sich nur um Einbildung?

Vielleicht fragen Sie sich nun, was der Unterschied ist zwischen einer Halluzination und einer echten paranormalen Erfahrung. Der Arzt und Wissenschaftler Dr. Bruce Greyson untersuchte 68 Menschen, die klinisch als *nicht* schizophren eingestuft worden waren. 34 davon, also genau die Hälfte seiner Untersuchungsgruppe, berichteten, dass sie schon einmal eine Erscheinung erlebt hätten.

Dr. Ian Stevenson zitiert in einem seiner Artikel den Wissenschaftler D. J. West, der eine genaue Unterscheidung zwischen einer Halluzination und einer echten hellsichtigen Erfahrung trifft:

Pathologische Halluzinationen folgen in der Regel einem bestimmten, ziemlich starren Muster, ereignen sich wiederholt während der Dauer einer offensichtlichen Erkrankung und nicht zu anderen Zeiten und sind von anderen Symptomen begleitet, insbesondere von Bewusstseinsstörungen und dem Verlust des Bewusstseins für die normale Umgebung. Bei einer spontanen hellsichtigen (»para- normalen«) Erfahrung handelt es sich dagegen um ein isoliertes Er- lebnis, das nicht mit einer Krankheit oder anderen Störung in Ver- bindung steht und das vor allem nicht mit dem Verlust des Kontakts mit der normalen Umwelt verbunden ist.[9]

Aus meiner klinischen Erfahrung kann ich sagen, dass eine Halluzination – die Art von Halluzination, die mit einer mentalen Erkrankung verbunden ist – im Allgemeinen mit negativen, Angst einflößenden, manischen oder paranoiden Themen oder Aspekten zu tun hat. Die Person glaubt dann zum Beispiel, der CIA spioniere ihr nach oder irgendwelche Agenten, Personen oder sonstigen Wesen seien hinter ihr her.

Natürlich gibt es Fälle, in denen Menschen tatsächlich zur Zielscheibe von Verfolgung werden. Doch den Engelsvisio- nen und Erscheinungen, über die wir in diesem Buch lesen können, ist eine Besonderheit gemeinsam: Den Betroffenen geht es nach ihrer Engelserfahrung stimmungsmäßig, in ihrer Einstellung zum Leben und in ihrem Befinden besser. Bei einer Halluzination ist das dagegen fast nie der Fall. Meist fühlen sich die Menschen nach einer Halluzination unsicher, so als würden sie die Kontrolle über die Wirklichkeit verlie- ren. Nach einer echten Engelserfahrung fühlen sich die Men- schen dagegen geliebt, sicher und gesünder als vorher. »Alles ergibt jetzt einen Sinn«, ist häufig die Reaktion, die auf eine Engelsbegegnung folgt.

Außerdem stellten die Wissenschaftler Dr. Karlis Osis und Dr. Erlendur Haraldsson bei ihrer Beschäftigung mit dem Phänomen der Hellsichtigkeit fest, dass bei den meisten Hal- luzinationen die betreffende Person glaubt, sie sehe ein le- bendiges menschliches Wesen. Im Gegensatz dazu sehen die

---

9 Stevenson, I. (1983); West, D. J. (1960).

Menschen bei einer Erscheinung einen Verstorbenen oder einen aufgestiegenen Meister.[10]

In diesem Zusammenhang ist auch die Studie der englischen Wissenschaftlerin Emma Heathcote erwähnenswert. Sie untersuchte die Engelserfahrungen von fünf Blinden und stellte fest, dass zwischen ihren Visionen und den Engelserfahrungen Sehender kein qualitativer Unterschied bestand.

Sehen heißt glauben

Über die Jahre hinweg, in denen ich Tausenden von Menschen beigebracht habe, wie sie Engel sehen, hören, fühlen und erkennen können, habe ich eine Menge darüber gelernt, welchen Einfluss der Verstand, das Ego, die Persönlichkeit und die Emotionen bei diesem Prozess haben. Im letzten Teil dieses Buches werde ich Ihnen daher die vielfach erprobten Schritte vermitteln, durch die Sie lernen, Blockaden aufzulösen, sodass auch Ihnen Engelsvisionen zuteil werden können.

Ob Ihre Engelsvision nun in einem Traum geschieht oder mit weit geöffneten Augen, ob Sie Engel mit Flügeln sehen, einen geheimnisvollen Fremden oder einen verstorbenen Verwandten, ich bin sicher, dass Sie nichts dagegen haben, wenn ich hier noch einmal mein Lieblingszitat des Apostels Paulus wiederhole:

»Vergesst die Gastfreundschaft nicht; denn durch sie haben einige, ohne es zu ahnen, Engel beherbergt.«[11]

---

[10] Osis, K.; Erlendur, H. (1997).
[11] Die Bibel – Einheitsübersetzung, Hebräer 13,2.

Teil I

Wahre Geschichten von Begegnungen mit Engeln[12]

---

[12] Anmerkung der Autorin: Einige der Verfasser der folgenden Berichte haben darum gebeten, anonym zu bleiben oder nur mit Vornamen oder Initialen veröffentlicht zu werden.

KAPITEL 1

ERWACHSENE BEGEGNEN ENGELN

Das Geschenk der Engel

VON KATE O'RIELLY

Es war im Jahr 1998. Ich lag in der Notaufnahme mit der Diagnose Lungenentzündung. Man versorgte mich mit allen notwendigen Medikamenten und schickte mich dann mit der strikten Anweisung nach Hause, unbedingt Bettruhe zu halten und meine verschiedenen Medikamente zu nehmen. Als ich das Krankenhaus verließ, hatte ich das Gefühl, ich sollte lieber dort bleiben. Doch es gab keine freien Betten. Offensichtlich konnte ich aufgrund meines Alters und meines guten Allgemeinzustands mit einer entsprechenden Behandlung auch zu Hause schnell wieder gesund werden.

An jenem Abend hustete ich, wälzte mich im Bett hin und her und wurde vom Geräusch der Klimaanlage wach gehalten, bis ich schließlich in einen sehr tiefen Schlaf fiel. Um genau 3.33 Uhr wurde ich mit dem Gefühl wach, dass sich jemand in meinem Zimmer aufhielt. Zunächst dachte ich, jemand aus meiner Familie sei hereingekommen. Doch als ich mich im Bett umdrehte, begann mein Herz zu rasen. Im Raum befanden sich zwei sehr große Körper. Während ich versuchte, Genaueres zu erkennen, sagte mein Kopf immer wieder: »*Wie ist es möglich, dass etwas derart Großes in mein Schlafzimmer passt?*«

Die beiden Wesen gaben mir schnell ohne Worte zu verstehen, dass sie mich beschützten, während ich schlief. Ich wusste, dass sie Engel waren. Einer von ihnen war ein männlicher Engel von etwa drei Meter Größe. Doch wie passte ein drei Meter großes Wesen in mein Zimmer (das eine Deckenhöhe von 2,40 Meter hat)? Sein Gewand strahlte in einem wunderschönen Blaugrau, und er besaß ein liebevolles Gesicht, das heilsam auf mich wirkte. Der andere Engel war ganz weiß und wirkte weiblich. Er strahlte eine sanfte, wohltuende Energie aus und erinnerte mich an die Engel, über die ich als kleines Kind gelesen hatte: halb gefiederte, halb menschliche Wesen. Ich streckte die Hand aus, um sie zu berühren, doch da waren sie bereits verschwunden. Schließlich fiel ich wieder in einen unruhigen Schlaf.

Als ich am Morgen erwachte, war ich ganz aufgeregt über meinen »Traum« von den Engeln. Als meine Tochter und meine Enkelin in mein Zimmer kamen, um sich nach meinem Befinden zu erkundigen, erzählte ich ihnen von meinem himmlischen Besuch. Meine Tochter war alt genug, um skeptisch zu sein. Doch meine vier Jahre alte Enkelin war entzückt und ganz ergriffen von der Geschichte. Nachdem sich die Aufregung gelegt hatte, half mir meine Tochter aus dem Bett, um ins Bad zu gehen. In diesem Augenblick schrie meine Enkeltochter vor Begeisterung und Freude auf. Als ich mich vom Bett erhoben hatte, war nämlich eine etwa 15 Zentimeter lange weiße Feder zum Vorschein gekommen, die an meinem fiebrigen Bein klebte! Alle drei wussten wir nicht, was wir davon halten sollten. Ich war verwirrt, weil es in unserem Haus als Vorbeugungsmaßnahme gegen Allergien eigentlich überhaupt keine Produkte mit Federn gab. Meine Tochter war sprachlos. Meine Enkelin tanzte vor Freude, weil die Engel ein Geschenk hinterlassen hatten. Sie sagte, dass mein Traum eigentlich kein richtiger Traum gewesen sei, weil Engel immer nachts zu den

Menschen kommen. Natürlich waren es Engel gewesen! Vorsichtig löste ich die Feder von meinem Bein und legte sie auf den Hausaltar in meinem Schlafzimmer.

In der nächsten Nacht begann es mir schlechter statt besser zu gehen. Ich beschloss, den Arzt zu rufen, wenn ich mich nicht bald besser fühlte. Um 3.33 Uhr wurde ich wieder mit dem Gefühl wach, dass sich jemand in meinem Zimmer befindet. Ich drehte mich im Bett um, und siehe da, da waren wieder die beiden Engel! Sie standen mir gegenüber, und als ich sie anschaute, fragte der männliche Engel, ob ich bereit sei, mit ihnen in den Himmel zu kommen. In vieler Hinsicht war ich überglücklich, dass sie zu mir sprachen und mich einluden, ihnen zu folgen.

Die Engel sagten, sie wären da, um mir bei meiner Entscheidung zu helfen, ob ich in meinem Körper weiterleben wollte oder nicht. Ich dachte an die Projekte, an denen ich arbeitete, und an all die unerledigten Dinge in meinem Leben. Nichts von all dem schien wichtiger, als mit den Engeln zu gehen. Die Liebe und die Zufriedenheit, die sie ausstrahlten, war so anziehend, dass ich mir mehr davon wünschte. Doch plötzlich dachte ich an meine sieben Enkelkinder. Alle meine Freunde hatten gesagt, sie seien aus einem bestimmten Grund da, und ich könnte Teil dieses Grundes sein. Wenn ich in diesem Augenblick mit den Engeln ging, hätte ich keine Gelegenheit mehr, den Kindern auf Wiedersehen zu sagen und einen letzten Kuss und eine letzte Umarmung zu erhalten. Ich sagte den Engeln also, dass ich noch eine Weile auf der Erde bleiben wollte.

Die Engel erwiderten, dass ich mich in diesem Falle unverzüglich in die Notaufnahme des Krankenhauses begeben müsse, denn dies sei die einzige Möglichkeit, am Leben zu bleiben. Dann verschwanden sie so plötzlich, wie sie gekommen waren. So schnell es ging, brachte mich meine älteste Tochter ins Krankenhaus. Wie sich herausstellte, war die Lungenentzündung viel schlimmer geworden. Die Ärzte erklärten, ich sei gerade noch rechtzeitig in die Klinik gekommen.

Am nächsten Morgen um 3.33 Uhr wachte ich auf mit der Hoffnung, meine Engel zu erblicken, doch sie waren nicht da. Ich fragte mich, ob die Tatsache, dass ich ins Krankenhaus gegangen war, sie verwirrt hatte. Ich war sehr traurig bei der Vorstellung, sie vielleicht nicht mehr wiederzusehen, und überlegte, wie ich sie zu mir zurückholen könnte. Ich stellte fest, dass ich ihnen mehr Fragen hätte stellen sollen. Ich fürchtete, ich hätte eine Gelegenheit verpasst, und überdachte noch einmal meine Entscheidung, nicht mit ihnen zu gehen. Ich weinte und fühlte mich, als betrauerte ich gute alte Freunde.

Meine Tochter und meine Enkelin besuchten mich später am selben Morgen. Ich hatte nichts mehr über die Engel erzählt seit jenem Morgen, an dem wir die Feder fanden. Ich war zu schwach und konzentrierte meine Kraft darauf, dass es mir besser ging. Meine Tochter hatte selbst genug um die Ohren, und ich wollte sie nicht belasten oder beunruhigen. Doch als wir über meine Krankenhauserfahrung sprachen, erinnerte sich meine Tochter an etwas, das am frühen Morgen geschehen war. Sie erzählte, sie sei um 3.33 Uhr wach geworden und habe in Bezug auf eine wichtige Entscheidung, die sie treffen wollte, eine klare Erkenntnis gewonnen. Sie war ganz verblüfft, weil ihr diese mitten im tiefsten Schlaf gekommen war. Ihr Geist war jetzt ganz klar – nach vielen Monaten inneren Konflikts wusste sie endlich, was sie tun wollte.

Ich lächelte. Meine Engel waren also doch nicht verschwunden. Sie waren immer noch bei mir und meinen Lieben. Bis heute halte ich die Feder, das Geschenk der Engel, in Ehren.

Eingehüllt in Engelsflügel

VON JOAN SCOTT

Vor ein paar Jahren kümmerte ich mich um meine Mutter, als sie mit Lungenkrebs im Sterben lag. Jeder Tag war traumatisch, denn ich hielt mich nicht für eine gute Krankenpflegerin. Ständig sagte ich zur Pflegerin: »Ich kann das nicht.« Und sie antwortete: »Doch, Sie können das.«

Eines Nachts im Bett wiederholte ich immer wieder den Satz: »Ich brauche Hilfe.« Beinahe sofort sah ich eine riesige Anzahl von Engelsflügeln, die mich vollkommen umgaben und einhüllten. Diese Unterstützung, die mir zu verstehen gab, dass ich in dieser Situation nicht allein gelassen war, schenkte mir den Mut und die Kraft, die Zeit mit meiner Mutter bis zum Ende durchzustehen.

Seit dem Tod meiner Mutter weiß ich, dass ich immer von Engelsflügeln eingehüllt bin, wenn ich durch schwierige Zeiten gehe.

Die starke Liebe unserer Engel

ANONYM

Ich arbeite als Lehrerin. Einmal saßen wir alle am ersten Schultag in einem großen Kreis zusammen und machten eine offene Runde, um uns kennen zu lernen. Der Reihe nach erzählte jeder etwas von sich selbst. Ich war bereits dran gewesen, und als eine Frau an die Reihe kam, die etwas links von mir saß, erblickte ich plötzlich zwei Engel.

Als sie zu sprechen begann, sah ich zunächst so etwas wie die flimmernde Hitze über dem Asphalt an einem heißen Tag. Die Luft über ihr und um sie herum schien auf diese Weise zu flimmern und verwandelte sich dann in vielfältige Farben und schließlich in zwei Paar blaue Flügel. Dann sah ich, wie sich Wesen herausformten, die mit den Flügeln verbunden waren. Je eines dieser Wesen erschien auf beiden Seiten neben ihr. Hätte sie die Hand erhoben, wäre ihr ganzer Arm in sie eingedrungen.

Das alles geschah im Bruchteil einer Sekunde, und als ich meine Aufmerksamkeit bewusst auf das zu richten versuchte, was da geschah, konnte ich nichts mehr sehen. Doch ich war vollkommen sprachlos. Es war wie in einem dieser alten

Märchen, in denen Leute verzaubert werden und in Bewegungslosigkeit erstarren, nur dass in diesem Fall *ich* zur Bewegungslosigkeit erstarrt war, während alle anderen sich weiter unterhielten. Ich hörte kein Wort von dem, was sie sagten. Es war, als hätte ich mich einen Augenblick lang außerhalb der Zeit befunden, und ich musste erst wieder zu Atem kommen, während ich immer noch die Schwingungen dieser herrlichen Wesen spürte. Auch wenn ich sie nicht mehr sehen konnte, so fühlte ich doch die immense Liebe, die die Engel für diese Frau empfanden.

Ich habe bisher nur wenigen Leuten von dieser Erfahrung erzählt, weil Worte dem, was dabei tatsächlich geschehen ist, einfach nicht gerecht werden. Es ist extrem schwierig, meine Gefühle bei dieser Erfahrung zu beschreiben. Während ich hier sitze und mich an alles erinnere, kommen mir die Tränen, wenn ich daran denke, dass wir alle von Engeln umgeben sind und dass sie uns mehr lieben, als Worte ausdrücken können.

Himmlische Baseballtrainer

VON TERRY WALKER

Mein elfjähriger Sohn Steven beschloss, es diesen Sommer mit Baseball zu versuchen, nachdem er einige Jahre lang Fußball gespielt hatte. Die meisten Jungen in seinem Team spielten schon seit Jahren Baseball und waren sehr gut darin. Steven machte sich ganz gut, doch beim Schlagen war er so gehemmt, dass er nicht einmal versuchte, den Ball zu treffen. Also gingen wir mit ihm zum Training, um das Schlagen zu üben. Dabei war er ziemlich gut, aber während des Spiels verlor er immer die Nerven.

Eines Tages saß ich auf der Tribüne, um meinen Sohn spielen zu sehen. Nachdem er schon zweimal danebengeschlagen hatte, bemerkte ich, wie sein Selbstbewusstsein auf den Tiefpunkt rutschte. Ich wünschte ihm so sehr, dass er endlich einmal einen Treffer landete. Ich beschloss, zu seinen Engeln zu beten, damit sie ihm halfen, den Ball zu treffen.

Genau in diesem Augenblick erblickte ich ein Engelswesen, das sich über Stevens Schulter beugte, während er am Schlagmal stand. Der Engel blickte direkt zu mir hinauf, gab mir ein positives Zeichen mit dem Daumen und schenkte mir ein strahlendes Lächeln. Ich konnte kaum glauben, was ich gerade gesehen hatte! Ich blickte mich um, um festzustellen, ob noch jemand außer mir den Engel wahrgenommen hatte. Doch niemand schien etwas bemerkt zu haben.

Im nächsten Moment hörte ich einen dumpfen Schlag – Steven hatte den Ball getroffen! Er flog zwischen dem ersten und zweiten Mal hindurch ins rechte Feld. Steven rannte los, zunächst bis zum zweiten Mal, dann zum dritten und schließlich ins Ziel. Der Ausdruck von Freude auf seinem Gesicht war unbezahlbar! Er war so stolz auf sich selbst.

Nach dem Spiel erzählte ich ihm von dem Engel, und er sagte: »Mir war klar, dass da etwas Wunderbares geschah, denn ich spürte, wie jemand das Schlagholz hielt, und ich hörte jemanden sagen: ›Schlag zu!‹, und ich schlug zu!«

Das zeigt, dass die Engel wirklich helfen wollen und dass wir sie nur um ihre Hilfe bitten müssen. Seitdem spricht Steven immer mit seinen Engeln.

Tara, mein heilender Engel

VON ROBIN ANN POWELL

Es war irgendwann Ende November 1998, als eine liebe Freundin mir Doreens Hörprogramm »*Die Heilkraft der Engel*« schickte. Ich war sehr erfreut darüber, denn mit meiner Gesundheit ging es gerade ziemlich bergab. Alle Heilmethoden, die ich ausprobierte, schienen höchstens sechs Monate lang Wirkung zu zeigen.

Bevor ich die Kassetten erhielt, waren Engel einfach nur dekorative Gegenstände für mich gewesen. Ich hatte sie überall im Haus herumstehen. Doch hatte ich niemals Engel direkt gesehen oder gehört oder Heilung durch sie erfahren.

Als ich Doreens Kassette das erste Mal anhörte, schlief ich nach etwa 30 Minuten ein und nichts Ungewöhnliches passierte. Etwa drei Wochen später hatte ich Schmerzen in den Nieren. Ein Jahr zuvor hatte ich eine Blaseninfektion gehabt, die ich nicht in den Griff bekam. Sie entwickelte sich zu einer ernsthaften Nierenentzündung, sodass ich schließlich Antibiotika nehmen musste, um das Fieber zu senken. Endlich erholte sich mein Körper von der Infektion. Jetzt schrieben wir den 12. Dezember 1998, und wieder taten mir meine Nieren weh.

Mein Mann und ich fühlten uns an diesem Morgen ziemlich im Stress. Deshalb bat ich ihn, sich mit mir auf die Couch zu setzen, bevor ich arbeiten ging. Wir entspannten uns, und ich hatte meine Augen geschlossen. Plötzlich sah ich dieses wunderschöne Wesen. Sie hatte langes schwarzes Haar und trug ein langes weißes Kleid. Sie sagte, ihr Name sei Tara. Und sie erklärte mir, dass sie den ganzen Tag über ihre Hände auf meine Nieren legen würde, während ich in dem Warenhaus, wo ich arbeitete, Schuhe verkaufte. Das Wesen erzählte mir auch, dass ich ein irdischer Engel sei. Voller Erstaunen öffnete ich die Augen.

Ich erzählte meinem Mann, was gerade geschehen war, und wir saßen völlig sprachlos da. War das ein tatsächliches Erlebnis gewesen oder nur meine Einbildung? Ich ging voller Erwartung zur Arbeit und hoffte, dass Tara meine Nieren heilen würde. Tatsächlich waren meine Schmerzen innerhalb weniger Stunden verschwunden!

Das ist jetzt über ein Jahr her. Die Nierenschmerzen sind nie mehr aufgetaucht, und ich weiß, dass sie auch nicht mehr zurückkommen werden! Ich bin sicher, dass das Hören von Doreens Kassette dazu beigetragen hat, meinen Engel zu mir zu bringen.

Ein Engel im Kreißsaal

VON JACQUELINE REGINA

Ich war bei meiner Tochter im Krankenhaus, als sie in den Wehen lag. Es war schwierig, sie so leiden zu sehen, deshalb begann ich intensiv zu beten. Ich bat um Hilfe und Kraft für uns beide, damit wir diese schweren Stunden gut überstehen würden. Genau in diesem Augenblick schien es meiner Tochter besonders schlecht zu gehen, und sie blickte mich hilfesuchend an. Ich wusste nicht, was ich tun sollte. Ich fühlte mich so hilflos. Daher begann ich zu beten: »Lieber Gott – hilf ihr!«

In diesem Moment sah ich einen sehr großen Engel neben dem Bett meiner Tochter erscheinen! Er war so groß, dass er praktisch den ganzen Raum ausfüllte. Der Engel blickte zu meiner Tochter hinab, und einige Augenblicke später trat der Kopf des Babys aus. Doch die Nabelschnur war um seinen Hals gewickelt! Es wurde rot und blau vom Sauerstoffmangel und atmete nicht. Irgendwie vermittelte mir der Engel, dass alles gut werden würde. Ich vernahm diese Botschaft ganz deutlich.

Ich werde niemals diesen wundervollen Engel vergessen, der meinen Enkel gerettet hat. Ich bin so dankbar, dass er da war, um uns zu helfen.

Trost von einem Engel

VON MARY RAO

Als ich 24 Jahre alt war, teilte ich mir mit meinem Bruder ein Apartment mit zwei Schlafzimmern. Ich war von zu Hause ausgezogen, weil mein Vater mich körperlich und seelisch misshandelt hatte. Ich war mit starken Ängsten aufgewachsen. Eines Abends hatte ich große Angst, weil ich alleine im Apartment war. Mein Bruder verbrachte zu dieser Zeit die Nächte immer bei seiner Freundin, und ich fürchtete mich davor, ins Bett zu gehen. Ich ging nicht in meinem Zimmer schlafen, sondern schlief vor dem Fernseher im Wohnzimmer ein. Doch bevor ich einschlief, betete ich zu Gott und bat ihn, mich die Nacht über zu beschützen, damit mir nichts passierte.

Gegen drei Uhr wurde ich von einer sanften Berührung auf meiner Stirn geweckt. Als ich die Augen öffnete, sah ich einen wunderschönen Geist vor mir schweben. Sein Gesicht konnte ich nicht erkennen, da es nicht hell genug war. Dann schwebte der Geist durchs Zimmer und zur Tür hinaus. In dieser Nacht fürchtete ich mich nicht mehr. Ich glaube, dass der Geist, den ich sah, mein Engel war.

Siehe, ich bringe dir eine frohe Botschaft!

VON JENIFER KENNINGTON

Eines Tages duschte ich gerade, da erblickte ich, als ich mich umdrehte, einen großen Engel. Er war etwa 1,80 Meter groß, und ich glaube, es war ein weiblicher Engel. Sie war von einem hellen, goldgelben Strahlen umgeben und trug riesige Flügel auf dem Rücken. Ihr Haar war lang und fließend und von goldener Farbe. Ihre Augen waren kristallblau und funkelten voller Liebe und Freude. Ihr Haar war mit einem Kranz aus Blumen geschmückt, und sie trug ein langes fließendes Gewand, das in der blassgoldenen Farbe schillerte, von der sie umgeben war. Sie war barfuß und streckte ihre Arme zu mir aus, als ob sie mich umarmen wollte, während sie zu mir sprach. Sie war sehr schön und lebensecht und so groß und strahlend, dass ich in ihrer Gegenwart große Ehrfurcht empfand.

Der Engel sprach zu mir und sagte: »Ich bringe dir eine Botschaft von großer Freude!« Dann fuhr sie fort: »Du wirst ein Kind bekommen, einen Jungen!« Das schien mir unmöglich, deshalb nahm ich an, dass es einfach als Symbol für einen Neubeginn gemeint war. Doch sechs Wochen später stellte sich heraus, dass ich im dritten Monat schwanger war!

Ein Engel auf der Autobahn

VON PERRY KOOB

Es war im Jahr 1966, ich war 18 Jahre alt und lebte in Los Angeles. Ich ging nicht mehr zur Schule, weil ich im Jahr zuvor wegen Prügeleien rausgeflogen war. Ich arbeitete an einer Tankstelle und hatte keine sehr rosigen Zukunftsaussichten. Als mein Stiefvater mich bat, meiner Mutter auf ihrer kleinen Farm in Missouri zu helfen, sagte ich zu, da ich sowieso nichts Besseres zu tun hatte.

Ich kündigte also meinen Job, und zwei Wochen später machte ich mich auf den Weg quer durch halb Amerika. Ich fuhr einen Corvair, den mein Stiefvater mir für die Reise gekauft hatte. Den einachsigen Anhänger hatte ich mit einigen Sachen beladen, die ich mit zu meiner Mutter nehmen wollte.

Die Straße hatte nicht das übliche Tempolimit von 55 Meilen die Stunde. Ich nutzte das voll aus und fuhr etwa 80 bis 90 Meilen die Stunde. Immer wenn ich mit meinem Fuß auf die Bremse trat, ließen die Rücklichter die Plane des Anhängers rot aufleuchten. Als ich einmal eine Straße mit einem sehr starken Gefälle hinunterfuhr, musste ich meinen Fuß auf der Bremse lassen. Ich blickte in den Rückspiegel und sah eine Gestalt, die wie eine Frau wirkte, die auf meinem Anhänger saß und mich anlächelte. Schnell schaute ich wieder nach vorne auf die Straße. Dann kurbelte ich das Fenster herunter. Ich dachte, dass der kalte Wind auf meinem Gesicht mich wieder zu klarem Verstand bringen würde.

Dann schaute ich erneut in den Rückspiegel, trat mit dem Fuß auf die Bremse, und da war sie wieder. Ich konnte sie ganz klar im Schein der Rücklichter erkennen, auch wenn das Licht rot war. Sie trug ein langes fließendes Gewand. Ihr Kopf war mit einem Schal bedeckt. Sie lächelte mich immer noch an, und dann winkte sie. Ich dachte bei mir selbst: »Perry, jetzt bist du wohl völlig durchgedreht.«

Schließlich nahm ich all meinen Mut zusammen und fuhr

kurz vor einer scharfen Kurve an den Straßenrand. Ich legte meinen Kopf auf das Steuerrad, biss die Zähne zusammen und stieg aus. Sowie meine Füße den Boden berührten, fiel ich der Länge nach hin. Es stellte sich heraus, dass die Straße eine einzige Eisfläche war! Ich rappelte mich wieder auf, hielt mich an der Seite des Autos fest und schlitterte zum Anhänger. Ich hob die Plane hoch, aber niemand war darunter. Das gab mir den Rest, gelinde gesagt.

In diesem Moment kam der Mond hinter den Wolken hervor und schien auf die Wüste jenseits der Straße. Im Mondlicht erblickte ich zehn Kreuze, die hintereinander aufgestellt waren und die Stellen markierten, an denen Leute von der Straße abgekommen und getötet worden waren.

Seit diesem Tag halte ich Ausschau nach dieser schönen Frau. Ich spürte sie lange neben mir, aber inzwischen nicht mehr. Ich vermisse sie.

Wie ein Engel mir half, meinen richtigen Namen zu finden

VON UMA BACSO

Mein Name Nancy Jane hat mir nie gefallen, mein ganzes Leben lang nicht – jedenfalls soweit ich mich zurückerinnern kann. Ich versuchte es mit Nan, NJ, Nancy, Nanny. Nichts davon schien so richtig zu mir zu passen.

Eines Tages, als ich vor meinem Badezimmerspiegel stand, beschloss ich, darüber zu meditieren. Ich schloss also meine Augen, und als ich sie nach einer Weile wieder öffnete, erblickte ich eine wunderschöne Frau mit langen, dunklen Haaren, die im Spiegel vor mir stand. Ich fragte die Frau: »Wie heißt du? Wie ist dein Name?«

Ich hörte sie sagen: »Dein Name hat etwas mit Licht zu tun.« Nachdem ich das gehört hatte, blieb ich erst einmal eine Weile sitzen. Erst dann zog ich mich fertig an. Eine Minute später bewegte sich mein Körper wie von selbst in Richtung

Bücherregal, und ich hörte die Stimme sagen: »Dein Name steht in einem dieser Bücher.«

Ich spürte, wie mein Arm sich erhob, als ich zum Bücherregal hinüberging. Schließlich war mein Arm ganz ausgestreckt, und ich nahm das Buch, das direkt vor mir stand, in die Hand. Es war die »*Autobiographie eines Yogi*« von Paramahansa Yogananda. Ich blätterte durch die Seiten. Der Name Uma sprang mir mehrmals ins Auge. Ich dachte: »Was für ein seltsamer Name.«

Einige Stunden später ging ich zur Yoga-Stunde und fragte den Lehrer: »Was bedeutet der Sanskrit-Name Uma?« Er erklärte mir, Uma sei die »Göttin der aufgehenden Sonne«. Einen Augenblick lang war ich verblüfft, denn ich erinnerte mich, dass die Frau im Spiegel mir gesagt hatte, mein neuer Name würde etwas mit Licht zu tun haben. In diesem Moment verliebte ich mich in meinen neuen Namen: Uma.

Tiefe Heilung in einer Zeit des Kummers

VON JENNIFER HELVEY-DAVIS

Als ich aufwuchs, stand ich meiner Großmutter sehr nahe. Meine Mutter war allein erziehend, deshalb lebte ich sehr oft bei meiner Großmutter, wenn sie meiner Mutter half. Sie war wirklich ein stabilisierender Faktor in meinem Leben, und sie war immer für mich da. Als ich 19 Jahre alt war, zog ich zu ihr, um bei ihr und meinem Großvater zu leben. Eines Nachts, ich war 21 Jahre alt, hatte ich einen schrecklichen Traum von einer Schlange in meinem Bett. Der Traum war so schlimm, dass ich meine Großmutter weckte und sie dazu brachte, an meinem Bett sitzen zu bleiben, während ich wieder einschlief. Am nächsten Morgen fand ich sie tot auf dem Sofa, mit einem Buch in der Hand, in dem sie gelesen hatte. Das war extrem traumatisch für mich, und ich war von meinem Schmerz vollkommen überwältigt.

Als ich das Grab meiner Großmutter besuchte und auf

grasbefleckten Knien dort saß, blickte ich zum Himmel hoch und verwünschte Gott. Ich sagte ihm, dass ich meine Großmutter wieder zurückhaben wollte. Der Himmel, in den ich blickte, war leicht bewölkt, und meine Augen brannten schmerzhaft vom vielen Weinen der letzten Zeit.

In diesem Augenblick erschien etwas vor den Wolken. Es wirkte wie ein Sternenwirbel, nur dass er grau war, beinahe in der gleichen Farbe wie die Wolken. Ich war überzeugt, dass meine Augen mir einen Streich spielten. Doch als ich mich erhob, tauchte plötzlich eine Gestalt aus diesem Sternenwirbel auf, die mir den Atem raubte. Das Wesen hatte lange Haare und trug ein klar erkennbares, schweres Gewand mit einem Strick um die Taille. Die Hände waren mit den Handflächen nach oben an den Seiten ausgestreckt. Das Gesicht konnte ich nicht erkennen, doch ich sah die majestätischen Flügel, die vom Rücken der Gestalt her weit ausgebreitet waren. Sie wiesen direkt zum Himmel, und die Hände der Gestalt waren zu seinen Seiten ausgestreckt. Atemlos fiel ich auf die Knie und flüsterte: »Du bist wirklich … du bist tatsächlich hier.«

Das Wesen hatte kein Gesicht, doch es war das mächtigste Wesen, das ich je gesehen hatte. Es stand mitten in diesem Sternenwirbel und gab mir das Gefühl, großen Einfluss auf mein Leben zu haben. Die Flügel waren riesig und spitz. Sie schienen fest und stark zu sein. Die Gestalt war in ein langes Gewand gekleidet und hatte langes, in der Mitte gescheiteltes Haar. Ich fürchtete mich und war gleichzeitig voller Staunen. Obwohl das Wesen schwer zu erkennen war, wusste ich, dass es ein Engel war. Die Flügel und die Hände machten dies sehr deutlich. Also flüsterte ich: »Du bist ein Engel.« Der Engel nahm meine Anwesenheit zur Kenntnis und nickte mir zu.

Mit erstaunlicher Geschwindigkeit bewegten sich die Flügel des Engels an den Seiten herab. Sie waren schnell und kraftvoll und machten ein lautes Geräusch, das mich erschreckte, doch ich bewegte mich nicht einen Zentimeter.

Hätte der Engel auf der Erde gestanden, wäre er über zwei Meter groß gewesen, und die Flügel noch größer.

Die Situation war von einer solchen Intensität, dass ich schließlich die Augen abwenden musste. Als ich wieder hinschaute, konnte ich nur noch die Umrisse des Sternenwirbels erkennen, aber keinen Engel mehr. Ich versuchte, genauer hinzusehen, aber meine Augen taten mir so weh vom vielen Weinen. Ich schaute zu der Stelle, an der meine Großmutter begraben war, und es schien, als würde das Gras dort eine Form bilden. An einigen Stellen war das Gras dunkler als an anderen. Als ich genauer hinsah, konnte ich die Umrisse des Engels im Gras erkennen.

Ich legte die seidene Rose, die ich für meine Großmutter mitgebracht hatte, auf das Bild des Engels. Ich wusste, dass meine Großmutter an dem mystischen Ort war, von dem der Engel gekommen war. Völlig überwältigt von dem, was geschehen war, ging ich zurück zum Auto und kritzelte ein Bild des Engels auf ein Stück Papier. Ich verließ den Friedhof mit einem Gefühl innerer Ruhe und inneren Friedens, das ich seit dem Tod meiner Großmutter nicht mehr empfunden hatte. Ich zeichne oft das Bild dieses Engels, wenn ich mich gestresst fühle oder Trost brauche, und es gibt mir immer wieder neuen Mut.

Eine Engelsvision von kommender Mutterschaft

VON SHARON BLOTT

Im Alter von 27 Jahren ging ich durch eine sehr schwierige Zeit in meinem Leben. Ich litt an Depressionen. Eine Beziehung, die sechs Jahre gedauert hatte und in die ich all meine Hoffnungen und Träume gesteckt hatte, war zerbrochen, und ich hatte keine Perspektive mehr. Ich erinnere mich, dass ich zu meiner Mutter sagte, dass ich mich innerlich wie abgestorben fühlte, und ich bezweifelte, dass sich dieses Gefühl jemals wieder auflösen würde. Ich steckte mitten im Abschlussstudium, und man hatte mir erst kürzlich eröffnet, dass ich niemals Kinder bekommen könnte.

Meine Mutter lud mich ein, mit ihr, meiner Schwester und meinem Schwager zwei Wochen lang in Cabo San Lucas in Mexiko Urlaub zum machen. Zuerst wollte ich nicht mitkommen, doch sie bestand darauf, und schließlich fuhr ich mit.

Die erste Woche verlief ohne große Ereignisse, aber es war eine willkommene Abwechslung, nicht in meiner gewohnten Umgebung zu sein. In der zweiten Woche jedoch hatte ich ein Erlebnis, das ich nur als tiefe spirituelle Erfahrung bezeichnen kann. Eines Nachts, als ich bei Flut und Vollmond am Strand war, öffnete sich über mir plötzlich der Himmel und ich wurde von einem herrlichen goldenen Licht eingehüllt, das eine Wärme und Liebe ausstrahlte, wie ich sie noch nie in meinem Leben erfahren hatte. Ich sah und hörte Engel, und süße Musik spielte. Die Engel waren Wesen von starker Ausstrahlung, mit langen weißen Haaren. Es schien, als wären es Hunderte, doch nur zwei waren wirklich deutlich sichtbar für mich. Die Schwingungen, die von ihnen ausgingen, waren voll Liebe und Frieden und erfüllten mich bis in die tiefsten Tiefen meiner Seele.

Am stärksten ist die Erinnerung an die Stimmen von Kindern, die »Mami, Mami« zu mir sagten und nach mir riefen. Das Ganze dauerte höchstens ein oder zwei Sekunden, erschien mir aber wie eine Ewigkeit, und ich wünschte, es würde ewig dauern. Ich hatte das Gefühl, endlich zu Hause zu sein. Als ich aus den Ferien zurückkam, suchte ich meinen Arzt auf und erfuhr, dass das Problem, das mich am Kinderkriegen hinderte, verschwunden war. Auch alle meine sonstigen Ängste waren verschwunden, materieller Besitz hatte wenig oder gar keine Bedeutung mehr für mich, und ich hatte Schwierigkeiten, mich mit meinem Körper zu identifizieren. Ich sehnte mich nach diesem Gefühl, zu Hause zu sein.

Acht Monate später begegnete ich meinem jetzigen Ehemann, und heute haben wir zwei wundervolle Töchter, sechs und zwei Jahre alt. Ich werde nie vergessen, dass sie meine Wunder sind und dass ich vor zehn Jahren in Cabo San Lucas in Mexiko wieder geboren wurde. Diese Erfahrung hat mich für immer verändert.

Meine Geschichte wird sogar noch fantastischer, wenn ich berichte, dass ich vor zwei Monaten einen Rundbrief von unserer Gemeinde erhielt, in dem für Grundstücke in Baja California geworben wurde. Mein Mann und ich kauften ein Stück Land dort. Mein Traum wurde wahr.

Ich traf meinen Schutzengel

VON DANA R. PEEBLES

Es war kein Pfarrer, Lehrer, Freund oder Verwandter, der meinen Glauben an Gott stärkte. Es war wahrhaftig Gott selbst. Gottes Wege sind wirklich wunderbar!

Auch wenn ich immer schon an Engel glaubte, so hatte ich meinen Schutzengel doch nie wirklich gesehen – das heißt, bis zu der Nacht, in der ich aus tiefem Schlaf mit dem starken Gefühl aufwachte, dass jemand neben mir im Bett lag. Da ich allein lebe, wusste ich, dass etwas Unerklärliches geschah. Ich lag auf der Seite und hatte Angst, mich umzudrehen. Deshalb wartete ich einen Moment und lauschte auf meinen eigenen Atem, bis ich den Mut hatte, einen Blick über meine Schulter zu riskieren.

Zu meiner Überraschung lag da ein männlicher Engel und schlief. Ich empfand einen solchen Frieden und eine solche Freude, dass ich den Engel weckte. Er öffnete die Augen und schien mir bis in die Seele zu schauen. Zuerst war ich erschrocken und fragte mich, was dieser fremde Mann in meinem Bett wohl wollte. Doch sehr schnell erkannte ich, dass er nicht da war, um mir Schaden zuzufügen, sondern um mich zu beschützen.

Dieser männliche Engel bestand aus reinem Licht. Er war in jeder Hinsicht vollkommen. Er hatte schulterlanges blondes Haar und trug ein weißes Gewand. Er strahlte eine Art Glanz aus, als wäre er von einer Hülle aus Licht umgeben. Ich fragte ihn, wer er sei und warum er in meinem Bett liege. Er erwiderte: »Ich bin ein Engel, von Gott gesandt, um dich zu beschützen, nicht um dir wehzutun. Ich führe dich durch deine schwierigen Zeiten. Du musst mir nur vertrauen!«

Mir war klar, dass ich geträumt haben musste. Schließlich schlief ich wieder ein, wobei mein Schutzengel mich in den Armen hielt. Dabei fühlte ich mich sicher und geborgen, während der größte Teil meines bisherigen Lebens voller Schmerz, Angst und Leid gewesen war. Ich bin voller Dankbarkeit, dass Gott einen Engel schickte, um über mich zu wachen.

Angora, der Friedensengel

VON DIANNE SANCLEMENT

Als ich 45 Jahre alt war, wurde mir klar, dass ich keinen Tag länger in einem Beruf weitermachen konnte, der mir nur noch ein Gefühl von Leere gab. Ich dachte darüber nach, ob ich kündigen sollte, und fragte mich, ob das vernünftig war. Ich war verheiratet, unser Haus war mit einer Hypothek belastet, und alle Gründe, warum ich meine Stelle besser behalten sollte, kreisten immer und immer wieder durch meinen Kopf.

In dieser Zeit wurde ich eines Nachts vom Geräusch von Glockengeläut geweckt. Dabei hörte ich eine himmlische Stimme, die mir ins Ohr flüsterte: »Dianne, du bist nicht auf diese Erde gekommen, um dein Leben lang bei Boeing zu arbeiten und dann in Pension zu gehen.« Ich lag wie erstarrt da und wusste zutiefst, dass auf mich eine viel wichtigere Aufgabe wartete. Ich wusste, dass ich mit einem göttlichen Plan auf die Erde gekommen war, aber ich hatte Angst, weil ich mich nicht mehr an diesen Plan erinnern konnte.

Die Stimme, die ich hörte, wurde immer lauter, und schließlich begann ich Bücher über Engel zu lesen. Ich beschloss, meine Gedanken und alle Botschaften, die ich erhielt, aufzuschreiben. Es dauerte nicht lange, bis mir klar wurde, dass eine Macht, die viel größer war als ich, mich führte und dass ich keine Wahl mehr hatte. Meiner geistigen Entfaltung zuliebe hatte ich keine andere Wahl. Ich musste Boeing verlassen. Das Umfeld dort drohte meinen Geist zu ersticken.

Schließlich kündigte ich meine Stelle, die mir nicht mehr entsprach, ohne eine Vorstellung davon zu haben, was ich stattdessen machen sollte. Ich betete um Führung, und ich betete auch, dass ich lernen würde zu vertrauen.

Ich begann jeden Morgen nach dem Aufstehen meine Gedanken, meine Ängste, meine Freuden und alles, was mir durch den Kopf ging, aufzuschreiben. Ich hatte jetzt so viel Zeit, wie ich wollte, um zu schreiben. Es war herrlich. Es dauerte nicht lange, bis ich feststellte, dass ich eine Stunde lang dasitzen und schreiben konnte und dass dabei Informationen zu mir zu kommen schienen. Wenn ich das Geschriebene am Schluss noch einmal von Anfang an las, war ich immer wieder erstaunt. Zunächst war ich überrascht, so wie ich von dem Flüstern in meinem Ohr überrascht gewesen war. Doch mit der Zeit entdeckte ich, wie viel Freude es mir machte und dass dabei eine tiefe Beziehung zu meinen Engeln entstand. Wenn die Engel mir Informationen übermittelt hatten, schlossen sie immer mit: »Licht und Liebe, deine Engel.« Diese Erfahrung ängstigte mich nie, doch erzählte ich keiner Menschenseele davon.

Einige Jahre vergingen, und wir zogen nach Camano Island in der Nähe von Seattle. Das erste Mal in meinem Leben war ich von Bäumen, Wäldern und Gärten umgeben. 48 Jahre lang hatte ich in der Stadt gelebt, eingeschlossen von Beton und hohen Gebäuden. Ich hatte mir immer gewünscht, eines Tages auf dem Land zu leben. Den ersten Sommer verbrachte ich damit, im Garten zu arbeiten, mit den Händen im Dreck zu wühlen, und es zu genießen. Als der Winter kam, realisierte ich, dass ich fünf Monate in der Natur verbracht hatte und das erste Mal in meinem Leben zutiefst in Berührung mit Mutter Erde gekommen war. Mein Mann und ich legten sogar ein Stück Garten an, in dem ich meditieren und den Tieren, Bäumen und der wundervollen Erde nahe sein konnte.

Am 1. Juli 1998 saß ich in meinem friedlichen Garten und las. Plötzlich bewegte sich etwas in meinem Blickfeld. Etwa 15 Meter von mir entfernt stand eine Frau, in Weiß gekleidet, mit langem goldenem Haar. Ein Leuchten schien von ihr auszugehen, und die Aura rund um ihren Körper vibrierte. Als ich sie ansah, sagte sie: »Mein Name ist Angora. Ich bin der Friedensengel. Ich habe dir viele Informationen mitzuteilen.« Nach diesen Worten sprang ich auf, rannte ins Haus, griff mir Bleistift und Papier, kam zurück in den Garten und schrieb alles auf, was sie sagte. Stunden vergingen, bis sie schließlich sagte, sie müsse gehen, doch ich solle nicht traurig sein, denn sie würde mich um 4.44 Uhr wecken. Ich sollte Papier und Bleistift bereithalten und alles, was sie sagte, aufschreiben. Ich hielt unsere Verabredung ein, und wir sind seitdem in Verbindung miteinander.

Inzwischen vergehen manchmal Wochen, bevor ich wieder einmal daran denke zu schreiben. Doch Angora, Gott segne sie, ist immer für mich da. Ich verbringe recht viel Zeit im Gespräch mit ihr. Ich kann sie um Hilfe bitten, und sie begleitet jeden meiner Schritte auf meinem Weg. Angora hat mich viel über das Universum gelehrt und mir mehr Verständnis geschenkt. Sie hat mir die Kraft gegeben, Dinge zu tun und auszuprobieren, die ich in der Vergangenheit vielleicht nicht gewagt hätte.

Ich habe sie nur jenes eine Mal in sichtbarer Gestalt erblickt. Doch ich bin mir ihrer Gegenwart bewusst, und ich höre sie in meinem Geiste, und das Beste dabei ist, dass ich zuhöre. Ich möchte alle Menschen dazu ermutigen, ihr Herz zu öffnen und dieser Stimme zu lauschen. Die Engel warten auf unsere Einladung. Sie lieben uns. Wenn wir ihnen vertrauen und unsere Arme öffnen, werden wir ihre Liebe und ihre Führung empfangen.

KAPITEL 2

KINDER BEGEGNEN ENGELN

Ein Gebender, kein Nehmender

VON LEE LAHOUD

Als ich elf Jahre alt war, beging mein Vater Selbstmord. Meine Mutter begann daraufhin zu trinken und war nicht mehr fähig, mir dabei zu helfen, das Geschehene zu verstehen oder damit fertig zu werden. In der Sonntagsschule hatte ich gelernt, dass Selbstmord die schlimmste Sünde überhaupt sei. Deshalb machte ich mir große Sorgen darüber, was aus meinem Vater geworden war. War er in der Hölle? War es irgendwie meine Schuld?

Der einzige Ort, zu dem ich damals gehen konnte, um Antworten zu erhalten, war die Kirche. Also vertraute ich mich dem Pfarrer unserer Gemeinde an. Ja, wurde mir gesagt, mein Vater sei definitiv in der Hölle, und nicht nur das, auch ich würde zur Hölle fahren, ebenso wie meine Kinder und Kindeskinder, über vier Generationen hinweg. Die Sünden der Väter müssten von den Kindern mitgetragen werden, wurde mir gesagt. Jemand musste für diese Sünde bezahlen, und dieser jemand war ich.

Ich war am Boden zerstört. Es schien keinen Grund mehr für mich zu geben weiterzuleben, es gab keine Hoffnung mehr, nichts. Warum sollte ich Kinder ins Leben setzen, wenn diese schon von Geburt an verdammt waren? Ich ging nach Hause, setzte mich in meinem Schlafzimmer auf den Boden und beschloss zu sterben. Da erblickte ich ein Licht. Zunächst dachte ich, es sei das Sonnenlicht, das in mein Zimmer fiel. Doch in diesem Licht saß ein fröhlich lächelnder Mann im Schneidersitz auf dem Boden vor mir. Er hatte wunderschönes langes, schimmerndes Haar. Ich war fasziniert von seinen Haaren und von der Tatsache, dass er so glücklich schien! Wir unterhielten uns, was mir zu jenem Zeitpunkt wie die normalste und natürlichste Sache der Welt erschien. Er sagte mir, dass ich sterben könnte, wenn ich wollte. Das sei ganz meine Entscheidung.

Mit dieser Aussage war keine Wertung verbunden. Es gab kein »richtig« oder »falsch«, nur Konsequenzen. Ganz gleich, wofür ich mich entscheiden würde, es war okay. Doch ich wusste auch, wenn ich definitiv beschloss zu sterben, würde ich zurückkommen, mich in derselben Situation wieder finden und dieselbe Entscheidung immer und immer wiederholen. Ich war mir sicher, dass ich es nicht noch einmal machen wollte. Deshalb entschloss ich mich zu bleiben.

Der Engel drängte mich daraufhin, zu entscheiden, wie ich leben wollte. Ich sah zwei verschiedene Wege: den eines »Gebenden« und den eines »Nehmenden«, und ich sollte einen davon wählen. Auch hier gab es keine Wertung in dieser Entscheidung. Es war ganz meine Wahl. Mir wurde eine Vision gegeben, wohin jeder Weg führte. Ich betrachtete beide, und ich entschied mich für den Weg eines »Gebenden«.

Ich weiß, dass über uns gewacht wird

VON TAMMY

Als ich noch ein Kind war und im Zimmer meiner großen Schwester schlief, wachte ich einmal mitten in der Nacht auf und schaute zur Tür hinaus. Ich erblickte einen wunderschönen Engel in Weiß, der über den Treppenstufen schwebte. Ich spürte, dass es ein weiblicher Engel war, oder zumindest sah er für mich wie ein weiblicher Engel aus. Dann erblickte ich neben der Tür einen Jungen, der aussah, als sei er geradewegs aus einer biblischen Geschichte entsprungen. Er war wie ein junger David oder Jesus gekleidet. Er hatte schwarzes, gelocktes Haar und sah nicht mich an, sondern blickte nach oben.

Ich habe mich oft gefragt, was diese Vision bedeuten sollte. Heute, 30 Jahre später, denke ich, sie war wohl ein Beweis dafür, dass mein Instinkt und meine Intuition richtig waren und sind: Es gibt Engel und Wesen, die über uns wachen und die mit uns kommunizieren. Ich habe mich nie allein *gefühlt*, weil ich niemals allein *war*.

Kindermund

VON DOREEN WETTER

Die Schlafenszeit war für meine zweijährige Tochter die unbeliebteste Zeit des Tages. Abends bettelte sie immer, dass wir bei ihr bleiben sollten, bis sie eingeschlafen war. Das war für meinen Mann und mich sehr anstrengend. Eines Abends war ich wieder ganz auf den üblichen Kampf mit Brittany eingestellt, da sagte sie: »Mami, du brauchst nicht bei mir zu bleiben, bis ich eingeschlafen bin – die Engel wiegen mich in den Schlaf.« Dann beschrieb sie herrliche Wesen in langen, schimmernden weißen Kleidern, die sie in den Schlaf sangen.

Ein Klassenzimmer voller Engel

VON JANETTE RODRIGUEZ

Mein Sohn Matthew war gerade fünf Jahre alt geworden und sollte in die Vorschule kommen. Ich machte mir Gedanken deswegen, weil ich wusste, dass er hellsichtig und hellfühlig war.

Bei uns zu Hause hatten wir immer über Engel und Gott gesprochen. Wir teilten uns gegenseitig unsere Visionen und Träume mit, und wir erblickten immer wieder Engel in unserem Haus. Meine Tochter Faith hatte schon einige unangenehme Situationen erlebt, wenn sie in der Schule etwas von dem mitteilte, was sie glaubte. Das ließ uns annehmen, dass viele Menschen nicht gewillt sind zu akzeptieren, wer sie wirklich sind. Als Folge davon machte Faith von ihrer Hellsichtigkeit keinen Gebrauch mehr. Kinder können untereinander sehr grausam sein. So lernte Faith, was sie in der Schule *nicht* erzählen durfte. Darum machte ich mir Sorgen um Matthew, der noch dazu mitteilsamer als seine Schwester ist, wodurch er leicht zur Zielscheibe für den Spott der anderen werden konnte. Ich begann also für eine glückliche Lösung der Situation zu beten und die Engel um Hilfe zu bitten.

Meine Gebete wurden tatsächlich erhört! Als ich Matthew nach seinem ersten Schultag abholte, lief er in meine Arme und rief aufgeregt: »Meine Lehrerin glaubt an Engel, Mama! Und sie möchte mit dir sprechen.« So lernte ich Matthews Lehrerin kennen, eine sehr sympathische Frau. Als wir uns ins Gespräch vertieften, bemerkte sie, wie wundervoll es sei, Matthew in ihrer Klasse zu haben, und wie eigenartig, dass sie noch sechs weitere Schüler hatte, die offen über Engel sprachen. Sie sagte, dies wäre ihr noch nie zuvor passiert, und was für ein Segen das doch sei.

Wenn ich heute Matthew jeden Morgen zur Schule bringe, spielt Musik im Klassenzimmer, um eine entspannte Atmosphäre zu schaffen. Seine Lehrerin spielt CDs mit Titeln, in denen Engel vorkommen. Matthew sagt, dass es sogar einen besonderen Stuhl für die Engel gibt und dass sie zusammen ihr Pausenbrot essen!

Mit den Augen eines Kindes

VON ALLISON RALPH

Auf den Vorschlag einer Freundin hin, die überzeugt davon ist, dass kleine Kinder leichter Engel sehen können als Erwachsene, fragte ich meinen zweijährigen Sohn: »Christopher, siehst du manchmal Engel?« – »O ja«, sagte er und zeigte nach oben, »sie sind unter der Decke dort.« Mir lief ein Schauer über den Rücken! Mein Mann und ich besuchen keine Kirche und haben keine feste religiöse Bindung. Engel waren kein Thema, über das wir jemals mit ihm gesprochen hatten.

Was ein Kind sieht

VON PAMELA WEBER

Meine sechsjährige Tochter Jessica erzählte mir kürzlich, dass im Alltag und im Traum Engel zu ihr kommen. Sie kommen beinahe jede Nacht, wenn sie aufwacht, und sie singen Schlaflieder für sie, um sie wieder zum Einschlafen zu bringen. Eines Nachts, so erzählte sie, fragte sie die Engel, wohin sie denn gingen, wenn sie ihr Zimmer verließen, und die Engel fragten Jessica, ob sie es sehen wollte.

Als Jessica »Ja« sagte, nahmen die Engel sie mit. Sie beschreibt, dass ihre Umgebung rosa- und purpurfarben wurde und funkelte. Sie sah erwachsene Engel und Kinder- und Babyengel, und sie alle sangen wunderschöne Lieder. Sie sagt, dass die Engel sie danach zurück in ihr Zimmer brachten und dass sie beim Verlassen des Zimmers in ein helles Licht hineingingen und sich wieder nach oben bewegten. Sie war sehr begeistert darüber. Sie freut sich darauf, sie in ihren Träumen zu treffen.

Ich sagte ihr, dass sie ein sehr glückliches kleines Mädchen sei und dass sie es niemals zulassen solle, dass sich irgendetwas oder irgendjemand zwischen sie und ihre Engel drängt.

Aus dem Gefahrenbereich

ANONYM

Als ich fünf oder sechs Jahre alt war, erwachte ich einmal aus dem Schlaf und sah einen jungen Mann in einem roten Chorgewand mit einem roten Gebetbuch in meinem Zimmer schweben. Ich schrie nach meiner Mutter und meinem Vater. Die Gestalt (ich glaube, es war mein Schutzengel) verschwand in meinem Schrank, und ich rannte den Flur entlang in das Zimmer meiner Eltern, wo ich den Rest der Nacht verbrachte.

Viele Jahre später sprachen meine Mutter und ich über den Riss im Fliegengitter meines Fensters, durch das mein Bruder und ich ein und aus zu steigen pflegten. Ich sagte zu meiner Mutter, dass ich mich stets gewundert hätte, wie der Riss da hineingekommen war. Ich wusste, dass mein Bruder und ich das Fliegengitter nicht eingerissen hatten. Sie erzählte mir, dass in der Nacht, in der ich meinen Schutzengel sah, jemand versucht hätte, durch dieses Fenster in unser Haus einzubrechen. Sie hatte mir das damals nicht erzählt, weil sie nicht wollte, dass ich mich davor fürchtete, in meinem Zimmer zu schlafen. Jetzt weiß ich, dass mein Engel mich in jener Nacht vor Schaden bewahrt hat.

KAPITEL 3

FREMDE, DIE AUS DEM NICHTS AUFTAUCHEN

Ein Fremder auf eisiger Autobahn

VON SUSAN DALY

Auf dem Nachhauseweg hatte sich eine Schneekette vom Auto meines Mannes gelöst, und als er sie holen wollte, glitt er auf einer vereisten Stelle aus und fiel hin. Nur mit Mühe konnte er sich den Hügel zu unserem Haus hochschleppen. Im Flur brach er zusammen und krümmte sich vor Schmerzen. Er hatte sich bei dem Sturz den Rücken verletzt.

Ich rief sofort die Notfallambulanz an und bat um einen Wagen, der ihn in die Klinik bringen sollte. Sie sagten, sie würden gerne einen schicken, doch wenn Clark keine schweren Verletzungen hätte, müssten wir 500 Dollar bezahlen. Da ich nicht beurteilen konnte, ob Clark »schwer verletzt« war, und auch nicht so viel Geld ausgeben konnte, beschloss ich, ihn selbst zu fahren. Unser Sohn Scott kam mit.

Als wir auf einer stark befahrenen Strecke die Autobahn entlangfuhren, wurde es meinem Mann plötzlich übel, und ich musste auf der Standspur kurz anhalten. Anschließend machte ich mich an das waghalsige Unternehmen, mich wieder in den Verkehr einzufädeln, der sich mit großer Geschwindigkeit über die Autobahn bewegte. Es war eine sehr dunkle Nacht. Als endlich eine Lücke in der langen Linie von Scheinwerfern auftauchte, wollte ich das Auto in den Verkehr lenken, musste aber feststellen, dass ich im Schnee keine Bodenhaftung hatte. Scott öffnete die Seitentür des Wagens und versuchte uns anzuschieben. Aber wir saßen fest, die Räder drehten durch, und wir kamen kein Stück vorwärts.

Auf die Lücke im Verkehr folgte eine neue kontinuierliche Linie von Scheinwerfern. Ich versuchte das Auto an eine Stelle zu manövrieren, wo es möglicherweise mehr Bodenhaftung gab. Doch der Wagen bewegte sich einfach nicht. Ich legte meinen Kopf auf meine Hände am Steuerrad und sagte: »Lieber Gott, ich brauche *sofort* Hilfe!«

Einige Augenblicke später hielt ein Auto auf der rechten Fahrspur der Autobahn, etwa drei Meter hinter unserem Wagen. Seine Scheinwerfer waren eingeschaltet, nicht aber die Warnblinkanlage. Hinter ihm kam eine lange Autoschlange zum Halten. Es geschah wie im Zeitraffer, nur dass der Verkehr auf der mittleren Spur der Autobahn ganz normal weiterfloss.

Die Straße war glatt, daher grenzte es an ein Wunder, dass die Autos beim Anhalten keinen Unfall verursachten. Selbst wenn der Asphalt trocken gewesen wäre, hätte leicht etwas passieren können!

Ich sah, wie ein Mann aus dem Auto stieg, das hinter mir gehalten hatte. Er war von mittlerer Größe, trug Jeans, eine kurze Jacke, Handschuhe und eine Mütze. Ich konnte seine Gesichtszüge nicht erkennen, da das Scheinwerferlicht der Wagen hinter ihm mich blendete. Irgendwie wusste ich, dass er gekommen war, um meinem Sohn beim Schieben zu helfen. Also gab ich Gas und konzentrierte mich darauf, den Wagen an eine Stelle zu manövrieren, wo wir genug Bodenhaftung hatten, um wieder selbst zu fahren.

Als ich merkte, dass der Wagen schneller wurde, rief ich

meinem Sohn zu, er solle ins Auto springen. Ich hatte Angst, noch einmal anhalten zu müssen, um ihn einsteigen zu lassen. Weil ich darauf achtete, ob mein Sohn auch sicher ins fahrende Auto gelangte, war ich einen Moment vollkommen abgelenkt. Und dann musste ich schalten und gleichzeitig darauf achten, nicht gegen die Leitplanke zu geraten, kurz, ich hatte so viel zu tun, dass ich keine Zeit mehr hatte, das Fenster herunterzukurbeln, um unserem Retter zu danken.

Als ich später Scott fragte, ob er sich bei dem Mann bedankt habe, der ihm geholfen hatte, das Auto anzuschieben, meinte er: »Von wem sprichst du, Mama? Da war niemand, der mir geholfen hat, den Wagen zu schieben. Ich habe das ganz alleine gemacht!« Mit seinen 15 Jahren war Scott überzeugt, dass er stark genug war, den Wagen ganz allein anzuschieben.

Wie oft habe ich mir gewünscht, dem Mann zu danken, der uns half, wieder auf die Straße zu gelangen. Doch inzwischen bezweifle ich, dass es tatsächlich ein Mensch war. Ich glaube, es war ein Engel, der als Antwort auf mein Gebet geschickt worden war. Schließlich war es in der kurzen Zeit, in der sich der Vorfall ereignet hatte, gar nicht möglich, dass jemand unsere Notlage bemerkte, sein Auto anhielt, zu meinem Wagen kam, ihn von hinten anschob und wieder zu seinem eigenen Auto zurückkehrte.

Wie konnte das alles auf einer belebten, schnell befahrenen Autobahn bei eisigem Wetter passieren, ohne dass es dabei zu einem Unfall kam? Die einzig mögliche Antwort ist: göttliche Intervention, eine sofortige Antwort auf mein kurzes, flehendes Gebet.

Es stellte sich heraus, dass Clark eine komplizierte Wirbelsäulenfraktur erlitten hatte. Einige Wochen lang litt er unter ziemlichen Schmerzen und musste ein Stützkorsett tragen. Doch heute geht es ihm wieder gut. Und auch dafür danke ich Gott.

Ein himmlisches Kindermädchen

VON CATHERINE LEE

Einmal habe ich den Schutzengel meines ältesten Sohnes gesehen und mit ihm gesprochen. Wir wohnten zu der Zeit in Lubbock in Texas. Brandon war zwei Jahre alt und hatte ein besonderes Talent dafür, Türen, Schlösser und Riegel zu öffnen.

Es war an einem Sonntag, und wir waren in der Kirche. Ich saß auf dem Sofa im Foyer der Kirche, denn ich war im achten Monat schwanger, und die Stühle waren unbequem. Das Foyer hatte große Fenster auf jeder Seite einer Doppeltür. Die ganze Wand war aus Glas, mit hauchdünnen Vorhängen davor, um das Licht zu filtern. Mein Mann saß mit mir auf dem Sofa. Wir bemerkten eine Frau, die sich mit einem kleinen Jungen an der Hand näherte. Als sie die Tür öffnete, sahen wir, dass der kleine Junge unser Sohn war. Wir hatten ihn in den Hort der Kirche gebracht.

Die Frau hatte weißes Haar und einen sehr blassen Teint. Sie trug ein weißes Kleid mit winzigem schwarzem Muster, eine weiße Handtasche und weiße Schuhe. Sie fragte, ob der Junge zu dieser Kirche gehöre. Einen Moment lang brachte ich kein Wort heraus. Sie erklärte, sie habe den Jungen unten am See im Park hinter der Kirche herumlaufen sehen und gedacht, er sei vielleicht in Gefahr. Brandon musste durch einige Türen und ein verriegeltes Tor entwischt sein, um das Kirchengelände zu verlassen.

Ich sagte ihr, dass es sich um unseren Sohn handelte. Sie übergab ihn mir und ging dann zur Tür hinaus. Ich stellte fest, dass ich mich nicht bedankt hatte, und lief hinter ihr her. Doch sie war nicht mehr da. Die nette ältere Frau war ohne jede Spur so mysteriös verschwunden, wie sie gekommen war.

Brandon ist inzwischen 20 Jahre alt und Feuerwehrmann. Ich hoffe, dass sein Engel auch heute noch über ihn wacht.

Retter aus dem Nichts

VON SALLY MILLER

Als meine Tochter zwei Jahre alt war (das ist jetzt 28 Jahre her), ist mir einmal etwas Seltsames passiert. Ich bin Linkshänderin, und an jenem Tag hatte ich meine linke Hand in Gips. Meine Tochter und ich hatten gerade das Haus meiner Mutter verlassen, und ohne dass ich es bemerkte, steckte sich meine Tochter ein Bonbon in den Mund. Plötzlich begann sie an dem Bonbon zu würgen und drohte zu ersticken. Niemand war in der Nähe, um zu helfen. Ich stieß einen Hilfeschrei aus, und beinahe sofort erschien ein Mann, der meine Tochter packte, sie umdrehte und ihr auf den Rücken klopfte, bis das Bonbon sich löste. Als ich mich dem Mann zuwandte, um mich zu bedanken, war niemand mehr da.

Ein himmlischer Arzt

VON JAMES R. MYSHRALL

Am 22. Dezember 1995 um elf Uhr waren Hazel (meine Mutter), Beverley (meine Frau) und ich in einen Verkehrsunfall verwickelt. Bei diesem Unfall gab es zwei Tote, doch es hätten auch vier sein können. Meine Mutter und der Mann, der den Unfall verursacht hatte, starben. Meine Frau trug eine zertrümmerte Kniescheibe und eine tiefe Schnittwunde auf der Stirn davon. Ich hatte ebenfalls Kopfverletzungen, blutete stark und drohte an meinem eigenen Blut zu ersticken. Innerhalb von Sekunden tauchte ein geheimnisvoller Arzt auf. Er kam durch die Windschutzscheibe unseres Fahrzeugs, drückte mich zu Boden (da ich aufgrund der Kopfverletzung herumzappelte) und entfernte das Blut, sodass ich wieder atmen konnte. Er machte mich für die Ambulanz fertig, die mich den langen Weg zu einem besser ausgerüsteten Krankenhaus bringen sollte.

Über verschiedene Kanäle versuchte ich anschließend, diesen Arzt ausfindig zu machen, sogar über die Fernsehserie »Ungelöste Rätsel«. Doch bisher hatte ich kein Glück. Es war mir nicht möglich, die Adresse dieses Arztes ausfindig zu machen oder wenigstens seinen Namen zu erfahren. Sein Name taucht noch nicht einmal im Polizeibericht auf. Den einzigen Schluss, den ich daraus ziehen kann, ist, dass er ein Engel war. Dass ich noch am Leben bin, verdanke ich sicher diesem Arzt (oder Engel).

Die Ärzte sagten mir, dass meine Mutter sofort tot war. Ich glaube, dass sie darum gebeten hat, mich zu dieser Zeit nicht auch noch von der Erde zu nehmen. Es wäre eine zu große Bürde für meine Familie gewesen.

Ein Engel kam zu Hilfe

VON JUDY GARVEY

Ich fuhr gerade mit unserem Lieferwagen zum Einkaufen, meine übliche Strecke Richtung Stadtmitte. Plötzlich setzte der Motor aus. Ich lenkte den Wagen an den Straßenrand und wollte meine Handtasche herausnehmen, um zur Hauptstraße zu laufen, wo es verschiedene Geschäfte gibt. Von da aus hoffte ich, den Pannendienst anrufen zu können.

Als ich mich umdrehte und gerade die Tür öffnen wollte, sah ich einen Mann in der Kleidung eines Sicherheitsbeamten mit einem Hörfunkgerät um die Ecke biegen und genau auf mich zukommen. Er kam an meine Autotür und fragte mich, ob ich Hilfe bräuchte. Ich erwiderte, dass ich mich gerade auf dem Weg machen wollte, um den Pannendienst anzurufen. Er sagte, das könne er erledigen, und ich hörte ihn in das Hörfunkgerät sprechen, während ich in meiner Geldbörse nach der Mitgliedskarte für den Automobilclub suchte. Als ich mich wieder umdrehte, um dem Mann für seine rasche Hilfe zu danken, war er verschwunden! Ich blickte die Straße hinauf und hinunter, doch er war nirgendwo zu sehen. Kurz darauf kam der Abschleppdienst.

Ich fing an, darüber nachzudenken, wer mir da zu Hilfe gekommen war. Ich stellte fest, dass es in der Gegend keine größeren Firmen gab, die einen Sicherheitsbeamten gerechtfertigt hätten. Seltsam war auch, dass der Mann um die Ecke kam und direkt auf mich zusteuerte. Schließlich wurde mir klar, dass ich eine wunderbare Hilfe von einem ganz realen Engel erhalten hatte.

Ein Engel für eine trauernde Tochter

VON CARLA TEDERMAN

Vor sieben Jahren starb mein Vater. Im Jahr zuvor war er dreimal am Herzen operiert worden. Mein Vater und ich standen uns sehr nahe. Jedes Mal, wenn er sich einer Operation unterziehen musste, sagte er zum Pfarrer: »Ich habe keine Angst zu sterben. Meine einzige Angst dreht sich darum, was aus meiner Tochter Carla wird. Ein Teil von ihr wird mit mir sterben.«

Er hatte Recht. Zwei Tage nachdem wir ihn beerdigt hatten, wurde ich von meiner Verzweiflung übermannt. Es regnete, doch ich sprang ins Auto und fuhr zum Friedhof. Ich schrie, ich weinte und fing an, im Regen die Erde auf seinem Grab aufzuwühlen.

Da kam eine Frau zu mir, legte ihre Arme um mich und hielt mich ganz fest. Als ich mich etwas beruhigt hatte, setzte sie sich mit mir im Regen auf das Grab meines Vaters und sprach fast drei Stunden lang mit mir. Sie erzählte mir unter anderem, dass ihre Mutter in der Nähe meines Vaters beerdigt sei. Ich weiß nicht, was ich ohne ihre Hilfe getan hätte. Sie nannte mir ihren Namen und den Namen ihrer Mutter.

Eine Woche später ging ich zum Friedhofsbüro und fragte nach, wie ich Kontakt mit ihr aufnehmen konnte. Sie hatten aber keinen Eintrag von ihr oder ihrer Mutter. Ich sah sie nie wieder. Ich glaube, sie war ein Schutzengel, der über mich wacht.

Er rettete mir das Leben

VON JUSTINE LINDSAY

Ich war 18 Jahre alt und hatte gerade die Schule beendet. Eigentlich hätte das eine ungemein aufregende Erfahrung sein sollen. Doch ich wartete noch auf meine Examensergebnisse und hatte ziemlich viel Angst davor. Schlimmer noch, ich hatte eben meinen Freund (meine erste Liebe) dabei erwischt, wie er auf unserer Strandpromenade ein anderes Mädchen küsste, ein paar Tage bevor wir zusammen für eine Woche in die Ferien fahren wollten.

Diese Ferienwoche war die Hölle. Wir stritten uns andauernd, vertrugen uns zwischendurch mal kurz, nur um bald darauf wieder zu streiten. Es war furchtbar. Schließlich erreichte das Ganze seinen Höhepunkt, als er mir ein paar wirklich gemeine Sachen sagte. Ich stürmte hinaus und rannte zum Strand hinunter. Ich hatte eine recht schwierige Kindheit gehabt, und all das nahm mich in diesem Moment ziemlich mit. Auch wenn ich mich heute fast schäme, es zu sagen, aber der Gedanke, mich umzubringen, wurde immer stärker. Ich ging zu einem verlassenen Teil des Strandes und lief zu einer riesigen Klippe. »Mein Ausweg aus allem«, dachte ich. Ich war wirklich ziemlich hysterisch, heulte und schluchzte. Ich sah niemanden am Strand, allerdings war ich in diesem Zustand wohl auch nicht wirklich in der Lage, irgendjemanden wahrzunehmen.

Plötzlich spürte ich, wie mir jemand auf die Schulter klopfte. Es war ein Mann von etwa 25 Jahren, von gepflegter Erscheinung, mit durchscheinender Haut und schönen blauen Augen. Er wollte wissen, ob alles mit mir in Ordnung sei, aber er übermittelte mir diese Frage irgendwie, ohne zu sprechen. Denn wenn ich zurückdenke, kann ich mich nicht erinnern, dass er auch nur ein einziges Wort sagte. Ich fing an, ihm alles zu erzählen – einfach alles. Wir liefen am Strand entlang, während ich ihm die ganze Zeit über mein Herz ausschüttete. Schließlich setzten wir uns, während ich ihm alles berichtete, was mir seit meinem zwölften Lebensjahr passiert war, als meine Eltern sich scheiden ließen. Der Mann sagte kein Wort. Ich redete und redete, während er mich sanft zu dem Strandhaus zurückführte, in dem mein Freund und ich übernachteten. Schließlich gelangten wir zu dem Weg, der mich vom Strand zum Haus bringen würde.

Da hielt er an und drehte sich zu mir um. Ich realisierte, dass ich seit mehr als zwei Stunden ununterbrochen geredet hatte. Ich begann mich zu entschuldigen und ihm fürs Zuhören zu danken, alles in einem Atemzug. Ich sagte ihm, ich müsse gehen, weil mein Freund sich sonst Sorgen machen würde, und dann umarmte ich ihn. Er sagte immer noch kein Wort. Ich erinnere mich, dass ich das nun schon ein wenig merkwürdig fand.

Ich wandte mich zum Gehen, rannte ein Stück den Strand hinauf und drehte mich dann um, um ihm zum Abschied noch einmal zu winken. Doch der Strand war leer. Ich ging zurück zum Strand, an die Stelle, wo ich gerade noch mit ihm gestanden hatte, und blickte mich suchend um. Nichts. Ich dachte, ich würde verrückt, schüttelte den Kopf und schloss die Augen. Als ich sie wieder öffnete, sah ich, dass dort, wo der Mann und ich am Strand entlanggegangen waren, nur ein einziges Paar Fußspuren verlief. In diesem Moment wurde mir wirklich unheimlich, und ich rannte schnell zum Haus zurück. Ich habe niemals irgendjemandem ein Wort über das erzählt, was an jenem Tag am Strand vorgefallen ist.

Ich bin durch diese Geschichte ein spirituellerer Mensch geworden und habe angefangen, mich auf die Suche nach dem Sinn meines Lebens zu machen. Ich unterhalte mich ständig mit meinem Engel. Auch wenn er mir seither nicht wieder »erschienen« ist, so bin ich doch auch nie wieder so verzweifelt gewesen wie an jenem Tag am Strand. Von Zeit zu Zeit bekomme ich kleine Zeichen, aber gewöhnlich nur, wenn ich darum bitte.

Von Freude überwältigt

VON NANCY KIMES

Es war im Jahr 1980. Es war ein ungewöhnlich heißer Tag im Sommer, ein Tag, den ich niemals vergessen werde!

Ich war zu dieser Zeit sehr depressiv. Nichts schien mehr in meinem Leben zu klappen, einschließlich einer Beziehung, an der ich verzweifelt hing. Mein Leben hatte keinen Plan, kein Ziel. Ich suchte nach einem Ausweg, deshalb bat ich Gott um Hilfe. Ich wollte wissen, warum ich hier war. Ich wollte in der Lage sein, mir und anderen zu helfen. Zu jenem Zeitpunkt sah dieser Wunsch nicht sehr viel versprechend aus. Ich weinte, während ich zu Gott sprach, als stünde er neben mir.

In diesem Moment klopfte es an die Tür. »Wer kann das sein?«, dachte ich. »Soll ich an die Tür gehen?« Es klopfte wieder. Schließlich öffnete ich die Tür. Vor mir stand ein Mann mit strahlendem Lächeln, um die 30, gut aussehend, mit einem Manuskripthalter unter dem Arm. Er trug ein langärmeliges Hemd und dunkle Hosen. Seine Ärmel waren ein Stück hochgekrempelt. Er entschuldigte sich, er wolle nicht stören, aber ob ich wohl ein Glas Wasser für ihn hätte. Ich konnte ihm die Bitte nicht abschlagen. Draußen herrschte glühende Hitze. Ich fragte ihn, ob ich ihm Eis hineingeben solle, und er antwortete: »Ja, das wäre nett.«

Als ich den Wasserhahn aufdrehte, schien die Schwere, die ich bis dahin gefühlt hatte, leichter zu werden. Er trank das Glas Wasser aus, und ich fragte ihn, ob er noch eines wolle. Er nahm das Angebot dankbar an. Ich goss ihm also ein zweites Glas Wasser ein, wieder mit Eis. Dieses Mal spürte ich, wie sich etwas in mir anfüllte und wie meine dunkle Stimmung, meine Depression verschwand. Ich fühlte mich besser! Der Mann trank das zweite Glas aus, und ich fragte ihn, ob er noch mehr wolle. Er war immer noch durstig.

Wie zuvor goss ich ihm noch einmal ein Glas Wasser ein.

Dabei empfand ich eine überwältigende Freude und dachte spontan an einen Satz aus der Bibel: *Selig, die da hungern und dürsten nach Gerechtigkeit, denn sie sollen gesättigt werden.*

»Wer ist dieser Mann, und warum hat er eine so starke positive Wirkung auf mich?«, fragte ich mich plötzlich.

Nachdem er das Glas zum dritten Mal geleert hatte, schien er zufrieden. Er bedankte sich voller Wärme und ging. Als ich die Tür schloss, spürte ich eine tiefe innere Gewissheit, dass die Antworten auf meine Fragen bald auftauchen würden, dass mein Leben einen Sinn hatte und noch lange nicht am Ende war. Ich stürzte ans Küchenfenster, um zu sehen, in welche Richtung der Mann ging, doch er war nirgendwo zu sehen. So schnell konnte er doch nicht aus meiner Sicht verschwunden sein! In diesem Moment wusste ich in meinem tiefsten Inneren, dass er ein Engel in Verkleidung gewesen war.

Mein Leben hat sich an jenem Tag verändert. Eine ganz neue Welt eröffnete sich mir – eine Welt der Liebe und der Vergebung, eine Welt, in der ich anderen zuhöre, in der ich mich selbst durch die Augen der anderen sehe, in der ich die Fähigkeit habe, mir selbst zu helfen, indem ich anderen helfe. Immer wenn seither etwas geschieht und ich mich überfordert fühle, spüre ich eine deutliche Präsenz in mir oder um mich herum, die mir die Kraft und den Mut gibt, mich den Herausforderungen zu stellen und weiterzumachen – im Wissen, dass ich vollkommen beschützt bin.

Der Himmel half mir

VON CAROL PIZZI

Am 14. September 1995 spürte ich frühmorgens auf dem Weg zur Arbeit plötzlich eine beklemmende Enge in der Brust und Schmerzen, die sich bis in den Hals hochzogen. Da ich bereits am Krankenhaus vorbeigefahren war, beschloss ich, in mein Büro zu fahren und mich dort von jemandem in die Notaufnahme des Krankenhauses bringen zu lassen. Doch nachdem ich ein paar Straßen weitergefahren war, fühlte ich mich sehr schwach. Ich fuhr also mit dem Auto auf den verlassenen Parkplatz eines Einkaufszentrums, um anzuhalten. Es war vor sieben Uhr morgens, und keines der Geschäfte hatte geöffnet. Doch dann tauchte ein Mann auf, und ich bat ihn, die Ambulanz zu verständigen, da ich inzwischen starke Schmerzen in der Brust hatte und Probleme beim Atmen. Ich erinnere mich, dass er in eines der Geschäfte ging, um den Anruf zu tätigen. Die Ambulanz kam und brachte mich ins Krankenhaus, wo ich sofort gründlich untersucht wurde. Nachdem eine blockierte Arterie entdeckt worden war, wurde eine Koronarangioplastie durchgeführt.

Ich musste einige Zeit zu Hause verbringen, um mich zu erholen. Danach fuhr ich wieder zu dem Einkaufszentrum und versuchte den Mann zu finden, der die Ambulanz angerufen hatte, um mich zu bedanken. Da ich gesehen hatte, wie er vor der Öffnungszeit in eines der Geschäfte gegangen war, nahm ich an, dass er dort arbeitete. Doch dort wurde mir gesagt, dass um diese Zeit am Morgen noch niemand da wäre und dass auch niemand bei ihnen arbeiten würde, auf den meine Beschreibung zutraf. Ich konnte meinen Schutzengel nicht finden, doch ich bin sicher, dass es einer war.

Von einem Engel gerettet

VON BIRGITTE SUHR

Ich stamme aus Dänemark. Als ich 16 Jahre alt war, fuhr ich mit meinen Eltern nach Polen in die Ferien. An einem Tag besuchten wir Krakau. Ich lief auf dem Bürgersteig unter vielen anderen Menschen dahin. Weil es so voll war, machte ich einmal einen Schritt auf die Straße, um jemandem auszuweichen, doch da wurde ich von einer alten Frau mit dunklem Kopftuch auf den Bürgersteig zurückgerissen, und im selben Moment raste eine Straßenbahn an mir vorbei. Ich wäre von

ihr überfahren worden, wenn diese Frau mich nicht zurückgerissen hätte.

Schnell drehte ich mich um, um mich bei ihr zu bedanken.
Doch sie war vollkommen verschwunden. Ich bin überzeugt,
dass die alte Frau mein Schutzengel war. In meinen Gebeten
habe ich mich oft bei ihr bedankt.

Beten lohnt sich

ANONYM

Es war an einem gewöhnlichen Frühlingstag. Mein Mann bat
mich, ihm zu helfen, unser altes Auto, ein Firebird, aus dem
Carport zu manövrieren, da dieser von einer Hecke blockiert
und für den Transporter, der das Auto in die Werkstatt bringen sollte, nicht zugänglich war. Während mein Mann schob,
sollte ich lenken. Doch dann – er schob, ich lenkte – stellte ich
fest, dass die Sache nicht so leicht ging, wie er sich das vorge-
stellt hatte. Sein Rücken war angespannt, und ich versuchte
im Auto sitzend den Wagen zu lenken. Mir war klar, dass dadurch das Gewicht des Wagens erhöht wurde. Deshalb beschloss ich auszusteigen, um beim Schieben mitzuhelfen. Das
Problem dabei war, dass ich nicht gleichzeitig schieben, das
Auto lenken und bremsen konnte. Es war ein wahnsinnig
schweres Auto – ein Firebird von 1976 besteht aus einer
Menge Metall –, und es war fast unmöglich, unser Vorhaben
durchzuführen. Immer wenn wir das Auto gerade ins Rollen
gebracht hatten, musste ich in den Wagen springen, um zu
bremsen, bevor es meinen Mann überfuhr.

Ich fing an, innerlich zu beten und meine Engel um Hilfe
zu bitten. Während ich meine innere Bitte formulierte, versuchte mein Mann vergeblich, den Wagen alleine anzuschieben – er bewegte sich keinen Zentimeter. Mitten in meinem
Gebet blickte ich auf und sah die erstaunlichste Manifestation
meines Lebens. Ein gebräunter junger Mann rannte an unserem Gartenzaun entlang. Während ich ihn noch beobachtete,

fiel mir auf, dass er die Richtung änderte, so als spüre er den Weg zu unserem Auto. Er hatte freundliche blaue Augen. Als unsere Blicke sich trafen, nickte er, als wolle er sagen: »Ich bin da!« Er kam zum Auto und begann meinem Mann beim Schieben zu helfen, der vollkommen überrascht war, dass dieser Mann ihm helfen wollte. Zusammen schafften sie es, das Auto aus dem Stellplatz und an den richtigen Platz zu schieben.

Während ich den Gang einlegte und die Zündung aus-schaltete, sah ich, dass der Fremde, der blonde Haare und blaue Augen hatte, die Hand meines Mannes schüttelte und etwas zu ihm sagte, das ich nicht verstehen konnte. Als ich aus dem Auto ausstieg, drehte er sich gerade um und ging weg. Er rannte in dieselbe Richtung, aus der er gekommen war, und verschwand aus unserem Blickfeld.

Als ich meinen Mann anschaute, bemerkte ich Tränen in seinen Augen. Ich fragte ihn, ob alles in Ordnung sei. Zunächst konnte er mir gar nicht antworten, so überwältigt war er. Schließlich murmelte er, dass die liebevolle Ausstrah-lung dieses Mannes einfach unglaublich gewesen sei. Ich fragte ihn, was der Mann zu ihm gesagt hatte. Mein Mann wandte mir das Gesicht zu. »Er sagte: ›Beten lohnt sich.‹«

Auch wenn wir diesen Mann nie wieder gesehen haben, haben wir doch dieses unbegreifliche und wunderbare Erleb-nis niemals vergessen.

KAPITEL 4

FREMDE, DIE BOTSCHAFTEN BRINGEN

Eine lebenswichtige Nachricht

VON CAROL A. AUSTIN

Einmal fuhren meine Freundin Sandy und ich übers Wochenende nach Dayton Beach in Florida. Kurz vor Einbruch der Dunkelheit machten wir uns wieder auf den Weg nach Hause. Wir stiegen ins Auto, Sandy übernahm das Steuer, und ich schlief sofort ein. Wir hatten gerade St. Augustine hinter uns gelassen, als Sandy gegen einen Wegweiser fuhr. Ich wurde auf dem Vordersitz herumgeschleudert (das war noch vor der allgemeinen Anschnallpflicht), Sandy brach sich die Nase, und als die Ambulanz kam, mussten sie die Tür aufbrechen, um mich herauszuholen.

Meine Schulter wies Quetschungen auf, mein Kiefer war gebrochen, ebenso mein fünfter Lendenwirbel. Der untere Teil meines Körpers war voller Blutergüsse. In der zweiten Woche meines Krankenhausaufenthalts kam eine junge Frau, etwa in meinem Alter, in mein Zimmer. Sie sagte, es sei unbedingt notwendig für mich, 15 Minuten lang auf einem Stuhl zu sitzen, andernfalls würde ich nie mehr gehen können. Während dieser schmerzhaften Prozedur half sie mir, rieb meine Beine und redete mit mir. Sie war so lieb, so nett und so hübsch, dass ich mir keine Gedanken darüber machte, wer sie eigentlich war. Später, nachdem sie gegangen war, fragte ich die Stationsschwester nach ihr. Doch niemand schien zu wissen, von wem ich sprach. Ich bin inzwischen der festen Überzeugung, dass es sich um meinen Schutzengel handelte.

Trost von oben

VON MAUREEN

Erst vor kurzem hatte ich meinen Vater in einem Pflegeheim untergebracht, denn er war sehr krank und hing an einem Beatmungsgerät. Gleichzeitig lag auch mein Mann mit Nierensteinen im Krankenhaus. Ich war bei ihm in der Klinik zu Besuch gewesen und ging kurz nach draußen, um eine Zigarette zu rauchen. Ich fing ein Gespräch mit einer älteren Frau an, die auch draußen stand, um frische Luft zu schnappen.

Nachdem wir miteinander gesprochen und zusammen geweint hatten, sagte ich, ich müsse wieder hoch zu meinem Mann gehen. Die Frau nahm meine Hand und sagte, es sei ein Segen für meinen Vater, mich zu haben, und dass Gott ihn mit seinen liebenden Armen umfangen würde. Sie sagte, ich solle so weitermachen, und fügte hinzu, ich sei eine Inspiration für sie. Dann sagte sie: »Es war schön, dass ich Sie getroffen habe, Maureen.« Ich konnte mich nicht erinnern, dass ich ihr meinen Namen genannt hatte! Als ich mich umdrehte, war sie schon weg. Doch so schnell konnte sie gar nicht weggegangen sein, vor allem nicht in ihrem Alter. Bis zum heutigen Tag bin ich überzeugt davon, dass ich mit einem Engel sprach.

Gott wirkt auf rätselhafte Weise

VON PATRICE KARST

An einem Samstagnachmittag fuhr ich einmal auf der Autobahn Richtung Westen zum Pacific Coast Highway. Ich hörte Musik, und mein kleiner Sohn Eli schlief auf dem Rücksitz.

Ich war tief in Gedanken versunken, als der Wagen vor mir ganz plötzlich scharf bremste. Ich fuhr etwa 50 Meilen in der Stunde und trat so schnell und heftig auf die Bremse, wie ich nur konnte, um nicht auf den Wagen vor mir aufzufahren. Doch es war offensichtlich, dass der Abstand nicht reichen würde.

Das ganze Geschehen kam mir beinahe surreal vor, während ich zusah, wie ich mit hoher Geschwindigkeit auf das Auto vor mir zuraste. Ich war vor Schreck wie erstarrt. Alles, was ich denken konnte, war: »O mein Gott, muss ich hier sterben? Was ist mit Eli? Oh, lieber Gott, bitte nicht!«

Ich prallte mit voller Wucht auf das Auto vor mir auf. Nach dem Aufprall zitterte ich unkontrollierbar am ganzen Körper und wagte nicht, mich zu bewegen, aus Angst, mit einem Bild der Zerstörung und des Grauens um mich herum konfrontiert zu werden.

Doch als ich schließlich den Mut aufbrachte, mich umzuschauen, erblickte ich statt einer Tragödie ein Wunder. Mein Sohn Eli schlief immer noch! Ich war vollkommen unverletzt, was angesichts der Heftigkeit, mit der mein Auto in das andere Auto geknallt war, völlig unmöglich schien.

Während ich mir diese unfassbare Situation ansah, öffnete eine dunkelhaarige Frau mit einem starken, undefinierbaren Akzent meine Autotür, und ich stieg aus dem Wagen. Sie warf die Arme um mich und sagte: »Wir sind alle viel zu schnell unterwegs. Sie sind in Ordnung. Lassen Sie uns daran denken, langsamer zu fahren.« Dann fügte sie noch hinzu: »Gott segne Sie!«, und fuhr davon. Ich stand am Straßenrand in einem Zustand des Schocks.

Mein Auto war vollkommen unbeschädigt, obwohl ich gerade einen heftigen Zusammenstoß hinter mir hatte. Aber nicht nur das, es stand auch ganz rechts auf der Standspur und außerhalb jedes Gefahrenbereichs, obwohl ich es nicht dort hingefahren hatte! Nach dem Aufprall hatte ich das Auto überhaupt nicht bewegt. Ich hätte eigentlich mitten auf der Straße stehen müssen, von Autos umgeben, die mir auszuweichen versuchten.

Ein Wunder? Ein Engel? Nennen Sie es, wie Sie wollen. Ich weiß nur, dass diese geheimnisvolle Frau und dieses Erlebnis für mich völlig unfassbar waren. Alles, was sie sagte, war, dass wir viel zu schnell unterwegs sind – als wäre es eine Metapher für das verrückte, halsbrecherische Tempo, das wir uns alle auferlegt haben.

Ich stieg wieder in mein Auto und fuhr nach Hause. Gott war an diesem Tag für Eli und mich da gewesen – dessen bin ich mir ganz sicher.

Ein Engel in New York City

ANONYM

Im Jahr 1995 beschloss ich, meinem Verlobten (der bald darauf mein Ehemann wurde) nach New York zu folgen. Wir zogen in eine kleine, bezahlbare Wohnung in der Gegend von New Jersey. Das stellte sich als verheerend heraus.

Es hatte bereits Zeichen dafür gegeben, dass der bevorstehende Umzug nicht unbedingt eine gute Entscheidung war. Kurz vor unserem Umzug war ich in einen Unfall verwickelt gewesen, einen Frontalzusammenstoß, und bald darauf passierten auch andere schlimme Dinge, unter anderem, dass an dem Tag, an dem ich meine neue Arbeit antreten sollte, mein Auto gestohlen wurde, und dass mir in den verschiedenen U-Bahn-Zügen, mit denen ich täglich zwischen Manhattan und New Jersey pendelte, Exhibitionisten begegneten. Alles in allem wurden meinem Mann und mir innerhalb eines Jahres viermal unsere Autos gestohlen.

Schließlich verlor mein Mann seine Stelle und konnte keinen neuen Job mit vergleichbarem Gehalt finden. Er beschloss, nach Washington D. C. zurückzukehren, wo der Arbeitsmarkt für ihn aussichtsreicher war. Ich wollte in New York City bleiben, bis sich mir eine neue Stelle bot. Während dieser Zeit wohnte ich bei einer Freundin in Manhattan.

Eines Tages kam ein Mann auf mich zu, nachdem ich auf der Straße geparkt hatte, und behauptete lauthals, ich hätte mich auf seinen Parkplatz gestellt. Meine Freundin, die mich begleitete, erklärte dem Mann, dass es sich um einen öffentlichen Parkplatz auf der Straße handle, der niemand gehöre. Der Mann wurde ziemlich wütend. Wider mein besseres Wissen ließ ich mein Auto dort. Meine innere Stimme riet mir, das Auto wegzufahren, doch meine Freundin überzeugte mich, dass ich für meine Rechte einstehen müsse und mich von so einem Typen nicht schikanieren lassen dürfe.

Als ich später am Tag zurückkam, sah ich, dass mein Auto einen platten Reifen hatte. Jemand hatte ein Messer genommen und mehrfach damit in den Reifen gestochen. Das war zu viel für meine Nerven. Ich wusste, dass dies das Resultat des morgendlichen Parkplatzstreits war, denn der Mann hatte mit Gewalt gedroht, wenn ich den Wagen dort stehen ließ. Ich fuhr mein Auto an einen sicheren Platz, wobei ich die ganze Zeit über heulte, und rief den Pannendienst an, damit er mir beim Reifenwechsel hilft. Ich war in diesem Moment völlig außer mir. Die Stadt hatte mich am Ende doch noch besiegt, und ich fühlte mich am Ende meiner Kraft.

Während ich auf den Pannendienst wartete, schaute ich mich immer wieder suchend um, um den Wagen des Reparaturdienstes, der auf dem Weg zu mir war, rechtzeitig zu entdecken. Ich hatte das Auto an einer etwas abgelegenen Stelle geparkt, die ich für sicher hielt, weil sie zu allen Seiten hin offen war, sodass ich sehen konnte, wenn sich jemand näherte. Ich hatte Angst, dass der Typ, der meinen Reifen zerstochen hatte, mir vielleicht gefolgt war.

Plötzlich hörte ich die Stimme einer Frau hinter mir, die sich nach meinem Auto erkundigte. Ich hatte sie nicht kommen sehen und war deswegen ziemlich irritiert, denn ich hatte ja aufmerksam in alle Richtungen geschaut. Ich weinte, während ich ihr die ganze Geschichte erzählte. Sie hörte mir aufmerksam zu und tröstete mich die ganze Zeit. Sie sagte, dass Gott uns nicht alle hierher gebracht hätte, wenn nicht genug Raum für jeden da wäre, und dass er immer für mich sorgen würde, ob es sich nun um einen Parkplatz oder irgendetwas anderes handelte. Sie sagte mir auch, dass mir bald großes Glück zuteil würde, das die Situation mit dem Reifen wieder gutmachen würde.

In diesem Augenblick sah ich den Wagen des Pannendienstes kommen. Als ich mich wieder umdrehte, um der Frau für ihre Freundlichkeit zu danken, war sie vollkommen verschwunden! Dabei gab es in der Nähe keinen Platz und kein Gebäude, wohin sie hätte verschwinden können. Als mir das klar wurde, überkamen mich ein starkes Glücksgefühl und eine tröstliche Ruhe, und ich glaube wirklich und wahrhaftig, dass diese Frau ein Engel war. Es gibt keine andere Erklärung dafür.

Das Glück, das sie mir angekündigt hatte, bewahrheitete sich auch. Schon am nächsten Tag erhielt ich von meiner Firma 50 Dollar als Anerkennung für besondere Leistungen. Diese Summe entsprach genau den Kosten für den Reifenwechsel. Außerdem stärkte die Anerkennung mein Selbstbewusstsein! Genau zu einem Zeitpunkt, als ich dachte, nichts Gutes könne mir mehr passieren, war mir ein echtes Wunder widerfahren!

Alles wird wieder gut

VON DOROTHY DURAND

Meine Mutter erzählte mir folgende Geschichte, die ihr passierte, als ich noch ein Kind war.

Ihr Leben war zu dieser Zeit von tragischen Ereignissen überschattet. Im Alter von 22 Jahren hatte sie ihren Bruder, ihre Mutter und meinen Vater (der mit 31 Jahren starb) verloren, und ich war schwer krank. Die Ärzte schlugen eine neue

Behandlungsmethode vor, die noch nie bei Kindern ausprobiert worden war. Sie gaben mir eine 50-prozentige Chance auf Heilung, wenn meine Mutter der Behandlung zustimmte. Wenn sie sie ablehnte, bedeutete das meinen sicheren Tod.

Meine Mutter gab ihre Zustimmung, verließ das Krankenhaus und lief direkt zum Hafen, wo sie sich ins Wasser stürzen wollte. Jeder, den sie je geliebt hatte, war ihr genommen worden. Sie war überzeugt, dass ich sterben würde und dass ihr nichts mehr blieb, für das es sich zu leben lohnte.

Als sie am Hafen stand und in das dunkle Wasser starrte, stand auf einmal ein Schwarzer neben ihr, der wie ein Hafenarbeiter aussah. Zuerst hatte sie Angst, weil er ein so großer und kräftiger Mann war. Es war eine ziemlich verrufene Gegend, die von Frauen gewöhnlich gemieden wurde, weil man hier stets Angst vor tätlichen Angriffen haben musste. Doch dann dachte sie: »Ist doch sowieso egal.«

Er sagte zu ihr: »Dir das Leben zu nehmen ist keine Lösung. Alles wird wieder gut.« Meine Mutter wandte einige Sekunden den Blick von ihm ab und starrte wieder ins Wasser. Als sie aufblickte, war der Mann verschwunden. Sie suchte die Gegend nach ihm ab, doch er war einfach wie vom Erdboden verschluckt.

Alles *wurde* wieder gut, denn ganz offensichtlich lebe ich ja noch. Meine Mutter hatte seit dieser Zeit eine besondere Affinität zu Engeln, bis zu dem Tag, an dem sie sie mit sich nahmen … am 18. Mai 1999.

Ein himmlischer Begleiter

VON KAREN REVELL

Eines Tages, als ich zur Arbeit fahren wollte, gab mein Wagen den Geist auf. Daher ging ich zur nächsten Bushaltestelle und wartete eine ganze Weile. Es tauchte aber kein Bus auf, der in meine Richtung fuhr. Also beschloss ich schließlich, zu Fuß zu gehen.

Meine Arbeitsstelle lag etwa sechs bis sieben Kilometer entfernt, und ich musste eine Brücke überqueren. Ich leide unter ziemlicher Höhenangst, und diese Brücke war ziemlich hoch und hatte keine allzu hohen Begrenzungen auf der Seite. Während ich voller Angst über die Brücke lief, wurde mir immer mehr schwindlig. Ich hatte das Gefühl, als würde mein Körper sich drehen und von der Brücke fallen. Als ich ungefähr in der Mitte angelangt war, war ich am Rande einer Hysterie. Ich blickte zurück und überlegte, ob ich umdrehen sollte, realisierte aber, dass die Entfernung zurück genauso groß war wie in die andere Richtung. Kein Mensch war auf der Brücke zu sehen.

Ich drehte mich wieder um, um weiter vorwärts zu laufen. Plötzlich tauchte ein Mann wie aus dem Nichts auf und begann neben mir her zu laufen. Er sagte zu mir: »Haben Sie keine Angst, ich gehe mit Ihnen.« Er erzählte mir, dass auch er einmal Angst vor Brücken gehabt habe und dass er mir hinüberhelfen würde. Als wir auf der anderen Seite ankamen, bedankte ich mich, und er ging. Als ich mich umdrehte, um noch etwas hinzuzufügen, war er bereits verschwunden.

Bitte, und du wirst empfangen

VON LAURI H. MUSTOE

Letztes Jahr wurde bei mir eine seltene chronisch-degenerative Krankheit diagnostiziert, Polychondritis genannt, bei der sämtliche Knorpelgewebe im Körper, auch jene rund um die wichtigen Organe wie Herz, Leber und Nieren, angegriffen werden. Meine Ärztin erklärte mir, dass ich einen langsamen und qualvollen Tod sterben würde. Sie empfahl mir, meine Dinge zu ordnen, und sagte mir, dass ich viel Zeit im Krankenhaus verbringen würde. Sie klärte mich darüber auf, dass viele Operationen nötig sein würden, wenn die Krankheit erst einmal in einem fortgeschrittenen Stadium war.

Natürlich war ich erst einmal völlig fertig! Ich konnte nicht glauben, was ich gehört hatte. Ich sagte zu mir selbst: »*So schlecht kann es doch nicht um mich stehen, oder?*« Das Erste, was ich machte, als ich nach Hause kam, war, mich im Internet über diese Krankheit zu informieren. Mit Entsetzen las ich auf einer medizinischen Informationsseite den Bericht einer Frau, in dem sie erzählte, dass sie dieselbe Krankheit hatte und siebenmal an der Kehle operiert worden war, nur damit sie atmen konnte! Ich konnte es nicht ertragen, noch mehr zu lesen, deshalb schaltete ich den Computer aus und fing an, zu Gott zu beten. »*Lieber Gott, was soll ich machen? Ich brauche deine Hilfe!*«

Am nächsten Tag hatte ich nur 15 Minuten Zeit, um zu meinem nächsten Arzttermin zu kommen, wobei ich quer durch die ganze Stadt fahren musste. Wenn ich mich beeilte, konnte ich es vielleicht gerade noch rechtzeitig schaffen. Doch als ich an der Hauptkreuzung ankam, spürte ich eine merkwürdige Veränderung. Es war, als würde die Zeit sich verlangsamen. Ich hielt an der roten Ampel, als plötzlich etwas meine Aufmerksamkeit gefangen nahm. Ich wusste es noch nicht, doch ich war kurz davor, meinem Engel zu begegnen. Das Erste, was ich bemerkte, war ein großer schwarzer Hut mit langen schwarzen Federn, die an der Seite herunterhingen. Ihr Haar war ebenfalls schwarz und unter ihrem Hut hochgesteckt. Nur einzelne Strähnen hingen hier und da herunter. Sie wirkte wie eine Figur aus einem Disneyfilm – wie die Vogelfrau aus Mary Poppins, nur schwarzhaarig! Sie trug eine schwarze Tasche, aus der ein Regenschirm herausschaute. Ich lächelte und dachte: »*Was für eine nette Dame!*«

Sie sah mich an und schenkte mir ein strahlendes, freundliches Lächeln. Ohne lange nachzudenken, griff ich über den Beifahrersitz und entriegelte die Tür. Sie öffnete die Tür und fragte mich, wohin ich fahren würde. Bevor ich noch antworten konnte, saß sie schon halb auf dem Beifahrersitz. Sie war eine kleine Frau, ein bisschen füllig, und es schien für sie schwierig zu sein, auf den Sitz zu gelangen. Ich sagte ihr also, sie solle sich Zeit lassen. Sie erwiderte, sie wolle nicht, dass ich aufgehalten würde und nicht weiterfahren könne, wenn die Ampel auf Grün schaltete. Ich lächelte. Auf einmal hatte ich das Gefühl, alle Zeit der Welt zu haben. Nicht einmal mein nächster Arzttermin beunruhigte mich mehr! Ich war fest davon überzeugt, dass alles gut gehen würde.

Die Frau setzte sich neben mir ins Auto und erklärte mir, wie schwer es ihr fiel, sich mit ihren 83 Jahren noch schnell zu bewegen. Sie befestigte den Sitzgurt, drehte sich zu mir um und blickte mir tief in die Augen, während ich sie ansah. Es war, als wäre in diesem Augenblick eine Art Verbindung zwischen uns entstanden. Ich fühlte einen großen Frieden in der Gegenwart dieser Frau. Sie war mir so vertraut, als wäre sie ein Teil meiner Familie. Sie stellte sich als Louise vor. Die Energie, die sie ausstrahlte, sorgte dafür, dass ich mich glücklich fühlte.

Sie redete ohne Unterbrechung und erzählte mir alles über sich und ihre Familie. Ich war fasziniert, während ich ihr zuhörte. Dann wurde Louise ganz still. Sie fragte: »Wissen Sie, was meine Mutter mir immer zu sagen pflegte?« Sie drehte sich zu mir, um mich anzuschauen, und mit einem sehr ernsten Ausdruck auf ihrem Gesicht sagte sie: »Wenn du etwas nicht *hast*, dann deshalb, weil du nicht darum *bittest*.« Es war, als würde ein lauter Wecker in meinem Kopf klingeln und mich aufwecken!

Louise zeigte mit ihrem Finger auf mich und meinte mit ernstem Gesichtsausdruck: »Das haben Sie verstanden, nicht wahr?« Ich lächelte und sagte: »Ja!« Danach verhielten sich Zeit und Raum wieder normal. Die Ampel schaltete auf Grün, und sie bat mich, nach rechts abzubiegen. Als wir kurz vor ihrem Ziel angekommen waren, meinte Louise, ich solle ruhig hier anhalten, sie wolle von hier aus laufen.

Bevor sie ging, meinte sie noch: »Gott segne Sie.« Dann klopfte sie auf meinen Aschenbecher und sagte: »Das nächste

Mal, wenn ich Sie treffe, sollten Sie das Rauchen aufgegeben haben. Denn ich liebe Sie, und ich möchte, dass Ihre Lungen gesund und rosa aussehen. Ich möchte nicht zurückkommen und auf Ihrem Grab tanzen müssen!« Ich lachte und versprach ihr, ich würde mein Bestes tun. Als ich losfuhr, dachte ich bei mir selbst: »Wäre es nicht komisch, wenn ich jetzt in den Rückspiegel schaue, und sie ist nirgendwo mehr zu sehen?« Ich schaute, und sie war tatsächlich verschwunden.

Als ich nach Hause kam, dachte ich darüber nach, was Louise mir gesagt hatte: »Wenn du etwas nicht *hast*, dann deshalb, weil du nicht darum *bittest*.« Ich schaute das Bild von Jesus an, das über meinem Schreibtisch hängt. Ich sagte: »Ich *habe* etwas nicht, weil ich nicht darum *bitte*. Also gut, Jesus – bitte heile mich!« Ich fühlte mich gut, als ich das sagte, und ich ging mit einem Lächeln hinaus.

In dieser Nacht lag ich im Bett und fragte Gott: »Was kann ich tun, um zu meiner Heilung beizutragen?« Ich wiederholte die Frage in der Hoffnung, in meinen Träumen eine Antwort zu bekommen. Doch plötzlich wurde ich von einer männlichen Stimme unterbrochen. Die Stimme war sanft und voller Liebe und Güte. Sie sagte: »Du bist schon geheilt.« Ich dachte: »Oh, okay, danke. Ich bin schon geheilt. Danke, lieber Gott!«

Ein paar Tage später ging ich wegen meiner Polychondritis zu einem Rheumatologen. Der Arzt untersuchte mich, stellte mir eine Menge Fragen und sagte dann: »Sie haben keine Polychondritis. Ich weiß nicht, was die anderen Ärzte gesehen haben. Nach ihrer Beschreibung klingt es, als hätten Sie diese Krankheit einmal gehabt. Doch jetzt kann ich keinerlei Anzeichen mehr feststellen.«

Den ganzen Weg nach Hause war ich ständig am Lächeln! Ich dankte Louise aus ganzem Herzen. Sie hatte mich etwas sehr Wertvolles gelehrt: Alles, was wir tun müssen, ist bitten – wenn wir etwas nicht *haben*, dann deshalb, weil wir nicht darum *bitten*!

Der betende Arzt in Weiß

VON LYNN STARR-POST

Ich fühlte mich zwar schläfrig, aber mein Verstand war so aktiv wie ein brodelnder Vulkan. Die Beruhigungsspritze zeigte keine Wirkung bei mir. Meine Augen reagierten empfindlich auf die nackten weißen Wände, die das extrem helle Licht reflektierten. Tränen rollten über meine eiskalten Wangen. Es schien mir, als sei die Stunde meines Todes gekommen und damit die Befreiung von Schmerzen und Medikamenten. Die kleinen Gesichter meiner Kinder erschienen vor meinem geistigen Auge. Vielleicht würde ich sie nie wieder sehen, das war mir bewusst. Doch das war Teil des Risikos, das ich eingehen musste! Mein Anwalt hatte die Vormundschaftspapiere aufgesetzt. Mein Mann und meine Schwestern hatten sich schließlich über alle Formalitäten geeinigt.

»Ja, Doktor«, antwortete eine weibliche Stimme nervös. Ich fühlte den Druck einer eiskalten Kompresse auf jedem Finger, und in diesem Moment fühlte ich mich endlich extrem schläfrig. »Jetzt«, sagte mein Arzt.

»Jetzt«, erwiderte der Assistenzarzt.

»Lynne, Sie werden jetzt einschlafen. Entspannen Sie sich«, instruierte mich mein Arzt.

»Lynne, zählen Sie von 100 rückwärts«, forderte mich eine andere Stimme auf.

»Okay«, sagte ich. »100, 99, 98, 97, … 63, … 33, …«

»Lynne! Wachen Sie auf! Lynne! Können Sie mich hören?« Eine störende Stimme unterbrach meinen Schlaf.

»Ja«, flüsterte ich schwach.

»Lynne, Sie sind in der postoperativen Intensivstation.«

Als die Stimme langsam verstummte, fühlte ich Erleichterung, ein Gefühl jenseits von allem, was ich bis dahin kannte. »Mein Gott, es ist so warm und dunkel um mich herum«, dachte ich. Der weiche, warme Raum nahm alle meine Schmerzen fort. Endlich war ich frei. Ich fühlte mich so friedlich – was für eine wundervolle Erfahrung. Eine sanfte Kraft bewegte mich durch den schwarzen Raum. Ich hatte weder Angst, noch wehrte ich mich dagegen. Alles, was ich wollte, war mehr von diesem besänftigenden Gefühl und Befreiung von Leid und Qual. Ich erkannte den Tod, meinen Tod. Mein eigener Tod war da, um mich zu empfangen, und schließlich wurde ich weiter in diesen geheimnisvollen schwarzen Durchgangspfad geführt. Ein milder Luftstrom trug meinen Körper, und ich konnte fühlen, wie ich mich in langsamer Bewegung drehte.

»Wie großartig das ist«, seufzte ich und überließ mich ganz meiner Verzückung. Aber nein! Ich konnte die Stimme des Arztes von sehr weit weg hören, die mich rief. Meine friedvolle Reise dauerte nicht sehr lange.

Der Arzt rief meinen Namen immer und immer wieder. »Lynne, los! Atmen! Atmen!« Jemand setzte mich auf und klopfte oder schlug auf meinen Rücken.

»Warum machen die das mit mir? Merken die nicht, dass ich tot bleiben möchte? Ich möchte tot sein! Ich tue einfach so, als könnte ich sie nicht hören oder fühlen, auch wenn sie mich stören.« Doch plötzlich entließ der Tod mich aus seinem Griff. Meine wunderbare schützende Zuflucht hatte sich aufgelöst und befand sich nun außerhalb meiner Reichweite.

»Lynne, bete, bete«, sagte eine besänftigende Stimme. Mein Verstand suchte nach den Worten. Ich versuchte ein Gebet zu sprechen. »Ich kann mich nicht an die Worte erinnern«, brachte ich mit erstickter Stimme hervor.

Eine beruhigende Stimme flüsterte mir zu: »Nur ruhig! Ich helfe dir beim Beten. Vater unser, der du bist im Himmel …« Da begann ich mit ihm zu beten, und gemeinsam beendeten wir das Vaterunser. Ich fühlte mich beschützt und geborgen und empfand keine Angst mehr. Eine warme Hand streichelte meinen Arm und tätschelte meine Hand. Meine Lider flatterten, als ich langsam die Augen öffnete. Der Arzt, der vor mir saß, war mir fremd. Seine strahlenden Augen und sein sanftes Lächeln schienen mich zu Hause willkommen zu heißen. Der Tod war kein Thema mehr. Ich wollte gesund werden – ich wollte bei meiner Familie sein! Die Ärzte tasteten immer noch an mir herum und gaben mir dann eine Spritze.

Ich fiel sofort in eine tiefe Bewusstlosigkeit. Drei Tage später war ich stark genug, dass man mich zurück in die Überwachungsstation bringen konnte, wo ich nach dem Arzt in Weiß zu fragen begann. Ich empfand jedes Mal eine tiefe Enttäuschung, wenn jemand mir sagte: »Tut mir Leid, aber ich kenne ihn nicht.« Nervös wartete ich auf meinen Arzt.

Als er kam, begann ich ihn ungeduldig zu befragen: »Wer war dieser andere Arzt? Ich möchte ihn sehen. Ich möchte mit ihm sprechen.« Meine Stimme krächzte vor Aufregung.

»Meinen Sie meinen Assistenzarzt?«, fragte er forschend.

»Nein! der andere Arzt – der, der mir half zu beten!«, antwortete ich schnell.

»Da war kein anderer Arzt, Lynne. Nur mein Assistenzarzt und ich«, sagte er.

»Doch, doch, der Arzt, der mir half zu beten, der Arzt, der ganz in Weiß gekleidet war«, platzte ich aufgeregt heraus.

»Lynne, niemand hat mit Ihnen gebetet. Und außerdem, nach den Krankenhausbestimmungen darf auf den OP-Stationen nur Grün getragen werden.«

Wir sprachen nie wieder über den Vorfall. Mein Genesungsprozess war langwierig und ermüdend. Monate und Jahre vergingen, und inzwischen habe ich das ganze Geschehen beinahe vergessen.

Dieses Erlebnis hatte ich 1993 im Presbyterian Medical Center in New York City. Ich hatte Krebs gehabt, und seither hatte ich nie mehr einen Rückfall. Ich weiß, dass ich mein Überleben zum Teil dem betenden Arzt in Weiß verdanke.

Begegnung mit meinem Engel

VON CAMMY ROSSO

Im Oktober 1999 nahm ich an Doreen Virtues Workshop hier in Calgary, in Kanada, teil. Bei diesem Workshop lernten wir, wie wir die Namen unserer Schutzengel erfahren können. Ich entdeckte, dass meine Engel Teresa und Walter heißen.

Zwei Monate später, am 17. Dezember, hatte ich eine außerordentlich beeindruckende Begegnung. Ich arbeitete damals ehrenamtlich einige Stunden pro Woche im örtlichen Altenzentrum. Ich unterhielt mich gerade mit einer älteren Dame, als ein Mann hereinkam und sich setzte. Wir kamen schließlich ins Gespräch, und er erzählte mir, dass seine Frau ihn nach ihrem Tod mehrmals besucht habe und dass er glaube, dass sie ihm etwas mitzuteilen versuchte. Ich sagte ihm, dass ich an Engel glaube, und er erwiderte: »Ich weiß!«

Ich fühlte mich sehr vertraut mit diesem Mann, den ich doch eben erst kennen gelernt hatte. Er strahlte so viel Wärme aus und war so anteilnehmend und verständnisvoll. Ehe ich mich versah, erzählte ich ihm, dass mein Mann seit letztem März arbeitslos war und wie schwierig es für uns war, für unsere beiden Jungen zu sorgen.

Er saß nur da und hörte zu, und an einem bestimmten Punkt legte er seine Hand auf meine und sagte: »Alles wird wieder gut; alles wird für Sie und Ihre Familie in Ordnung kommen. Machen Sie weiter mit dem, was sie tun, und behalten Sie Ihren Glauben, und alles wird besser. Ich weiß, dass Sie es schwer haben zur Zeit, aber alles wird gut werden, Sie werden sehen.«

Während er zu mir sprach, wurde ich innerlich ganz ruhig und hatte das Gefühl, dass wirklich alles gut werden würde. Dann sagte der Mann: »Ich werde Ihnen etwas erzählen, und Sie werden wissen, was ich meine. Sie werden verstehen, was ich Ihnen sage.« Und dann sagte er mir, dass er mich liebe!

In diesem Augenblick hatte ich das Gefühl, die ganze Welt sei stehen geblieben – wie in einem Film – und ich sei der ein-

zige Mensch in dem Raum. Ich fragte ihn: »Wie heißen Sie?«
Zu meinem Erstaunen sagte er mir, dass sein Name Walter
sei! In diesem Moment hatte ich keinen Zweifel mehr daran,
dass ich meinem Engel gegenübersaß! Ich hatte auch dieses
fast unwirkliche Gefühl, als würden sich tausend Stern-
schnuppen durch meinen ganzen Körper bewegen. Ich kann
nicht einmal ansatzweise das Gefühl von Liebe und Wärme
beschreiben, das mich durchströmte. Ich erzählte ihm von
meinem Workshop und dass die Namen meiner Engel Teresa
und Walter seien. Er lächelte und sagte zu mir: »Nun, ich
glaube, wir müssen noch Teresa treffen.« Ich sagte ihm, ich
würde gerne wieder kommen und ihn besuchen.

Er sagte, ich solle mir keine Sorgen machen, wir würden
uns schon wieder treffen. Walter nahm daraufhin meine
Hand und wiederholte, dass alles gut werden würde und ich
mir keine Sorgen machen brauche. Er sagte noch einmal, dass
er mich liebe, umarmte mich und küsste mich auf die linke
Wange. Er wünschte mir frohe Weihnachten mit meiner
Familie und meinen Freunden, drehte sich um und ging.

Ich blieb einige Augenblicke stehen und versuchte das Geschehene in mich aufzunehmen. Ich realisierte, dass die Frau,
die vorher mit mir am Tisch gesessen war, irgendwann aufgestanden und ans andere Ende des Raumes gegangen war. Als
ich mich hinsetzte, kam sie an den Tisch zurück und setzte
sich auch. Ich sagte zu ihr: »Dieser Mann war so nett und so
freundlich. Ich möchte ihn öfter besuchen.«

Sie sah mich an und sagte: »Ja, er schien sehr nett zu sein.
Es ist komisch. Ich arbeite hier jeden Tag, schon seit drei Jahren, aber es ist das erste Mal, dass ich ihn hier gesehen habe!«

Tanzender Engelsjunge

VON JILL WELLINGTON SCHAEFF

Als ich das erste Mal den Song »Hands« von der Popsängerin
Jewel hörte, sprangen mich die Worte richtig an und faszi-

nierten mich mit ihrer Weisheit. Besonders eine Zeile berührte mein Herz, in der es heißt, dass Freundlichkeit alles ist, was zählt. Jedes Mal, wenn ich heute den Song höre, verblasst meine Umgebung, und die spirituelle Botschaft geht bis tief in meine Seele.

Folgendes passierte mir im November 1999. Mein Mann und ich betreuen eine Gruppe von Jungpfadfindern, sechs Rabauken der zweiten Klassenstufe, einschließlich unseres Sohnes Mark. Wir wurden gebeten, zum nächsten monatlichen Treffen Material zum Basteln von Weihnachtsschmuck für mindestens 50 Jungen mitzubringen. Die Jungen aus acht verschiedenen Lagern würden von Tisch zu Tisch gehen, den Schmuck fertigen und ihn dann im Dezember in verschiedene Pflegeheime bringen.

Unsere Gruppe hat insgesamt 88 Jungpfadfinder, und wir waren in diesem Monat mit unserem Lager auch an der Reihe, für den November einen Vorschlag zum Fertigen einer Halstuchspange zu machen. Eines Morgens kam mir im Traum eine Idee, wie eine solche Spange aussehen könnte. Ich sah sie ganz deutlich vor mir liegen – ein kleiner Maiskolben mit Maiskörnern, die auf eine Form aus Pappe geklebt waren, und Stroh, das an der Spitze herausragte. Das war toll! Ich sprang aus dem Bett und stürzte direkt in die Küche, um die Idee aus meinem Traum umzusetzen.

Ich verbrachte den ganzen Tag damit, das Projekt vorzubereiten. Zuerst musste ich die Körner sortieren und in kleine Plastikbehälter abfüllen, einen für jeden Jungen aus unserem Jungpfadfinderlager. Meine Hände bekamen einen Krampf, als ich sorgfältig 88 Maiskolbenformen aus Pappe ausschnitt und die Strohhalme auf die Spitze klebte. Dann setzte ich jedes Teil in eine Tasse mit Maiskörnern, sodass jeder Junge einen fertigen Bastelsatz hatte. Er konnte nun die Körner aufkleben und die Spange für das Halstuch seiner Uniform vervollständigen.

Ich war sehr stolz, als meine Familie mir half, die Behälter in die Turnhalle der Schule zu tragen und sie dort auszubreiten. Unser langer Tisch war sofort umlagert von lärmenden Jungen der verschiedenen Jungpfadfindergruppen, die von unserer Idee für eine Halstuchspange begeistert waren.

»Sieh mal, was für klasse Maiskolben«, hörte ich sie sagen.

Kleine Hände griffen nach den Behältern, die vor mir standen, die Plastiktassen kippten um und alles verstreute sich über den Tisch. »Ich habe gerade genug für jeden Jungen aus unserer eigenen Gruppe,« sagte ich und merkte, wie frustriert ich war. Was in meinem Haus so ordentlich begonnen hatte, wurde nun zum Chaos. Schließlich rettete mich der Gruppenführer, indem er verkündete, jeder Junge müsse von Tisch zu Tisch gehen. Unser Tisch blieb der am meisten besuchte. Die Jungen wetteiferten miteinander, die kleinen Maiskolbenspangen zu basteln.

Während mein Mann und meine Tochter den Jungen die Weihnachtsschmuckbastelei erläuterten, kämpfte ich darum, dass wir genügend Material für die kleinen Maiskolbenspangen behielten. »Mein Lieber, du brauchst nur *eine* Tasse mit Maiskörnern. Pass auf, dass du deine Tasse nicht ausschüttest, das ist alles, was ich habe.« Ich fühlte mich inzwischen ziemlich gestresst.

In diesem Durcheinander tanzte ein Junge zu mir herüber. Er trug ein langärmeliges, bunt kariertes Hemd statt der hellen blaugoldenen Pfadfinderuniform und wirkte indianisch oder mexikanisch. »Ich möchte einen kleinen Maiskolben machen«, sagte er. Seine braunen Augen waren rund wie Vollmonde.

»Kleiner, du musst etwas mit deiner eigenen Gruppe basteln.«

»Bitte, ich möchte so einen kleinen Maiskolben machen«, bettelte er.

Ich fühlte mich überfordert mit dem ganzen Geschnattere der Kinder um mich herum, plus den Eltern und den anderen Erwachsenen, die sich um meine Aufmerksamkeit bemühten. Ich verlor die Geduld und fragte: »Wo ist deine Pfadfindergruppe?«

Er sah mir direkt in die Augen und sagte: »Ich gehöre zu keiner Pfadfindergruppe.« Die Antwort kam verwirrt und verlegen. Ich kniete mich vor ihn hin und erklärte ihm mit Bestimmtheit, dass ich nur für die Jungpfadfinder Bastelmaterial habe, doch wenn er mir seinen Gruppenführer bringe, dann könne er auch an der Bastelei teilnehmen. Nach diesen Worten tanzte er wieder davon. Ich war erleichtert, dass sein Gruppenführer die Sache mit ihm regeln würde.

In diesem Augenblick passierte es. Im Geiste hörte ich, lauter als das Getöse um mich herum, Jewel die Worte singen, dass Freundlichkeit alles ist, was zählt. Mein Herz füllte sich plötzlich mit Liebe und Gewissensbissen. Als mich ein kleiner Junge am Ärmel zupfte, voller Ungeduld, mir seine gebastelte Maiskolbenspange zu zeigen, erhob ich mich von meinem Sitz mit Augen voller Tränen und sagte: »Entschuldige mich, ich muss etwas erledigen.«

Ich bahnte mir einen Weg durch die Menge und suchte nach dem tanzenden Jungen mit den himmlischen braunen Augen. Ich wollte ihn finden und ihn einladen, eine Maiskolbenspange zu machen, so wie er es mit seiner einfachen, aufrichtigen Bitte an mich gewünscht hatte. Ich dachte, der Junge mit seinem bunt karierten Hemd, das in dem Meer aus blaugoldenen Uniformen herausstach, wäre sicher leicht zu finden.

Doch er war nirgends zu sehen. Ich ging von Tisch zu Tisch und sah mir jedes Gesicht an. Meine Augen suchten jeden Tisch nach dem tanzenden Jungen ab. Er war nicht unter ihnen. Wo war er? In diesem Moment bemerkte ich eine Gruppe mit körperlich und geistig behinderten Jungpfadfindern. Wie ein bekehrter Geizhals verkündete ich: »Ich möchte, dass alle diese Jungen zu meinem Tisch kommen. Ich habe eine Aufgabe, die auf euch wartet.«

Viele Augen leuchteten auf vor Freude, Eltern waren erfreut, den Jungen mit den verschiedenen Behinderungen dabei zu helfen, den Raum zu durchqueren. Ich setzte die acht Jungen um den Tisch mit dem Bastelmaterial für die Maiskolbenspangen und sah ihnen ehrfürchtig dabei zu, wie sie vorsichtig die Maiskörner auf die Pappe klebten.

Mein Herz jubelte vor Freude den ganzen Abend über, während die Jungen ihre Bastelei beendeten. Wie bei der wunderbaren Brotvermehrung schien das Material für die Spangen nicht auszugehen. Schließlich hatten alle Jungen ihre Halstuchspangen fertig, und ich hatte immer noch Maiskörner übrig.

Ich suchte immer noch mit den Augen nach dem tanzenden Jungen, doch er war verschwunden. Heute weiß ich, dass er ein Engel war, den Gott geschickt hatte, um mir eine Lektion über Freundlichkeit zu erteilen. Diese Erfahrung löste eine Veränderung in mir aus. Immer wenn ich mich erschöpft fühle und ungeduldig werde, singe ich mir selbst die inspirierenden Worte aus Jewels Song vor.

Ein Bote von oben

VON KIMBERLY MILLER

Das erste Mal, dass ich einem Engel begegnete, war 1985, als meine Großmutter plötzlich an Herzversagen starb. Sie war seit fünf Jahren Dialysepatientin gewesen, und während einer ihrer Behandlungen im Krankenhaus in Dearborn hatte sie einen schlimmen Herzanfall. Sie wurde in aller Eile in eine Herzklinik gebracht. Mein Vater rief mich an, um mir zu sagen, dass sie dort sei.

Noch bevor ich das Haus verlassen konnte, rief mein Vater wieder an und teilte mir mit, dass sie gestorben war. Ich hatte meiner Großmutter sehr nahe gestanden und wurde von dieser Nachricht schwer getroffen. Vor allem quälte mich der Gedanke, dass sie ganz allein gestorben war.

Wir waren in der Leichenhalle zu unserem letzten Besuch,

als sich etwas Merkwürdiges ereignete. Eine dominikanische Nonne (das waren die Nonnen, die an der katholischen Schule unterrichteten, die ich als Kind besucht hatte) kam auf mich zu. Sie berührte meine Hand und sagte:»Ich war bei Ihrer Großmutter, als sie starb. Sie bat mich, Ihnen zu sagen, dass es ihr jetzt gut geht und dass sie weiß, wie sehr sie sie liebten.« Ich war sehr überrascht und erst einmal vollkommen sprachlos. Als ich mich bei ihr bedanken wollte, war sie verschwunden.

Ich fragte meine Brüder und meinen Vater, ob sie mit der Nonne gesprochen hätten. Sie sahen mich irritiert an und wollten wissen, wovon ich sprach. Niemand in dem Raum hatte sie gesehen, geschweige denn mit ihr gesprochen. Da wurde mir klar, dass ein Engel gekommen war, um mir meine Angst zu nehmen, dass meine Großmutter alleine gestorben war, und mir zu bestätigen, dass meine Großmutter wusste, wie sehr sie mir am Herzen lag.

Meine Angst wurde geheilt

VON HELEN KOLAITIS

Im Sommer 1996 verlebte mein Sohn Michael großartige Sommerferien, die er auch dringend brauchte, da er im Mai dieses Jahres dreimal am Herzen operiert worden war. Es ging ihm gut, bis der Herbst kam. Wir suchten die Ärzte auf, und sie eröffneten uns, dass Michael erneut eine Operation benötigte. Ich war verzweifelt und bekam Depressionen. Ich dachte sogar an Selbstmord. Die Ärzte behandelten mich mit Tabletten.

Drei Tage später bestand meine beste Freundin darauf, dass wir mit Michael und ihrer jüngsten Tochter in ein kleines Restaurant zum Essen gingen. Die Vorderfront war ganz aus Glas und hatte nur eine Tür. Wir fanden einen Tisch im hinteren Teil. Michael und ich saßen mit dem Rücken zu den anderen Leuten. In diesem Augenblick stellte sich eine Frau hinter uns und legte ihre Hand auf Michaels rechte Schulter. Sie sagte: »Er sitzt da mit einer solchen Kraft.«

Dann fragte die Frau nach dem Namen meines Sohnes. Als ich »Michael,« antwortete, sagte sie: »Natürlich, Michael, der Erzengel!« Sie hatte graublonde Haare und trug einen alten braunen Mantel und einen goldenen Ring mit einem religiösen Motiv darauf. Schließlich wünschte sie uns noch einen schönen Tag und setzte sich dann in Bewegung, um unseren Tisch zu verlassen.

Wir sahen, wie sie sich umdrehte und ging, aber wir sahen sie nicht aus der Tür gehen oder den Parkplatz verlassen. Es war, als hätte sie sich in Luft aufgelöst! Nach diesem Vorfall nahm ich keine Tabletten mehr. Ich fühlte mich glücklich und hatte keine Angst mehr, dass Michael sterben würde. Im folgenden Dezember wurde Michael operiert. Wir standen dies mit großer Kraft durch, und alles ging gut. Ich weiß jetzt, dass diese ältere Frau ein Engel war, der mir geschickt wurde, um mir Kraft und Stärke und den Willen zum Leben zu geben.

Ein verkleideter Engel

VON CHERYL CASH

Vor ein paar Jahren beschloss ich meinen Beruf als Kellnerin aufzugeben und Anwaltsgehilfin zu werden. Deshalb besuchte ich eine Abendschule. Da sowohl die Schule wie auch meine Arbeitsstelle im Stadtzentrum lagen und die Parkgebühren dort für meine Verhältnisse zu hoch waren, fuhr ich immer mit dem Bus zur Arbeit.

Eines Abends als ich an der Bushaltestelle stand, bemerkte ich einen großen, hageren Schwarzen. Er hatte einen Pappkarton bei sich und wirkte sehr unruhig. Er schien es sich auf der Bank für die Nacht bequem machen zu wollen, war aber ruhelos und öffnete und schloss dauernd den Karton. Jeder an der Haltestelle rückte von der Bank ab und stellte sich an die Bordsteinkante, um dem Mann nicht zu nahe zu sein. Es schien, als ob der Mann sich noch auffälliger benahm, als die Leute zu kichern begannen und sich nach ihm umdrehten. Er zog sich den Karton über den Kopf und begann mit lauter Stimme merkwürdige Lieder zu singen. Zwischendurch lugte er aus dem Karton hervor und schaute sich um, dann verschwand er wieder unter seinem Karton und begann aufs Neue zu singen. Er erinnerte mich stark an einen kleinen Jungen, der sehen will, wer ihn beobachtet. Der Mann arbeitete sich zu der Bank vor, auf der ich saß und auf den Bus wartete, um nach Hause zu fahren.

Als er bemerkte, dass ich weder lachte noch von ihm abrückte, hörte er auf, herumzuzappeln und mit dem Karton über seinem Kopf zu spielen, und saß still da. Dann schaute er mich an, und ich sah ihn an, lächelte und sagte: »Hallo.« Er sagte ebenfalls hallo. Während ich auf den Bus wartete, saßen wir still, schauten uns gelegentlich an und lächelten. Das Schweigen war unsere Unterhaltung. Ich sagte auf Wiedersehen, als ich in den Bus stieg, und er sagte auch auf Wiedersehen.

Am nächsten Abend nach der Arbeit und der Schule erschien erneut dieser sonderbare Mann und setzte sich wieder auf meine Bank. Ich sagte hallo, und er sagte hallo. Und wieder saßen wir schweigend da, warfen uns gelegentlich Blicke zu und lächelten freundlich. Mein Bus kam, ich sagte auf Wiedersehen beim Einsteigen, und er nickte mir zu.

An diesem Abend dachte ich schon mehr über ihn nach und überlegte, was ich für ihn tun könnte. Ich fing an, auch tagsüber ab und zu an ihn zu denken. Er ließ mich sogar meine eigenen Probleme vergessen, und ich denke, das war gut so.

Von da an saß er jeden Abend auf der Bank an der Bushaltestelle. Ich begann ihn näher zu betrachten und stellte fest, dass er ein recht attraktiver Mensch war. Er hatte eine ganz glatte Haut, wie brauner Satin, und seine Finger waren lang und spitz zulaufend mit sehr gepflegten Fingernägeln. Er trug eine Skimütze, die zerlumpt aussah, aber sein Gesicht war glatt und faltenlos. Er hatte eine schöne, lange römische Nase, die schmal und gebogen war. Seine Augen waren dunkel und tief, und das Weiße darin war sehr weiß und klar. Er trug zerlumpte Kleider, doch nichts an ihm sah speckig oder dreckig aus. Er war absolut einwandfrei.

Mit der Zeit hatte ich das Gefühl, dass dieser Mann ohne Namen so etwas wie ein Freund für mich war, und ich wollte etwas für ihn tun. So bot ich ihm eines Abends Geld an. Er sah mich wie versteinert an und schien sehr irritiert zu sein. Ich bot ihm an, ihm in einem nahe gelegenen Restaurant etwas zu essen zu kaufen. Das schien ihn noch mehr zu irritieren. Er sagte mit Bestimmtheit Nein, schüttelte den Kopf und zeigte mir dann die kalte Schulter. Was hatte ich falsch gemacht? Hatte ich diesen Mann verletzt, indem ich ihm Almosen anbot? Ich nehme an, dass er wohl einfach nur wie ein ganz normaler Mensch behandelt werden wollte.

Traurigerweise erschien mein schweigsamer Freund daraufhin nicht mehr, und ich fühlte mich richtig schlecht. Doch dann hatte ich so viel mit meiner Arbeit und der Schule zu tun, dass ich nicht mehr an ihn dachte. Eines Abends kam ich extrem spät aus der Schule, saß an der Bushaltestelle und fühlte mich schutzlos. Anstatt der üblichen Leute, mit denen ich normalerweise den Bus teilte, war die Haltestelle mit Typen bevölkert, denen man besser aus dem Weg geht. Ich konnte keinen Polizisten in der Nähe sehen, und außerdem waren nur noch wenige Busse und Autos unterwegs.

Bald schon näherte sich ein Mann, den ich in einer Gasse lungern gesehen hatte, meiner Bank und versuchte ein Gespräch mit mir anzufangen. Mich schauderte in seiner Gegenwart, und er stellte viel zu persönliche Fragen, so wie: »Welchen Bus nehmen Sie? Woher kommen Sie? Wo wohnen Sie?« Ich gab ausweichende Antworten, und als er fragte, ob ich allein wohne, drehte ich mich um und sagte mit Bestimmtheit, er solle mich in Ruhe lassen, ich wolle mich nicht weiter mit ihm unterhalten. Er ging, aber ich sah, wie er mich von einem Hauseingang aus weiter beobachtete. Das machte mir Angst, doch ich konnte keinen Polizisten auf der Straße entdecken, den ich um Hilfe hätte bitten können. Ich zog einen Kugelschreiber aus meiner Handtasche und hielt ihn wie eine Waffe in der Hand. Außerdem begann ich zur Mutter Maria und zu meinen Engeln zu beten, sie mögen mir beistehen.

Kurz darauf erschien wie aus dem Nichts mein Freund und setzte sich mir gegenüber auf die Bank! Er sagte hallo, und ich erwiderte seinen Gruß mit großer Erleichterung. Ich war so froh, meinen Freund wiederzusehen, der für eine Weile verschwunden gewesen war, dass ich meine Angst vollkommen vergaß. Mein Bus kam, ich sagte auf Wiedersehen, er nickte mir zu, und wir sahen uns gegenseitig durch das Busfenster an, während der Bus abfuhr.

Von diesem Tag an saß er immer auf meiner Bank. Ich bot ihm nie mehr als ein Hallo und ein Auf Wiedersehen und ein freundliches Lächeln, das alles zu sagen schien, was in dieser Welt wichtig ist.

Schließlich begann ich in einem anderen Teil der Stadt zu arbeiten und wechselte auch zu einer Schule in der Nähe. Das bedeutete, dass ich mit dem Auto zur Arbeit und zur Schule fahren konnte und nicht mehr den Bus zu nehmen brauchte.

An meinem letzten Abend an der alten Arbeitsstelle kam mein Freund, und wir sagten unser übliches »Hallo«, gefolgt von Schweigen. Doch dieses Mal blickte er mich genauer an und sagte dann: »Sie sehen aus, als hätten Sie tausend Dinge im Kopf. Möchten Sie reden?« Ich war verblüfft über diese plötzliche Veränderung und dachte: »Okay, ich rede mit ihm.«

Während ich mit ihm sprach, nahm sein Gesicht einen Ausdruck von Ruhe und Zufriedenheit an. Es war, als ob meine Worte ihn in den Schlaf lullten, wie bei einem kleinen Kind, das seiner Mutter zuhört, die ihm eine Gutenachtgeschichte erzählt. Mein Bus kam, ich sagte auf Wiedersehen und wusste dabei, dass es das letzte Mal gewesen war, dass wir zusammensaßen. Wir sahen uns schweigend durch das Busfenster an, während der Bus losfuhr.

Kurz darauf erzählte ich einer guten Freundin von diesem Mann. Wir kamen auf die Idee, dass ich ihm eine warme Decke bringen könnte – als Möglichkeit, ihm etwas zu schenken. Ich packte also eine Decke ein und ging die Straße auf der Ausschau nach ihm auf und ab. Ich wusste, wo er gewöhnlich zu finden war, doch ich konnte ihn nirgendwo entdecken. Ich versuchte es an verschiedenen Tagen und zu unterschiedlichen Zeiten. Aber er war nicht zu finden, sodass ich ihm die Decke hätte geben können.

Einige Jahre besuchte ich einen Kurs im Schreiben, und als eine Aufgabe sollten wir unsere Sicht von Obdachlosen schildern. Also schrieb ich über diesen Mann und wie sehr er mich beeindruckt hatte. Anschließend kamen einige Frauen aus der Gruppe auf mich zu und sagten: »Glaubst du nicht, dass dieser Mann dein Schutzengel war? Wir haben eine Gänsehaut bekommen, als wir diese Geschichte hörten.«

Ich hatte schon einige Bücher über Engel gelesen, war aber bisher noch nicht auf diese Idee gekommen. Doch jetzt, wenn ich daran denke, wie harmonisch seine Gesichtszüge waren, wenn ich mir seine lange römische Nase vorstelle, seine seidenglatte Haut unter den Lumpen, die Art und Weise, wie er erschien, als ich in Gefahr war, und die Art und Weise, wie er bei mir saß – ja, ich glaube, er war ein Engel, der geschickt worden war, um mir in einer Zeit der Einsamkeit Trost und Schutz zu geben.

Gott segne ihr Herz

VON SUSAN SANSOM

1994 wachte ich im Alter von 44 Jahren nachts um 4.30 Uhr mit starken Schmerzen in der Brust auf. Die Schmerzen waren so schlimm, dass mein Mann die Ambulanz verständigte. Mehrere Sanitäter kamen und bestätigten, dass ich einen Herzinfarkt hatte. Sie teilten dies meinem Ehemann mit, aber sie beschlossen, es mir nicht zu sagen. Auf der Fahrt zum Krankenhaus sagte ich zu den Sanitätern, dass ich das Gefühl hätte zu sterben und dass sie sich so seltsam und weit weg anhörten. In diesem Augenblick ließ ich los und starb.

Ich hörte, wie die Sanitäter sich rasche Anweisungen zuwarfen. Ich beobachtete eine Sanitäterin, eine große blonde Frau, die schrie: »Nicht mit mir!«, während sie mit Wiederbelebungsversuchen begann. Ich sah, dass sie meinen Brustkorb presste, und war irgendwie überrascht, dass ich nichts davon spürte. Ich wurde schließlich wiederbelebt und kam mit Blaulicht ins städtische Krankenhaus.

In der Notaufnahme war ich kurz bei Bewusstsein, und dann verlor ich das Bewusstsein wieder, während drei Ärzte und mehrere Krankenschwestern sich um mich bemühten. Man verabreichte mir Betablocker. Die Ärzte sagten meinem Mann, er solle die übrigen Familienmitglieder benachrichtigen, damit sie sich von mir verabschieden könnten. Als die Betablocker in meinem Organismus zu wirken begannen, spürte ich eine extreme, bis auf die Knochen gehende Kälte, die schlimmste, die ich je gefühlt habe.

Immer noch nicht auf dem Laufenden über den Ernst und die Einzelheiten meines Gesundheitszustands, begann ich mit einer Schwester zu sprechen, die freundlich lächelte und meine Hand hielt. Sie war von mittlerer Größe und hatte etwas Mütterliches an sich. Sie trug nicht die übliche Schwesternkleidung, was ich in meinem verwirrten Zustand jedoch nicht weiter hinterfragte. Sie sagte mir, dass ich tatsächlich einen Herzinfarkt gehabt habe, dass er jetzt aber vorbei sei und dass ich nie wieder einen haben würde. Diese Nachricht beruhigte mich enorm, und ich schlief endlich ein.

Als ich wach wurde, befand ich mich auf der Intensivstation des Krankenhauses, und der Arzt fragte mich, in welche

Klinik ich für meine Herzoperation gehen wolle. Er teilte mir mit, dass mein Gesundheitszustand sehr kritisch sei. Normalerweise würden sie eine Operation erst für den folgenden Tag ansetzen, doch bei mir bestand die Gefahr, dass ich jederzeit wieder einen lebensgefährlichen Infarkt bekommen konnte. Ein Helikopter würde bald auf dem Dach des Krankenhauses landen und mich zu einer sofortigen Operation in eine 50 Kilometer entfernte Stadt bringen.

Natürlich war ich ziemlich verwirrt über diese Mitteilung, denn die Schwester hatte mir doch versichert, ich würde nie wieder einen Herzinfarkt haben. Zur Vorbereitung auf die Operation wurde ich noch einmal gründlich im Herzlabor durchgecheckt. Obwohl 40 Prozent meines Herzens nicht arbeitete, waren die Ärzte doch sehr erstaunt, als sie entdeckten, dass keine Blockade zurückgeblieben war und damit keine Notwendigkeit mehr für eine Operation bestand.

Eine Woche später wurde ich entlassen. Der Arzt sagte mir, mit der Zeit würde ein Teil des geschädigten Herzens wahrscheinlich heilen, doch ein Schaden von 15 bis 20 Prozent am Herzmuskel würde wohl bleiben.

Einige Wochen später kam ich wieder in das Krankenhaus, um mich einem Belastungstest zu unterziehen. Ich wollte bei der Gelegenheit unbedingt die Schwester sprechen, die mich so beruhigt hatte. Ich sah mir alle Gesichter genau an und fand auch einige der Schwestern, die in jener Nacht bei mir gewesen waren. Sie versicherten mir, dass eine Schwester, wie ich sie ihnen beschrieb, in jener Nacht nicht bei mir im Zimmer gewesen war. Ich erfuhr auch, dass keine der Schwestern mir so eine Prognose gegeben hätte, da mein Zustand zu jener Zeit äußerst schlecht war.

15 Monate später entließ mich mein Kardiologe und sagte, wie erstaunt er sei, dass mein Herzmuskel keinen Schaden mehr aufweise. Er meinte: »Was immer Sie auch gemacht haben, es hat funktioniert!« Seit der Zeit hatte ich andere, kleinere Operationen im Krankenhaus und musste die Ärzte

immer informieren, dass ich einen Herzinfarkt gehabt hatte. Das überrascht sie jedes Mal, denn mein EKG zeigt überhaupt keine Probleme mit meinem Herzen. Sie fragten mich sogar, ob ich mir dessen ganz sicher sei.

Worüber ich mir ganz sicher bin, das ist, dass diese freundliche Schwester mein ganz persönlicher Schutzengel war!

KAPITEL 5

ERWACHSENE BEGEGNEN VERSTORBENEN

Vielen Dank, Papa!

VON PEGGY KEATING

Mein Vater starb 1973. Ungefähr zwei Jahre später rettete er mir das Leben. Ich fuhr sehr spät in der Nacht mit dem Auto nach Hause und war müde und schläfrig. Unvernünftigerweise war ich entschlossen, trotzdem weiterzufahren. Ich war gerade dabei, am Steuer einzuschlafen, als plötzlich mein Vater am Straßenrand stand! Er erschien in seinem ganz normalen Körper und trug dieselbe Art von Kleidung, die er immer trug, als er noch gelebt hatte – es gab keinen Zweifel daran, dass er es war. Als ich in den Rückspiegel sah, war er fort. Ich brauche nicht zu betonen, dass ich für den Rest der Reise hellwach war. Vielen Dank, Papa!

Er passt auf uns auf

VON CATHERINE KILIAN

Mein Vater William starb an einem schweren Herzinfarkt, als ich 13 Jahre alt war. Wir hatten eine enge Beziehung gehabt und vieles zusammen unternommen. Sein Tod war sehr schlimm für mich, weil ich nicht nur meinen Vater verlor, sondern auch meinen besten Freund.

Acht Jahre später war ich gerade im siebten Monat schwanger. Ich erwartete mein erstes Kind – das das erste Enkelkind meines Vaters geworden wäre. Mein Mann und ich hatten eben das Kinderzimmer fertig eingerichtet und waren völlig erschöpft, sodass wir früh zu Bett gingen. In den frühen Morgenstunden musste ich auf die Toilette. Als ich die Schlafzimmertür öffnete, stand mein Vater in der Tür zum Kinderzimmer und sah hinein. Er drehte sich um, sah mich und lächelte. Zu Tode erschrocken schlug ich die Tür zu. Als mir klar wurde, was ich gesehen hatte, öffnete ich erneut die Tür. Er stand immer noch da und lächelte. Dann ging er ins Kinderzimmer und verschwand.

Ich weiß, dass er jede Minute auf meine Tochter aufpasst, und ich weiß, dass er uns liebt.

Die ewige Liebe einer Mutter

VON KAY ALLENBAUGH

Ich konnte es kaum glauben, dass ich mich tatsächlich in einer indianischen Schwitzhütte befand. Ich bin blond, blauäugig und deutscher Abstammung. Zu der Zeit war ich 43 Jahre alt, Mutter von vier schon fast erwachsenen Jungen und arbeitete im Krankenhaus. Mein Mann Eric und ich machten gerade Ferien am Meer mit einer Gruppe alternativer Heiler.

Als uns die Möglichkeit geboten wurde, an der Schwitzhüttenzeremonie teilzunehmen, zögerte Eric keinen Moment. Das ist typisch für ihn. Wenn es um neue Erfahrungen geht, probiert er alles wenigstens einmal aus. Mich muss man meistens erst mühsam überreden.

Ich hatte immer noch so eine Art inneren Widerstand, als wir zu zwölft mit überkreuzten Beinen in der winzigen, etwa

1,50 Meter hohen, zeltartigen Konstruktion aus Pfählen und Zweigen im Kreis saßen. Die indianische Medizinfrau begann zu singen und die Geister anzurufen. Mein Herz raste. Ängstlich sah ich zu, wie glühende Steine in der Mitte unseres Kreises aufgeschichtet wurden. Können die Steine explodieren? Geht uns der Sauerstoff aus? Werde ich vielleicht ohnmächtig?

Alles war mir zu eng. Verzweifelt versuchte ich meinen heftigen Atem zu kontrollieren. Mir war so heiß, dass ich mich in nackter Panik nach vorn beugte und mein Gesicht auf die Erde legte, um mich abzukühlen.

Eine Stunde später stolperte ich aus der Hütte. Ich war völlig ausgetrocknet und erschöpft. Ich ließ mich fallen und streckte mich der Länge nach im Sand aus. Ich war in Sicherheit und draußen an der frischen Luft! Mehr wollte ich nicht. Dann, während ich hoch zu den Sternen sah, erschien das Gesicht meiner Mutter vor meinen Augen. Ich war wie gelähmt. (Meine Mutter war mit 40 Jahren gestorben, als ich gerade 15 Jahre alt war.) Ihr lächelndes Gesicht nahm die Größe des Vollmonds an.

Sie fing an, mit mir zu reden, mit Worten, die nur ich hören konnte. »Sieh dich an!«, sagte sie. »Du hast so viel gemacht und bist so weit gekommen. Du hattest Gelegenheiten, die ich nie gehabt habe.« Sie war sehr erfreut über mich, und ich konnte spüren, wie ich von ihrer Liebe umfangen wurde.

Zahlreiche Begebenheiten meines Lebens schossen mir durch den Kopf. Ich dachte an wichtige Ereignisse, die ich nicht mit meiner Mutter hatte teilen können, wie zum Beispiel mein Leid in der Zeit nach ihrem Tod und wie ich sechs Monate später meinen stoischen Zwillingsbruder schluchzend und voller Gram ausgestreckt auf seinem Bett fand, mein Schulabschlussball, mein Collegeabschluss, jedes Jahr Muttertag, mein Hochzeitstag, meine Kinder, meine schmerzhafte Scheidung, meine wunderbare zweite Heirat und die Fortschritte meiner Karriere. Ich wollte auch meine spirituelle Sehnsucht mit ihr teilen, meine Tränen und mein Lachen, meine Begeisterung für Kinofilme und vieles mehr. Ich dachte, dass ihr all dies entgangen war. Jetzt wusste ich, dass sie mein ganzes Leben bei mir gewesen war.

Nach einigen Minuten verschwand sie langsam. Ich lag da voll tiefer Freude und Verwunderung und badete in diesen angenehmen Gefühlen. Ich kann es nicht erklären, doch ich weiß, es war wirklich.

Wenn ich die Gelegenheit, in die Schwitzhütte zu gehen, ausgeschlagen hätte, hätte ich eine der denkwürdigsten Erfahrungen meines Lebens verpasst. Mir wurde diese wunderbare Gelegenheit gegeben, um meine Seele zu heilen und um meine Mutter sagen zu hören: »Ich liebe dich, meine Tochter.«

Papa hat mir immer Mut gemacht

VON ANDREA

Anwältin zu werden war immer schon mein Traum gewesen, und mein Vater und ich sprachen oft darüber. Nach dem College machte ich also die Aufnahmeprüfung zum Jurastudium, doch ich schnitt dabei nicht so besonders gut ab und gab es deshalb auf. Mein Vater riet mir, nicht aufgeben, aber ich folgte seinem Rat nicht.

Kurz darauf starb mein Vater. Er war erst 48 Jahre alt, und er starb einfach viel zu jung. Meinem Vater zuliebe wollte ich noch einmal versuchen, meinen Traum wahr werden zu lassen. Wieder machte ich die Aufnahmeprüfung, doch obwohl ich hart gearbeitet hatte, schnitt ich bei den Tests immer noch nicht so gut ab. Trotzdem bewarb ich mich zum Jurastudium. Ich hoffte, dass meine guten Collegenoten das traurige Ergebnis meiner Aufnahmetests wettmachen würden.

Einige Wochen später rief mich eine Freundin an und teilte mir mit, dass sie von der Universität, an der ich mich ebenfalls beworben hatte, aufgenommen worden war! Ich freute mich für sie, war aber sehr traurig, was mich betraf. Da ich nichts von der Universität gehört hatte, während meine Freundin ihren Bescheid schon bekommen hatte, nahm ich natürlich an, dass ich nicht aufgenommen würde. Ich weinte und wollte alles hinschmeißen. Alle meine Anstrengungen waren wieder einmal umsonst gewesen. Ich war so niedergeschlagen deswegen, dass ich mich von allen zurückzog. Ich konnte einfach nicht glauben, dass mir das schon wieder passiert war. Ich war verzweifelt.

In dieser Nacht – das werde ich nie vergessen – wurde mein Zimmer plötzlich von einem strahlenden Licht erhellt. Es war so hell, dass ich davon aufwachte. Und da sah ich meinen Vater inmitten des Lichts stehen. Er sagte mir, dass alles gut werden würde, dass ich aufgenommen würde, dass ich das Studium erfolgreich beenden würde und dass sich mein Traum, Anwältin zu werden, erfüllen würde.

Ich war so froh, ihn zu sehen! Ich wollte, dass er blieb und mit mir redete, doch er sagte, er sei nur gekommen, um mir mitzuteilen, dass es ihm gut gehe und er auf mich aufpasse und dass alles sich zum Guten wenden würde. Ich bat ihn, nicht gleich wieder zu gehen, sondern noch eine Weile zu bleiben und mit mir zu sprechen. Er erwiderte, er müsse gehen, denn seine Aufgabe bei mir sei getan, aber er wäre immer bei mir.

Zwei Tage später erhielt ich die Nachricht, dass ich aufgenommen wurde! So wie mein Vater es prophezeit hatte, bestand ich meine Abschlussprüfung. Seitdem bin ich als Anwältin in zwei Bundesstaaten zugelassen. Meine Geschichte hört sich vielleicht seltsam an, aber ich weiß mit Gewissheit, dass mein Vater da war, und ich werde es nie vergessen.

Grünes Licht für Großvater

VON TAMMY ZIENKA

Als ich 1987 in meinem ersten Jahr an der Universität war, hatte mein Großvater einen Herzstillstand, während er allein in seinem Zimmer im Krankenhaus in Cleveland lag. Als die

Ärzte ihn kurz darauf fanden, versuchten sie zwar Wiederbe-lebungsmaßnahmen, doch da die Sauerstoffversorgung des Gehirns einige Minuten unterbrochen gewesen war, gelangte er nur in einen Zustand des Komas und war nicht mehr fähig, auf verbale oder physische Reize zu reagieren. Das Einzige, was ihn am Leben erhielt, war das Beatmungsgerät. Nach fünf Tagen gab es immer noch keine Lebenszeichen, nicht einmal den leisesten Versuch, von alleine zu atmen. Die Ärzte erklärten ihn für »klinisch tot«.

Zu diesem Zeitpunkt hatten wir ein Familientreffen, um die Möglichkeit einer Verfügung zu erwägen, die erlauben würde, die künstlichen lebensverlängernden Maßnahmen einzustellen. Alle stimmten zu, mit Ausnahme meines On-kels, der noch ein paar Tage warten wollte, weil er hoffte, sein Vater würde sich doch wieder erholen und so sein wie immer.

Nach diesem Treffen fuhr ich zurück zur Universität. Es war schon recht spät in der Nacht, und auf den Straßen war kaum noch Verkehr. Während der Fahrt war ich wütend auf meinen Onkel und voller Kummer über den Verlust meines Großvaters, der Mensch, der den stärksten positiven Einfluss auf mein Leben gehabt hatte.

Schließlich kam ich an eine rote Ampel und musste anhal-ten. Ich blickte nach rechts und sah auf der Rasenfläche vor einem Haus in unmittelbarer Nähe plötzlich die Erscheinung eines Pfarrers stehen. Er war von zierlicher Gestalt, etwa 1,65 Meter groß, und trug eine alte traditionelle Robe und eine Art Bischofshut als Kopfbedeckung. Er schien eine Messe zu zelebrieren. Mit den Händen machte er das Zeichen des Kreu-zes. Je länger ich ihn betrachtete, desto heller schien er.

Dann tauchte ihm gegenüber plötzlich die Gestalt meines Großvaters auf. Er stand da, groß und würdevoll, so, wie ich ihn immer gekannt hatte. Er trug eine marineblaue Jacke und weiße Hosen, seine Uniform, während er bei der Marine ge-wesen war. Sein Gesicht leuchtete und war voller Frieden. Ich konnte fühlen, dass er mir sagte, wir sollten ihn »gehen lassen« – wir sollten die Verfügung unterschreiben. Ich nickte ihm zu, und er lächelte mich an. Ich schaute zur Ampel und sah, dass sie auf Grün umgeschaltet hatte.

Als ich wieder zum Rasen hinüberblickte, waren mein Großvater und der Priester verschwunden. Als ich im Studentenwohnheim in meinem Zimmer angekommen war, rief ich meine Mutter an und sagte ihr, was passiert war. Bis zu diesem Augenblick hatte ich nicht verstanden, warum ich den Priester gesehen hatte. Als ich ihn meiner Mutter beschrieb, sagte sie mir, dass mein Großvater einen Freund hatte, der Priester war und vor zehn Jahren gestorben war. Meine Beschreibung passte auf ihn, wie meine Mutter mir bestätigte. Das war der Beweis für sie und den Rest der Familie, dass das, was ich gesehen hatte, echt gewesen war.

Beim nächsten Familientreffen erzählte ich allen von meiner Vision. Ich versicherte ihnen, dass Großvater seinen Frieden gefunden hatte und dass es an der Zeit sei, ihn gehen zu lassen. Ich versicherte ihnen auch, dass er stets bei uns war und immer sein wird. Schließlich willigte auch mein Onkel in die Verfügung ein, und das Dokument konnte unterzeichnet werden. In der darauf folgenden Woche, am Thanksgiving Day, stand Großvaters Herz endgültig still, und er starb. Noch viele Tage nach seinem Tod sah ich eine grüne Aura um jedes Licht. Vielleicht war das seine Art zu sagen: »Danke, dass ihr mich habt gehen lassen.«

Sie strahlte vor Freude

VON BROOKE BENNETT

Eines Morgens beim Aufwachen hatte ich die denkwürdigste Erscheinung. Meine Mutter, die ein paar Tage zuvor gestorben war, tauchte plötzlich im Raum vor mir auf. Ihr Gesicht leuchtete, ja es funkelte beinahe. Sie lächelte glücklich, und sie trug ein Kleid in glitzernden Regenbogenfarben. Als meine Mutter mir erschien, war ich ganz aufgeregt, sie zu sehen. Sie strahlte eine solche Freude aus, dass es fast greifbar war. Ich war ergriffen von dem, was ich sah und fühlte, und rief: »Mama, Mama!« Tränen der Freude traten mir in die Augen. Sie sprach nicht, doch das war auch gar nicht nötig. Sie vermittelte alles über die Vision. Es ist eine der glücklichsten Erinnerungen an meine Mutter.

Es tut mir Leid, dass ich nicht warten konnte

VON KELLY B. NORMAN

Im Jahr 1991 war ich zu einem sechsmonatigen Einsatz als US-Marineinfanterist in Übersee. Mein Vater war zu Hause schwer an Leukämie erkrankt, und ich wusste, dass er nicht mehr lange leben würde. An jedem Hafen ging ich in die Telefonzentrale, um meinen Vater anzurufen und zu hören, wie es ihm ging.

Als ich meinen Vater von Bahrain, einem der Golfstaaten, anrief, hörte ich am Klang seiner Stimme, dass er sehr schwach war. Ich fragte nach seinem Befinden, und er antwortete, er habe starke Schmerzen und wisse nicht, wie lange er noch durchhalten könne. Ich bat ihn durchzuhalten, bis ich wieder zu Hause sei, damit ich bei ihm sein könne, bevor er starb. Er sagte, er werde versuchen, auf mich zu warten. Ich hatte noch drei Monate, bis mein Einsatz zu Ende ging.

Einige meiner Freunde und ich fuhren in einem Bus zurück zu unserer Einheit, als wir plötzlich irgendwie auf meinen Vater zu sprechen kamen. Ich fand das sehr merkwürdig und dachte, dass es dafür einen Grund geben müsse. Ich hoffte nur, dass der Grund nicht der war, den ich befürchtete. Am nächsten Morgen, etwa gegen acht Uhr, kam der Oberfeldwebel in unser Gebäude, und ich wusste sofort, warum er da war. »Sergeant Norman, Sie sollen sich in der Kommandatur melden.«

Ich meldete mich beim Kommandeur, und sowie er den Mund öffnete, begann ich zu weinen.

Innerhalb weniger Stunden saß ich in einem Flugzeug und flog vom Golf zurück nach Georgia zur Beerdigung meines Vaters. Einige Tage später hatte ich eine Vision oder einen Traum, als ich im Bett lag. Ich sah meinen Vater, der von der Decke herunterstieg. Er sagte: »Sohn, ich bin gekommen, um dir zu sagen, dass es mir Leid tut, dass ich nicht bis zu deiner Rückkehr warten konnte. Ich liebe dich, mein Sohn. Auf Wiedersehen.« Darauf stieg er wieder hoch und verschwand durch die Decke. Ich lag da und fragte mich, ob ich geträumt hatte oder ob mein Vater mich tatsächlich besucht hatte. Es war mir so wirklich erschienen.

Himmlische Ehestifter

VON MELANIE WILLS

Ich wuchs überwiegend bei meiner Großmutter auf. Ich liebte diese Frau mehr als mein Leben. Dann fingen ihre Gesundheitsprobleme an. Meine Großmutter war eine sehr starke Frau. Ich hatte sie nie weinen sehen. Doch jetzt waren ihre Schmerzen so stark, dass sie immerzu weinte. Ich saß bei ihr, hielt ihre Hand und rieb ihr den Rücken, um ihre Schmerzen ein wenig zu lindern.

Ich tat dies auch an einem Abend im November 1996, als sie mich ansah und klagte: »Bitte, lieber Gott, nimm mich zu dir, ich halte diese Schmerzen nicht mehr aus.« Obwohl ich wusste, wie sehr ich leiden würde, wenn sie nicht mehr da war, stimmte ich in ihre Bitte ein und sagte, während ich ihre kraftlose Hand hielt: »Bitte, lieber Gott, nimm sie zu dir, damit sie nicht länger leiden muss.« Ich blieb noch eine Weile bei ihr und sagte dann zu ihr, ich müsse nach Hause gehen, um mich auf meine Arbeit am nächsten Tag vorzubereiten. Sie erwiderte: »Es ist gut, mein Kind. Du weißt, dass ich dich liebe. Bitte kümmere dich für mich um deine Mutter.« Ich wusste, dass ich meine Großmutter das letzte Mal lebend sah. Ich umarmte sie und sagte ihr, wie sehr ich sie liebte, und dankte ihr für alles, was sie für mich getan hatte. Um Mitternacht starb meine Großmutter.

Im April 1998 traf ich den Mann meiner Träume. Wir heirateten bald darauf und bekamen ein Baby, ein süßes kleines Mädchen.

Im August 1999 saß ich in meinem Schlafzimmer, als mich ein ganz seltsames Gefühl überkam. Plötzlich stand meine Großmutter vor mir. Sie war sehr schön, und ich konnte sehen, dass sie frei von allen Schmerzen war. Um sie war ein Glanz, und es war, als würde ihr Kleid im Wind wehen. Sie sagte zu mir: »Mein Kleines, ich liebe dich.« Dann ging sie fort. Ich rief: »Warte noch ein bisschen. Bitte geh noch nicht fort. Ich möchte so gerne, dass du Kevin, meinen Mann, kennen lernst und unser kleines Mädchen siehst.« Sie drehte sich zu mir um und sagte: »Mein Schatz, ich kannte Kevin schon lange bevor du ihn kennen gelernt hast. Deshalb bin ich gestorben. Verstehst du, was deine Oma dir sagt, mein Liebling? Ich bin gestorben, damit ich Kevin für dich finden konnte. Ich habe gesucht und gesucht, und er war derjenige, mit dem ich meine geliebte Enkelin zusammen sehen wollte. Du hast ein süßes kleines Mädchen. Ich weiß das. Ich war da.« Dann sagte sie noch einmal: »Ich liebe dich«, drehte sich um und entfernte sich durch einen hell glänzenden Korridor. Ich wollte ihr noch nachrufen: »Ich liebe dich auch«, da war sie schon verschwunden. Ich bin davon überzeugt, dass sie mein Schutzengel ist.

Meine Mutter, der Engel

VON BETSY WILLIAMS

Vor 15 Jahren lag meine Mutter im Krankenhaus und starb an Lungenkrebs. Ich wusste, dass sie furchtbare Angst davor hatte, allein im Krankenhaus zu sterben. Deshalb blieben mein Mann und ich Tag und Nacht bei ihr, bis sie starb, obwohl sie bereits im Koma lag. In den letzten drei

Wochen ihres Lebens verbrachten wir praktisch die ganze Zeit abwechselnd in der Klinik. An dem Tag, an dem sie starb, küsste ich sie zum Abschied, bevor ich das Krankenhaus verließ, und sagte ihr, es wäre in Ordnung, wenn sie ginge.

Später in der Nacht hörte ich, während ich schlief, meine Mutter meinen Namen rufen. Ich erinnere mich, dass ich aufwachte, aber meine Augen noch geschlossen waren. Ich hörte meine Mutter ganz deutlich »Betsy« sagen. Ich setzte mich auf, und dort, am Fußende meines Bettes, stand meine Mutter. Sie sah ganz jung aus, als wäre sie 35 oder 40 Jahre alt.

Meine Mutter lächelte mich an. Sie trug ein langes, weißes, fließendes Gewand, das unbeschreiblich strahlte und glitzerte. Sie sah wunderschön aus und sie war umgeben von dem hellsten Licht, das ich je gesehen habe. Sie sagte zu mir: »Betsy, mir geht es gut. Alles ist in Ordnung. Ich liebe dich. Mach dir keine Sorgen um mich.« Dann war sie verschwunden.

Ich weiß, dass das kein Traum war. Meine Mutter versuchte mir zu sagen, dass es ihr gut geht, und ich denke, sie wollte mir für meine Liebe danken. Seitdem habe ich keinen Zweifel mehr daran, dass es Gott oder die Engel gibt. Ich weiß, sie sind immer um mich.

Der Schutzengel meines Babys

VON JANICE

Mein Großvater väterlicherseits starb, als ich 13 Jahre alt war. Ich stand ihm sehr nahe. Als ich mit 21 Jahren mein erstes Kind bekam, erschien er mir, und ich werde das nie vergessen! Ich hatte gerade meinen Sohn gestillt und in die Wiege neben meinem Bett zurückgelegt. Plötzlich war mir kalt, und am Fußende meines Bettes nahm ich einen Geist wahr. Ich konnte ihn nicht richtig erkennen, und er machte mir Angst.

Ich war unfähig, zu sprechen, mich zu bewegen oder zu schreien. Der Geist bewegte sich auf die Wiege zu, und ich konnte nichts dagegen tun. Dann sprach er, und ich realisierte, dass es mein Großvater war.

Er sagte zu mir: »Hab keine Angst. Ich wollte nur mein Urenkelchen sehen.« Er beugte sich über die Wiege und berührte mein Baby. Dann verschwand er, und seitdem habe ich seine Gegenwart nie wieder gespürt.

Ich nahm sofort mein Baby hoch und rief meine Mutter an. Sie beruhigte mich und sagte, es sei in Ordnung, denn ihr sei das Gleiche mit *ihrem* Großvater passiert, als meine älteste Schwester geboren wurde!

Ich werde immer bei dir sein

VON L. D. D.

Meine Mutter starb 1981, was mich in große Trauer stürzte. Sie war erst 47 Jahre alt, und ihr Tod kam völlig unerwartet. Ich war zum Zeitpunkt ihres Todes 21 Jahre alt und ließ mich gerade scheiden.

Nach der Beerdigung meiner Mutter ging ich nach Hause und zerbrach mir den Kopf darüber, ob sie wohl ihren Frieden gefunden hatte und ob sie wieder mit meinem Vater vereint war, der auch schon gestorben war. Niemand war an diesem Tag zu Hause, außer meiner Tochter, die im Bett lag und schlief. In diesem Augenblick hörte ich jemanden an der Türklinke rütteln. Ich ging zur Tür und sah plötzlich meine Mutter dort stehen in den Kleidern, in denen sie begraben worden war. Ich war zutiefst erschrocken. Sie sagte: »Ich bin gekommen, um dir zu sagen, dass es dort, wo ich bin, schön ist. Mach dir keine Sorgen mehr. Ich werde immer bei dir sein.«

Seitdem hat sie mehrfach zu mir gesprochen und ist zu mir gekommen. Auch meine Tochter hat sie gesehen. Manche Leute sagen, es gäbe kein Leben nach dem Tod oder dass es nicht gut sei, einen Geist zu sehen und mit ihm zu sprechen ... aber ich weiß, was ich gesehen, gefühlt und gehört habe, und ich glaube, dass es wahr ist.

Eine Warnung von oben

ANONYM

Als mein Bruder, meine Schwestern und ich noch kleine Kinder waren, arbeitete mein Vater beruflich in Houston. Meine Mutter und wir vier kleinen Kinder lebten also die meiste Zeit allein in unserem Haus.

Eines Nachts wurde meine Mutter von einem ganz speziellen Duft geweckt: dem Parfüm ihrer Mutter. Sie öffnete die Augen und sah die Gestalt ihrer Mutter, die sagte: »Wach auf und mach das Licht auf der Veranda an!« Meine Mutter sagte im Halbschlaf: »Nein, ich bin zu müde.« Doch ihre Mutter bestand darauf und wiederholte mit Nachdruck: »Steh auf und mach das Licht an!« Meine Mutter stand also auf, machte die Lichter vor dem Haus an und ging dann wieder ins Bett.

Am nächsten Morgen nahm meine Mutter den Telefonhörer ab, um eine Freundin anzurufen, und stellte fest, dass die Leitung tot war. Der Techniker kam und stellte fest, dass die Leitung durchgeschnitten worden war, und er fand auch Fußspuren unter dem Fenster meines Zimmers. Deshalb ging meine Mutter zu den Nachbarn nebenan und rief die Polizei.

Der Techniker meinte, dass derjenige, der die Leitung durchtrennt hatte, genau wusste, was er tat, da das Telefonkabel unter der Erde verlegt war. Die Polizei sagte, dass wir großes Glück gehabt hätten, denn wenn Telefonleitungen durchgeschnitten werden, hätten die Einbrecher meist Schlimmeres als nur Diebstahl im Sinn. Dass die Lichter vor dem Haus angingen, musste sie verschreckt haben. »Sie hatten wirklich Glück!«, sagte die Polizei. Meine Mutter wusste jedoch, dass mehr als nur Glück im Spiel gewesen war, und dankte ihrer Mutter im Stillen.

Wunderschön im Licht

VON SALLY M. BASSO

Luraine war 50 Jahre lang meine Freundin gewesen. Vor etwa drei Jahren erkrankte sie an Krebs. Bis vor einem Jahr erzählte sie niemandem von ihrer Krankheit. Ich schickte ihr Kassetten mit Heilmeditationen und gab ihr Hypnosesitzungen übers Telefon. Sie lag nicht im Krankenhaus, ging aber jeden Tag zur Behandlung dorthin. Ich rief sie täglich an, doch manchmal konnte sie mich nicht zurückrufen, wenn sie einen sehr schweren Tag hatte. Auch an einem Samstagmorgen rief sie mich nicht zurück. Der Grund dafür war jedoch, dass sie an diesem Tag gestorben war.

In dieser Nacht machte ich mich gerade fertig zum Schlafengehen, als ich eine Gestalt in einem purpurfarbenen Leichentuch vor mir stehen sah. Dann fiel das Tuch vom Kopf und von den Schultern der Gestalt herunter, und nun sah ich Luraine in einem wunderschönen Licht. Sie wirkte jugendlich, so, wie sie mit etwa 30 Jahren ausgesehen hatte, sehr schön und gesund. Sie trug eine weiße, schulterfreie Bluse aus Samt, und sie lächelte mit einem seligen Gesichtsausdruck. Ich legte mich mit einem glücklichen Gefühl schlafen. Am nächsten Tag erzählte ich ihrem Mann und ihrer Tochter von der Erscheinung, und sie freuten sich zu wissen, dass sie nicht länger litt.

Als ich ihn am meisten brauchte

VON KIMBERLY MILLER

Etwa fünf Jahre nach dem Tod meines Vaters ging ich durch eine sehr schmerzhafte Scheidung. Ich zog mit zwei meiner Kinder in eine eigene Wohnung. Ich war nicht sehr zuversichtlich und begann jede Nacht unter schrecklichen Albträumen zu leiden. Eines Nachts wachte ich nicht von einem Albtraum auf, sondern von dem Gefühl, dass jemand an meinem Bett saß. Ich dachte, dass mein Jüngster gekommen sei, um bei mir zu schlafen, und schaute deshalb auf. Doch erstaunt bemerkte ich die Silhouette meines Vaters, der am Fuße meines Bettes saß. Er sagte nichts, er saß nur da. Das geschah anschließend etwa zwei oder drei Monate lang jede Nacht, und danach hatte ich nie wieder einen Albtraum. Die Erscheinungen hörten erst in der Zeit auf, als die Dinge sich zu ordnen begannen und ich mich wieder wohler fühlte. Ich erkannte, dass mein Vater, obwohl er nie ein Wort sprach, da war, um mich zu trösten, als ich ihn am meisten brauchte.

KAPITEL 6

KINDER BEGEGNEN VERSTORBENEN

Der Großvater, den ich nie kennen gelernt hatte

VON LUANN BROWN

Als ich 16 Jahre alt war, klingelte in der Nacht auf den 20. Dezember um zwei Uhr morgens das Telefon mit der Nachricht, dass soeben für meine Großmutter, die sehr krank war, eine Ambulanz gerufen worden war. Mein Vater fuhr zu ihr ins Krankenhaus, und sie brachten sie in die Intensivstation und sagten, sie habe einen Herzinfarkt gehabt. Als er sie verließ, ging es ihr gut, und sie konnte mit ihm reden. Meine Großmutter hatte einige Jahre lang bei uns gelebt, als ich fünf Jahre alt war, und wir beide standen uns sehr nahe. Wir hatten in all diesen Jahren viele besondere Dinge miteinander erlebt. Sie war beinahe wie eine Mutter für mich.

Als mein Vater nach Hause kam, erzählte er uns alle Einzelheiten über Großmutters Befinden und sagte, sie ruhe sich nun gut aus. Am nächsten Morgen um 7.30 Uhr trocknete ich meine Haare vor dem Spiegel in meinem Zimmer. Meine Eltern waren schon zur Arbeit gegangen, und ich sah einen Mann in meiner Tür stehen. Er sagte: »Deine Großmutter ist gestorben.« Ich drehte mich um, aber da war niemand!

Ich hatte solche Angst, dass ich meinen Vater in der Arbeit

anrief. Er sagte mir, ich solle die Polizei anrufen, und er würde gleich nach Hause kommen. Er arbeitete nur fünf Minuten entfernt von unserem Haus, doch die Polizei war schon da, als er kam. Sie durchsuchten unser Haus, fanden aber nichts. Nachdem die Polizei gegangen war, fuhr mein Vater mich zur Schule. Niemand hatte mich gefragt, ob der Mann irgendetwas gesagt hatte. Nach der Schule waren meine Eltern da, um mich abzuholen, was sie noch nie zuvor getan hatten. Wir fuhren nach Hause, und erst dann erzählte mir mein Vater, dass meine Großmutter gestorben war.

Ich sagte nur, dass ich das schon wüsste. Natürlich wollte er wissen, woher ich es wusste, und da erzählte ich ihm, was der Mann gesagt hatte. Mein Vater begann zu schluchzen. Bis zum heutigen Tag schwört er darauf, dass es sein Vater gewesen sein muss, der mir die Mitteilung gemacht hatte. Sein Vater war gestorben, als mein Vater 14 Jahre alt war.

Ariel bekommt Besuch vom Großvater

VON MARY ELLEN

Als meine Tochter Ariel acht Jahre alt war, wurde mir klar, dass sie hellsichtige Fähigkeiten besaß. Ariel konnte die Aura von Leuten sehen, sie konnte ihre geistigen Führer und Engel hören, und sie konnte auch etwas über die Integrität und die Absichten der Leute sagen.

Eines Abends rief Ariel aus ihrem Zimmer nach mir. Mit ihrer sanften Stimme erklärte sie, dass ihr Großvater in dem Gästebett in ihrem Zimmer schliefe. Ariels Großvater war sechs Jahre zuvor gestorben.

Ich war ein bisschen nervös, weil ich nicht sicher war, warum er in ihrem Zimmer aufgetaucht war und ob es sie erschreckt hatte. Deshalb fragte ich Ariel, warum er da wäre, und sie erwiderte: »Er ist nur gekommen, um zu sehen, wie ich gewachsen bin.«

Von diesem Moment an war ich beruhigt, was ihre besonderen Gaben betrifft. Ich weiß, dass sie ein Geschenk Gottes sind und dass diese Gaben sie in ihrem Leben auf eine Art und Weise schützen und leiten werden, wie ich es nie könnte. Wenn eine Mutter weiß, dass ihr Kind von Engeln begleitet wird, dann ist das Elternsein eine Freude und keine sorgenvolle Angelegenheit.

Wir glaubten ihr

VON TARA GIBBS KIENINGER

Im April 1998 starb mein Stiefvater Emile unerwartet nach einer Leistenbruchoperation, eigentlich eine Routineangelegenheit. Er war erst Anfang 50, als er starb, daher war unser Kummer besonders groß. Kurz nach seinem Tod sprachen meine beste Freundin Michelle und ihr Mann Rob über ihn. Michelles Tochter Rebecca (die zu der Zeit erst zwei Jahre alt war und meinen Stiefvater nur kurz bei ein paar Gelegenheiten getroffen hatte) war ebenfalls im Zimmer. Michelle erzählte ihr, dass Emile jetzt im Himmel sei. Darauf sah Rebecca ihre Mutter an und sagte: »Nein, Mama, er sitzt dort«, und zeigte auf den Stuhl neben sich. Michelle fragte sie: »Wo ist er?« Und Rebecca antwortete wieder: »Er sitzt dort«, und zeigte auf dieselbe Stelle. Sie war vollkommen davon überzeugt, dass er in ihrer Nähe saß, und wir glaubten ihr.

Mein Baby spricht mit dem Himmel

VON ELIZABETH MARIE NEWSOME

Ich bin Mutter von zwei sehr lieben Jungen, Tyler, dreieinhalb Jahre alt, und Ryan, zehn Monate alt. Kürzlich starb meine Urgroßmutter, Nana, nach einer längeren Alzheimererkrankung.

Eines Abends aßen wir beim Essen, als Ryan ausrief: »Nana! Nana!« Erst dachten wir, er probiere neue Töne aus, aber er sagte immer wieder: »Nana! Nana!« Daher fragte ich ihn: »Wo ist Nana?« Er lächelte breit und aß weiter. Dann rief er wieder ihren Namen, und ich fragte noch einmal, wo sie sei. Dieses Mal sagte Tyler: »Nana ist im Himmel; sie ist ein Stern.«

Später nahmen wir alle ein Bad und machten uns fertig fürs Bett. Ryan und ich saßen in der Wanne, und er fing wieder an, nach Nana zu rufen – doch diesmal blickte er hoch zur Decke und streckte die Hände nach ihr aus. Ich war erstaunt, und es war ein Erlebnis, das ich immer in meinem Herzen bewahren werde.

Ich werde auf dich warten

VON DIANE LYNN WILLARD ZARRO

Ich war neun Jahre alt, als meine Großmutter an einem schweren Herzinfarkt starb. Ich hatte gerade von ihrem Tod erfahren und schloss mich ins Badezimmer ein, um allein zu sein. Bisher war noch niemand gestorben, den ich gekannt hatte, und ich fing an, mich zu fragen, wohin sie gegangen war, was genau mit ihrer Seele passierte und ähnliche Gedanken. Ich war nur ein paarmal als Kind in der Kirche gewesen, aber ich hatte einen tiefen Glauben an Gott und betete jeden Abend zu ihm. Im Badezimmer begann ich also zu beten und bat darum, irgendein Zeichen zu erhalten, dass meine Großmutter noch existierte, dass sie nicht allein war oder Angst im Dunkeln hatte oder weiter Schmerzen litt.

Beinahe sofort erschien mir meine Großmutter in einer schimmernden, durchsichtigen Wolke. Es sah aus, als würde ich durch ein Aquarium voller Wasser schauen. Meine bescheidene Großmutter, normalerweise so schlicht in ihrer Erscheinung, sah überaus schön und glücklich aus. Sie trug ein hübsches türkisfarbenes Kleid, und ihr Haar war so frisiert, als ginge sie zu einer besonderen Veranstaltung.

Sie sprach zu mir. Sie bewegte nicht wirklich den Mund, aber ihre Stimme erreichte ganz klar meinen Geist. Sie sagte:

»Hallo, mein Liebling, ich habe nur wenig Zeit, aber ich möchte dich wissen lassen, dass es mir gut geht. Ich bin hier bei meiner Mutter, meiner Schwester und dem Rest der Familie, die schon gestorben sind.« Tränen stiegen mir in die Augen, und ich fing an, mich zu fürchten. Sofort begann ihre Erscheinung undeutlich zu werden, und sie sagte: »Ich möchte dich nicht erschrecken, deshalb gehe ich jetzt.«

Ich rief ihr laut zu: »Nein, nein, geh nicht! Es tut mir Leid. Ich habe keine Angst. Oh, lieber Gott, bitte nimm sie jetzt nicht weg. Bitte bleib!« Während die Erscheinung meiner Großmutter verschwand, sagte sie: »Ich kann nicht bleiben. Ich habe nur noch einige Augenblicke mit dir. Ich sollte wirklich nicht hier sein. Aber ich wollte sicher sein, dass du weißt, es geht mir gut. Ich bin glücklich, und ich habe keine Schmerzen mehr. Ich bin hier und warte auf euch alle, wenn eure Zeit gekommen ist. Bis dahin sind es noch viele Jahre.« Dann war sie verschwunden.

Dieses Erlebnis half mir zu verstehen, dass Gott ein Ziel für uns alle bereithält. Ich habe keine Angst mehr vor meinem eigenen Tod, und ich weiß, dass auch meine anderen Familienmitglieder, wenn sie sterben, an einen besseren Ort gehen werden.

Es war ein kostbarer Augenblick in meinem Leben. Ich werde ihn niemals vergessen.

Sei nicht traurig

VON BILL FLETCHER

Wir verloren unsere jüngste Tochter Emma im Februar 1990, als ihre beste Freundin von der anderen Straßenseite aus nach ihr rief und Emma, ohne nach rechts oder links zu schauen, über die Straße und geradewegs in ein Auto rannte. Im Krankenhaus versuchte man alles, was möglich war, doch es wurde schnell deutlich, dass sie nicht am Leben bleiben würde. Emma starb im Krankenhaus.

Unsere ältere Tochter litt unter dem Tod ihrer Schwester so sehr, dass sie nicht mehr in dem Zimmer schlafen konnte, das sie mit ihrer Schwester geteilt hatte. Daher stellten wir ihr Bett in unser Schlafzimmer. Zwei Wochen später erzählte sie uns, dass sie Emma am Abend zuvor gesehen habe und dass sie jetzt gern wieder in ihr eigenes Zimmer zurückkehren würde.

Als ich sie fragte, was passiert sei, erwiderte Elizabeth, dass Emma neben ihrem Bett gestanden und gesagt habe: »Sei nicht traurig, mir geht es gut.« Ich fragte, ob das ein Traum gewesen sei. Elizabeth antwortete, sie habe im Bett gesessen und mit ihr gesprochen, also könne es kein Traum gewesen sein.

Einige Tage später kam Emmas Freundin, die von der anderen Straßenseite gerufen hatte, aufgeregt zu uns und berichtete, dass auch sie Emma gesehen habe. Emma hatte zu ihr gesagt: »Sei nicht traurig. Es hat so passieren müssen, und es geht mir gut.«

Ich sah meine Tante, obwohl ich sie nie getroffen und nie etwas über sie gehört hatte!

VON MARY ANNE LUPPINO

Als ich sieben Jahre alt war, hatte ich einen Traum, in dem eine Schlange mich in den Knöchel biss. Es tat so weh, dass ich wach wurde und mich mit einem Ruck aufsetzte. Ich sah eine Gestalt in der Tür meines Zimmers stehen, die genau wie meine Mutter aussah. Ich streckte meine Arme nach ihr aus und weinte. In diesem Moment löste sie sich langsam auf. Im nächsten Moment kam meine Babysitterin herein, um nachzusehen, warum ich weinte. Dabei stellte sich heraus, dass meine Mutter noch gar nicht nach Hause gekommen war!

Jahre später realisierte ich, dass der Geist, den ich gesehen hatte, die Schwester meiner Mutter war, die mit 18 Jahren gestorben war. Belle und meine Mutter sahen fast identisch aus. Ein paar Jahre später informierte mich eine Hellseherin, die nichts von meiner verstorbenen Tante wusste, dass eine Frau namens Belle mein Schutzengel sei. Sie beschrieb Belle und erzählte mir, was für ein Kleid sie trug. Als ich meiner Mutter diese Beschreibung weitergab, fing sie zu weinen an, weil dies das Lieblingskleid ihrer Schwester gewesen war.

Sie sieht ihn wirklich

VON JOANNE P. HULL

Meine kleine zweieinhalbjährige Urenkelin, Faith Lene Cline, sagt zu ihrer Mutter und ihrer Großmutter immer wieder: »Chawie ist hier.« Chawie ist ihr Onkel Charles Arthur Fleming, der letztes Jahr im Alter von zwölf Jahren starb. Letztes Jahr war Faith also nur eineinhalb Jahre alt, und ich glaube kaum, dass sie sich an ihn erinnert. Also muss sie ihn wohl tatsächlich irgendwie sehen!

KAPITEL 7

BEGEGNUNGEN MIT AUFGESTIEGENEN MEISTERN

Mutter Maria nahm mich mit

VON MICHELLE HAYNES

Ich beendete gerade mein Universitätsstudium und es passierten so viele neue Dinge in meinem Leben, denen ich mich stellen musste. Ich hatte Probleme damit, mich vom Universitätsleben zu verabschieden, und fiel dabei in tiefe Depressionen. Als wenn das nicht schon genügt hätte, zogen auch noch Leute fort, die mir viel bedeuteten.

Der schlimmste Verlust für mich war der meiner Therapeutin. Ich besuchte sie an der Beratungsstelle der Universität, wo Kurzzeittherapien die Norm waren, weil die meisten Berater Assistenzärzte in der Ausbildung waren. Ich hatte die seltene Gelegenheit, mit ihr über zwei Jahre lang mit Unterbrechungen zu arbeiten, doch das Ende war abzusehen.

Wegen all dieser Veränderungen und Verluste war ich an einem Punkt meiner Depressionen angekommen, wo ich an Selbstmord dachte. Um mich von meiner Verzweiflung zu befreien, beschloss ich, mich in ein Schweigeretreat zu begeben. Von Zeit zu Zeit gehe ich in die Stille, um mich neu zu orientieren und der Hektik des Alltags zu entkommen.

Meist gehe ich dazu in ein Zentrum, wo Nonnen im Ruhestand leben. Mich auf diese Weise zurückzuziehen, gibt mir immer ein Gefühl des Trostes. Bis zum heutigen Tag genieße ich es, für ein paar Tage an einen Ort zu gehen, wo ich mit niemandem spreche. Ich verbringe einfach Zeit mit mir selbst und im Gespräch mit Gott. Das gibt mir viel Trost und Kraft.

Während ich mich in diesem speziellen Retreat befand, verspürte ich innerlich großen Frieden, obwohl ich unter Depressionen litt. In der zweiten Nacht meines Aufenthalts erlebte ich etwas, das in vieler Hinsicht schwer zu beschreiben ist. Ich hatte in meinem Tagebuch geschrieben und spirituelle Bücher gelesen und war bei Licht eingeschlafen.

Plötzlich schien das Licht schwächer zu werden. Ich vernahm ein Summen wie das Summen von tausend Bienen. Dann spürte ich, wie ich meinen Körper verließ. Anfänglich empfand ich Angst bei dem Gefühl, doch dann sagte ich zu mir selbst: »Lass es geschehen, lass Gott machen.« Während ich diesen Satz wie ein Mantra immer wieder sagte, fühlte ich, wie ich meinen Körper verließ, bis ich im Zimmer schwebte.

Dann bemerkte ich, wie ein weißes Wesen in den Raum schwebte. Zuerst konnte ich das Wesen nicht erkennen, doch dann realisierte ich, dass es Mutter Maria war. Sie nahm meine Hand und geleitete mich aus dem Zimmer hinaus. Dann flogen wir irgendwie in der Luft. Ich erinnere mich, dass ich überall die nächtlichen Lichter sah. Es war ein unglaublicher Anblick. Wir flogen, und sie brachte mich an eine Stelle, wo ich begann, mit drei unglaublich hellen Lichtern zu kommunizieren.

Bis heute habe ich keine Erinnerung daran, was die drei Wesen zu mir sagten. Ich erinnere mich nur, dass ich mitten in der Luft über einem Gebiet schwebte, das Kalifornien zu sein schien. Die drei Wesen formten ein Dreieck. Jedes Mal, wenn eines der Lichter zu mir sprach, wurde es heller, während die Intensität der anderen Lichter nachließ. Was immer sie zu mir sagten, es hat mein Leben verändert. Dann kehrte ich mit Maria zurück in mein Zimmer und schlüpfte sanft wieder in meinen Körper. Dabei hörte ich ein warmes Summen und fühlte ein leises Kribbeln.

Ich erhob mich von meinem Bett und wusste, dass dieses Erlebnis mehr als nur ein Traum gewesen war. Meine Depressionen hörten auf, und die Dinge in meinem Leben nahmen eine Wende zum Besseren. Ich werde dieses Erlebnis nicht vergessen, solange ich lebe.

Eine Heilige an der Seite meiner Mutter

VON VIRGINIA E. PERRY

Meine Mutter kam mit Leukämie ins Krankenhaus, und nach wiederholten vergeblichen Bluttransfusionen kamen die Ärzte und meine Schwester zu dem Schluss, dass ihre Zeit gekommen war, unserem Vater in den Himmel zu folgen. Meine Mutter hatte Angst zu sterben, da sie glaubte, der Teufel warte auf sie, um sie zu packen. Am Telefon versuchte ich meiner Mutter zu versichern, dass sie auf der anderen Seite nur von freundlichen Gesichtern und von Papa empfangen würde.

Ich war zu der Zeit arbeitslos und lebte in Kalifornien. Ich brauche nicht zu betonen, wie traurig ich war, dass ich nicht das Geld für einen Flug hatte, um bei ihr zu sein. Ich meditierte über diese Situation und bat schließlich um Beistand von meiner liebsten geistigen Führung, der heiligen Therese. Sie war mir sogar schon ein- oder zweimal erschienen, als ich um Hilfe für leidende Freunde bat.

Voll Zuversicht bat ich die heilige Therese, zu meiner Mutter zu gehen, da ich nicht bei ihr sein konnte. Monate nach dem Tod meiner Mutter sprach ich mit meiner Schwester Ramona. Sie teilte mir mit, dass eine liebe kleine Nonne permanent Wache am Bett meiner Mutter gehalten hatte. Als ich nachfragte, erzählte mir Ramona, dass ihr Name Schwester Therese war.

Danke, lieber Gott und liebe Schwester Therese! Ihr habt meine Gebete immer erhört.

Er hatte Recht

VON LINDA A. HARLOW

Mein Mann und ich waren nicht glücklich miteinander. Eines Tages war ich besonders unglücklich und verbrachte die Stunden mit Händeringen, Weinen und Selbstmitleid. Ich flehte Gott um Hilfe an. In dieser Nacht lag ich neben meinem schnarchenden Ehemann und fühlte mich extrem einsam und ungeliebt. Da passierte eine merkwürdige Sache. Ich sah eine riesige, leuchtend weiße, jesusähnliche Gestalt am Fußende meines Bettes stehen. Seine Arme waren ausgestreckt, sein Kopf ging durch die Decke hindurch und seine Füße durch mein Bettende. Sein ganzer Körper war sehr weiß und leuchtete stark. Seine Füße konnte ich nicht sehen. Er trug eine Art weißes Gewand und sprach die Worte: »Es wird euch beiden wieder gut gehen.«

Dieser Besuch hat mir geholfen und mir Kraft für fast 30 Jahre gegeben. Wir ließen uns scheiden, und obwohl es seitdem sowohl sehr schwierige als auch äußerst lohnende Zeiten gegeben hat, habe ich keinerlei Zweifel daran, dass ich von Jesus oder einem Engel »heimgesucht« wurde. Es ist nicht so wichtig, wer in dieser Nacht an meinem Bett stand. Ich weiß nur, dass er Recht hatte. Uns beiden, meinem Exmann und mir, geht es heute gut.

Ich sah Jesus

VON GWENDOLYN WILES

Vor etwa vier Jahren fuhr ich ein bisschen in unserer Gegend herum. Es war niemand bei mir. Ich schaue mir gerne den Himmel an. Ich liebe es, den Mond, die Sterne und die Wolken zu beobachten. An diesem besonderen Tag stand ich an einer Verkehrsampel in einer Straße nicht weit von meinem Haus. Ich schaute in den Himmel und sah dort Jesus Christus. Ich schwöre, dass ich kein Märchen erzähle.

Er stand dort am Himmel, in ein weißes Gewand gekleidet, ohne Schuhe, mit schulterlangen braunen Haaren, die Arme vor sich ausgestreckt. Ich schaute, kniff die Augen zu und schaute wieder, und er stand immer noch da, mit ausgestreckten Händen und den Blick nach vorne gerichtet. Die Ampel schaltete auf Grün, und ich fuhr weiter. Ich habe nicht vielen Leuten davon erzählt, weil ich davon ausgehe, dass die meisten mir doch nicht glauben würden. Aber ich weiß sicher, dass ich an diesem Tag Jesus gesehen habe.

Jesus heilte mich

VON DEBBIE GRAHAM HOSKIN

Vor etwa 20 Jahren, als ich beruflich sieben Abende in der Woche für die Sheraton-Hotels sang und pausenlos quer durchs Land unterwegs war, hatte ich ein besonderes Erlebnis. Aufgrund der mörderischen Terminplanung und des Mangels an Ruhepausen bekam ich irgendwann Probleme mit meiner Stimme. Gewöhnlich war ich am Morgen heiser, doch wenn ich mich den Tag über schonte, hatte ich abends wieder Stimme. Nach einigen Monaten ständiger Termine wurde es zunehmend kritischer, ob sich meine Stimme bis abends erholte.

Eines Morgens wachte ich auf, und meine Stimme war schlimmer denn je. Ich war ganz außer mir bei dem Gedanken, die Bandmitglieder im Stich zu lassen, vom Publikum ganz zu schweigen. Ich beschloss zu beten, weil ich nicht wusste, was ich sonst hätte tun können. Ich zog die Vorhänge zu, hängte das Schild »Bitte nicht stören!« an meine Tür und stellte das Telefon aus. Ich kniete auf dem Boden nieder und sagte ganz fest: »Lieber Gott, du musst meine Stimme in Ordnung bringen. Ich weiß, dass du da bist, und ich weiß, dass du mich hörst. Ich bitte dich, heile meine Stimme. Ich verlasse diese Etage nicht, bevor du nicht meine Stimme geheilt hast. Ich weiß, dass du mich hörst. Ich glaube fest daran, dass du mich heilen kannst.« Ich betete etwa drei Stunden voller Inbrunst.

Auf einmal spürte ich eine Gegenwart im Zimmer, als ob gerade jemand zur Tür hereingekommen wäre. Ich sah zur Tür hinüber und blickte in das Gesicht von Jesus. Ich war gelähmt vor Angst. Er nahm mir meine Angst und sagte mir auf telepathischem Wege: »Ich bin die Liebe und die Güte.« Seine Botschaft war so stark, dass ich von meinen Gefühlen übermannt wurde. Er kam auf mich zu. Ich fühlte eine Hand, die über meine Kehle strich, und empfand eine intensive Hitze in diesem Bereich. Dann spürte ich, wie seine Gegenwart verschwand. Ich brach in Schweiß aus. Ich war geheilt, und ich dankte Gott.

Dieses Erlebnis hat mich als Mensch verändert, und es änderte auch meinen Zugang zum Leben. Ganz gleich, mit welchen Problemen ich konfrontiert bin, ich weiß stets, dass Gott mein Freund ist. Es hat zehn Jahre gedauert, bis ich jemandem von diesem Vorfall erzählen konnte. Ich war mir sicher, dass mir niemand glauben würde. Ich singe immer noch und trete auf. Doch es drängte mich, mehr für andere zu tun, deshalb arbeite ich jetzt mit Opfern von Missbrauch.

Eine unbeschreibliche Liebe

VON JANINE COOPER

Ich wohnte in Santa Monica in einer Pension mit Einzimmerwohnungen. Im Juni war es oft neblig, deshalb bestand mein Morgenritual darin, nach dem Aufwachen zum Fenster zu schauen, um zu sehen, ob helles Licht hereinschien.

An diesem speziellen Morgen hatte ich einen sehr lebendigen und bedeutsamen Traum. Doch war es überhaupt ein

Traum? In dem »Traum« saß ich im Bett und schaute zum Fenster. Auf der Jalousie war das Leichentuch von Jesus zu erkennen – nur sein Gesicht, etwa 1 bis 1,20 Meter groß. Ich sagte zu mir: »Das ist ja Jesus!« In dem Augenblick, in dem ich das sagte, wurde sein Gesicht sehr klar, und ein Strahl weißen Lichts kam daraus hervor, direkt auf mich zu. Das Licht hatte eine lähmende Wirkung auf mich. Ich saß im Bett und schaute auf meine Hände, und sie waren steif geworden. Ich erinnere mich, dass auch mein Kiefer zusammengepresst war. Es war, als hätte ich einen Anfall, nur dass ich ein Gefühl der vollkommenen Glückseligkeit dabei hatte.

Ich hatte überhaupt keine Angst. Um ehrlich zu sein, ich habe niemals mehr Liebe in meinem Leben empfunden. Es war, als ob das Licht aus Liebe gemacht war. Als das Lähmungsgefühl nachließ und das Licht langsam verschwand, hörte ich eine Stimme sagen: »Das ist nur ein kleines Beispiel für die Macht der Liebe Gottes.« Das Licht verschwand und ebenso die Vision von Jesus.

Ich erwachte, setzte mich im Bett auf und schluchzte eine halbe Stunde lang. Es war, als wäre meiner Seele eine große Heilung zuteil geworden, ein Geschenk, das wir immer wieder erhalten können, wenn wir nur darum bitten. Und es ist so stark! Es war mit Abstand die erstaunlichste und bedeutsamste Erfahrung, die ich in meinem Leben gemacht habe.

Das Heiler-Trio

ANONYM

Ich hatte eine Erscheinung vom Erzengel Raphael, von Jesus und, wie ich glaube, von meinem Geistführer – einem weisen alten Mann aus Tibet. Das passierte letztes Jahr, als mein Mann bei schlechter Gesundheit war.

Mein Mann hatte sehr hohes Fieber und einen starken Husten, der tief in den Bronchien saß. Eines Nachts ging es ihm besonders schlecht. Ich betete und bat Gott und die Engel, bei der Heilung meines Mannes zu helfen. Plötzlich erschienen Raphael, Jesus und eine weitere Gestalt in der rechten Ecke meines Schlafzimmers. Helles weißes Licht umgab das Trio. Ich erhielt Anweisungen von den Gestalten, meine Hände auf den Rücken meines Mannes (im Lungenbereich) und auf andere Teile seines Körpers zu legen, damit die Heilung geschehen konnte. Ich weiß sicher, dass eine der Gestalten Raphael war, denn ich hatte besonders um seine Hilfe gebeten, da ich aus Doreen Virtues Büchern von seiner Heilungsmission weiß.

Ich weiß, dass die andere Gestalt Jesus war. Ich bin kein Fan von Jesus und war enttäuscht, dass er da war. Zwar glaube ich daran, dass er gelebt hat, doch ich glaube nicht, dass er Gottes Sohn war. Ich fragte das Universum, warum Jesus zusammen mit Raphael und dem Tibeter gekommen war. Ich war ärgerlich darüber, dass Jesus da war. Die Antwort kam schnell. Mir wurde gesagt, dass er viele Menschen geheilt hatte und dass er aufgrund meiner Bitte um Heilung gekommen war. Ich brauche wohl kaum zu sagen, dass mein Mann unmittelbar nach dieser Erscheinung wieder gesund wurde. Außerdem fühle ich mich seither auch mit Jesus mehr im Reinen.

Wir haben etwas zu tun

VON STEVE JORDAN

Die folgende Erfahrung machte ich in der Osterwoche, während ich in Portland in Oregon wohnte. Ich hatte mir gerade ein Fernsehprogramm über die Kreuzigung Jesu angeschaut. Mitten in der Nacht wachte ich voller Angst auf, ohne zu wissen, warum ich Angst hatte. Dann durchströmte mich ein beruhigendes Gefühl. Ich lag auf dem Rücken und sah zur Decke hoch. Meine Augen waren weit offen. Ich fühlte mich sehr ruhig.

Noch mehr Ruhe kam über mich. Ich öffnete mich für alles, was da kommen würde. Ich fing an zu realisieren, dass Gott anwesend war. Ich konnte seine Gegenwart deutlich spüren. Natürlich konnte ich ihn nicht sehen, aber ich konnte seine Liebe und sein Mitgefühl für mich spüren. Dann erschien Jesus rechts von mir.

Ich konnte Jesus kristallklar sehen. Sein Haar war braun, und er hatte einen kurzen Bart. Seine Haare waren zwischen mittellang und kurz. Er trug ein weißes Gewand mit einem blauen Tuch über der Brust, das bis hinunter zu seinen Füßen reichte. Er war mehr als zwei Meter groß. Sein Gesichtsausdruck war unglaublich liebevoll und gütig. Ich fühlte seine Liebe genauso stark wie die Gottes. Doch Gott war viel stärker, und es war mehr Bestimmtheit in seinem Sein.

Jesu Gesicht war faltenlos. Er hatte kristallblaue Augen. Ein gedämpftes, aber sehr intensives Licht in Weißtönen mit Gelb vermischt umgab ihn. Ich spürte, dass er mich nicht mit einem zu starken Licht um sich herum blenden wollte und dass er die Helligkeit des Lichts zu meinem Wohle gedämpft hatte. Bei jeder Bewegung, die Christus machte, folgte ihm das Licht.

Schließlich sprach Jesus zu mir: »Komm und folge mir. Wir haben etwas zu tun!« Zu jener Zeit war ich Diakon an der Kirche, der ich angehörte. Nach diesem Erlebnis half ich mit, eine Kirche unserer Konfession in Portland zu etablieren.

Ich kann Ihnen versichern, dass dies die schönste Erfahrung war, die ich jemals gemacht habe!

Eine innere Operation

VON CHERYL CASH

Ich ging nach Indien, um den Avatar Sathya Sai Baba zu treffen. Eines Nachts ließen wir die Tür unserer provisorischen Unterkunft wegen der Hitze offen stehen. Ich spürte, dass Baba in den Raum kam und meine Hände und meine Füße segnete. Ich war entzückt und dachte: »Baba ist hier, und er segnet mich. Ich bin überglücklich!«

Dann wachte ich von Schwellungen an meinen Händen

und Füßen auf und realisierte, dass das, was ich gefühlt hatte, Moskitos waren. Ich war irritiert wegen meiner albernen Gedanken und sagte zu mir selbst: »Oh, das war nicht Baba. Das waren Moskitos.« Dann sah ich die Gestalt von Baba, die zu meinem Bett kam. Er schüttelte tadelnd seinen Finger vor meinem Gesicht und sagte: »Nein, Cheryl, ich bin in allen Dingen, auch in den Moskitos. Ich bin immer bei dir!«

Einige Wochen nach meiner Rückkehr nach Arizona hatte ich einen sehr lebendigen Traum von Baba. Mein Mann, Jim, ist ein ästhetisch anspruchsvoller Mensch, das heißt, er achtet sehr aufs Äußere, sowohl bei Menschen als auch bei Dingen. Jim mochte die Form meiner Nase nicht. Sie störte ihn regelrecht, und er dachte, dass ich mir die Nase vielleicht eines Tages chirurgisch korrigieren lassen würde, wenn wir heirateten. Als Jugendliche hat mir meine Nase auch nicht gefallen. Jims Kommentare hatten meine Teenagerängste über meine äußere Erscheinung verstärkt, und das dicke, rundliche Ende meiner Nase war mir ständig bewusst.

Ich fragte mich, was Gott wohl über mich dachte, dass mich das so beschäftigte. Ich dachte an Paramahansa Yogananda, doch am meisten fragte ich mich, was Sai Baba wohl dachte. War ich oberflächlich, dass ich meine Nase korrigieren lassen wollte, dass es mich beschäftigte, jemanden, den ich liebte, durch eine Nasenoperation zu halten? Warum ließ ich einem anderen so viel Einfluss?

Dann erschien mir Baba in einem Traum. Er legte den Kopf schief und sah mich mit dem verschmitzten Gesichtsausdruck eines Kindes an. Dann fragte er: »So, du magst also deine Nase nicht?« Und ich schüttelte den Kopf. Dann sagte er: »Ich bringe das in Ordnung. Folge mir!« Er verschwand in einem großen, hellorangenen Zelt. In der rechten Hand hielt er eine Nadel hoch in die Luft. Ich folgte ihm und dachte: »Oh, Baba operiert meine Nase während meines Schlafs – genau wie ich es gelesen habe!« Doch als ich ihm ins Zelt folgte, verschwand alles, und ich wachte auf.

Daraufhin ging ich ins Badezimmer, um festzustellen, wie meine Nase aussah. Ich war der festen Überzeugung, Baba hätte ihr Aussehen verändert. Doch er hatte sie nicht korrigiert. Meine Nase sah immer noch so aus wie vorher.

Kurze Zeit danach heirateten Jim und ich. Als ich erwähnte, ich wolle mich nach einem guten Arzt erkundigen, um meine Nase korrigieren zu lassen, hatte Jim nicht nur seine Meinung geändert, er meinte sogar, er könne gar nicht verstehen, warum ihn meine Nase am Anfang gestört habe!

Maria bewegte sich

ANONYM

Als ich fünf Jahre alt war, war ich mit einigen anderen Kindern in der Kirche und erhielt Unterricht von unserem Lehrer. Wir saßen in unseren Bänken und hörten still zu. Dann sah ich aus den Augenwinkeln, wie sich etwas bewegte. Ich beobachtete, wie die Muttergottesfigur vor dem Altar ihre Hände in meine Richtung und die der anderen Kinder bewegte.

Ich habe das niemandem gegenüber erwähnt, bis ich später erfuhr, dass drei andere Kinder in meiner Klasse dasselbe gesehen hatten. Sie hatten ihren Eltern von ihrer Vision berichtet.

Ein tiefes Gefühl von Sicherheit

VON JANIE DAILY

Meine Mutter starb, als ich siebeneinhalb Jahre alt war. Sie war eine wunderbare Frau gewesen. Sie hatte mir in diesen paar Jahren mehr beigebracht, als die meisten Mütter ihren Kindern in einem ganzen Leben beibringen. Nach ihrem Tod kamen meine Brüder und ich zu meiner Großmutter. Sie mochte Mädchen nicht und sagte mir das auch unverhohlen. Mein Leben war die Hölle, und ich dachte oft an Selbstmord.

Es gab Zeiten, da hörte ich eine männliche Stimme meinen

Namen sagen. Meine Großmutter jagte mir furchtbare Angst ein, als sie mir sagte, dies sei der Satan. Vielleicht war es das, was man sie gelehrt hatte, wer weiß?

Jedenfalls war ich eines Nachts sehr traurig und weinte. Ich vermisste meine Mutter und wollte ihr nur noch in den Tod folgen. In diesem Augenblick erblickte ich am Fußende meines Bettes ein helles weißes Licht. Ich schaute genauer hin, und staunend und ungläubig erkannte ich die Erscheinung eines Mannes.

Er sprach zu mir und sagte mir, dass alles gut werden würde. Ich muss sagen, dass ich mich in diesem Moment so sicher wie noch nie gefühlt habe. Noch heute mit 38 Jahren kann ich dieses tiefe Gefühl von Sicherheit spüren. Ich wusste, es war Jesus.

Wunderschönes kleines Licht

VON KAREN NOE

Vor ein paar Jahren hatte ich ein sehr intensives Erlebnis. Ich saß auf meinem Bett, als sich ein wunderschönes Licht auf mich zubewegte. Zuerst hatte ich Angst, doch dann überkam mich ein Gefühl unglaublichen Friedens. Von dem Licht ging eine Stimme aus. Sie sprach zu mir. Sie sagte: »Luce, lucina. Bella luce, lucina.« Später erfuhr ich, dass das italienisch ist und bedeutet: »Licht, kleines Licht. Wunderschönes kleines Licht.« Seither ist mir klar, dass es der heilige Franziskus war, der gekommen war, um mich zu trösten.

In meinem Herzen weiß ich, dass er seitdem immer bei mir ist. Er arbeitet mit mir daran, den Frieden in dieser Welt zu fördern und die Liebe für alle Geschöpfe Gottes, wobei natürlich Tiere und Pflanzen mit eingeschlossen sind. Besonders Vögel und Schmetterlinge sind immer in meiner Nähe. Wenn ich meine Kinder durch die Stadt fahre, was nur eine Strecke von fünf Minuten ist, erscheinen Vögel und Schmetterlinge direkt vor meinem Auto und fliegen vor mir her. Ich weiß, dass es normal ist, dass Vögel herumfliegen, aber nicht direkt vor einem Auto.

Bei einer Fahrt durch die Stadt zählte mein jüngster Sohn einmal neun Vögel, die direkt vor meinem Auto herflogen, entweder rechts vor meiner Windschutzscheibe oder in Bodennähe. Einer der Vögel zwang mich Gott sei Dank, langsamer zu fahren, denn ich fuhr viel zu schnell. Als ich langsamer fuhr, bemerkte ich einen Polizisten am Ende der Straße. Ich kicherte und dankte im Stillen dem Vogel, dass er verhindert hatte, dass ich Strafe zahlen musste.

KAPITEL 8

TRÄUME VON VERSTORBENEN

Das Licht und die Rose

VON CHERYL ANNE

Im Februar 1991 starb meine Schwiegermutter nach langem Leiden an einer chronischen Lungenerkrankung. Sie starb einen langsamen und schmerzhaften Tod. Es war eine sehr schwere Zeit. Mein erstgeborener Sohn, ihr erstes Enkelkind, war erst vier Monate alt, als sie starb. Ich glaube, dass ihr Wunsch, ihn noch zu sehen, sie die letzten Monate am Leben erhielt.

Etwa eine Woche nach ihrem Tod hatte ich einen »Traum«, in dem ich irgendwie in den Altarraum der Kirche gebracht wurde, in der die Trauerfeier für meine Schwiegermutter stattgefunden hatte. Für kurze Zeit, vielleicht für eine Minute, war ich allein. Dann erschien sie. Sie war so schön. Sie war ganz sie selbst, stattlich und rund, aber mit leuchtendem Gesicht. Ich hatte sie noch nie so gesund und lebenssprühend gesehen.

Sie grüßte mich auf ihre überschwängliche Art und sagte: »Mach dir keine Sorgen, mir geht es gut. Ich bin nicht mehr krank, und das ist wundervoll!« Sie trug ein langes, fließendes, geblümtes Gewand. Sie sagte, sie trüge dieses Gewand, weil Gott sie in einem Garten untergebracht habe, der schöner sei, als sich irgendjemand vorstellen könne. Ich konnte die Blumen, die sie beschrieb, regelrecht riechen. Ich fühlte vollkommenen Frieden.

Das Nächste, an das ich mich erinnere, ist, dass ich von meinem Mann geweckt wurde. Wir saßen beide aufrecht im Bett und blickten uns erschrocken um. Der Flur vor unserem Schlafzimmer war von einem herrlichen Licht erfüllt, obwohl im ganzen Haus keine Lichter an waren und es schon weit nach Mitternacht war. Während das Licht langsam verblasste, drehte sich die Rose, die wir von der Trauerfeier mitgenommen hatten, in ihrer Vase herum.

Ich bin so froh, dass wir beide das erlebt haben, sonst würde ich wahrscheinlich denken, ich sei verrückt geworden!

Ich bin glücklich

VON PAMELA WOLFE

Mein Vater verließ diese Welt 1989, nachdem er viele Jahre lang unter Diabetes und schließlich Blindheit gelitten hatte und ihm beide Unterschenkel amputiert worden waren. Trotz dieser Probleme war er nie verbittert. Stattdessen war sein Leben für viele Leute ein Beispiel und lehrte uns, dass wir mit Gottes Hilfe alles überstehen können.

Während er erblindete, dachte er eines Tages, als er alleine war, daran, sich umzubringen. Als er mit dem Gewehr im Wohnzimmer stand, fühlte er eine Hand auf seinem Kopf. Diese Hand stieß ihn auf die Knie, und sein Kopf landete auf der Bibel, die auf dem Esstisch lag. Von diesem Tag an überließ er sich ganz Gott und gewann seinen Lebenswillen zurück. Nach seinem Tod erfuhren wir, dass er jedes Jahr zur Weihnachtszeit Menschen, die in Not waren, eine Bibel geschenkt hatte.

Ich glaube, er kam zu mir in einem sehr lebendigen »Traum«, um mir zu zeigen, dass er jetzt vollkommen gesund und glücklich ist. Ich träumte, dass ich mit meinem Auto fuhr und zu einem riesigen Backsteinbau kam, mein Auto parkte und in das Gebäude hineinging. Ich ging durch die Lobby und einen langen Flur entlang. Ich kam zu einem Zimmer, deren Tür ein Stück offen stand. Als ich eintrat, stand da mein Vater. Obwohl er 57 Jahre alt war, als er starb, sah er jetzt wie etwa 30 aus. Er lächelte, und reines weißes Licht strahlte von ihm aus. Ich kann nicht mehr unsere ganze Unterhaltung wiedergeben, aber ich erinnere mich, dass ich bemerkte, er sähe sehr glücklich aus, worauf er erwiderte: »Ich *bin* glücklich!«

Bis wir alle wieder zusammen sind

VON DEBBIE EYLER

Bis Mai 1999 glaubte ich nicht wirklich an Engel. Ich hatte meine Zweifel, nachdem ich mit acht Jahren erst meinen Vater und kurz darauf meinen Onkel und die Großeltern sowohl väterlicherseits als auch mütterlicherseits verloren hatte. Dann starb am 28. April 1998 meine Schwester (und beste Freundin) mit 38 Jahren. Sie war mein letzter Strohhalm gewesen. Ich verlor jeden Glauben und alle Hoffnung darauf, dass das Leben einen Sinn hatte.

Als wenn das nicht schon genug gewesen wäre, erhielt ich am 30. Mai 1999 einen Anruf, dass ein Rettungswagen gerade meine Mutter ins Krankenhaus brachte. Wir nahmen an, dass sie einen Schlaganfall hatte. Auf dem Weg in die Klinik schloss ich die Augen und hatte eine Vision von meiner Mutter, die zu Phil, dem Mann meiner verstorbenen Schwester Aileen, sprach. Ich konnte sie ganz klar und deutlich sehen. Sie sagte: »Phil, mach dir keine Sorgen, ich bin hier mit Aileen, und es ist alles in Ordnung.« Die Vision verschwand, und ich hatte keinen Zweifel daran, dass meine Mutter bereits gestorben war.

Ich glaube, es war ihre Art, mich wissen zu lassen, dass sie und meine Schwester zusammen sind und es ihnen gut geht. Es hat meinen Glauben ein wenig erneuert, und es tröstet mich zu wissen, dass sie alle hier um mich herum da sind, auch wenn ich auf dieser Erde inzwischen allein bin. Ich weiß, dass sie mich motivieren weiterzumachen, bis wir eines Tages alle wieder zusammen sind. Ich habe keine Angst mehr zu sterben. Ich denke, dass dieser Glaube mich auch offener dafür gemacht hat, meine Engel zu hören.

Am 26. Dezember 1999 starb ein lieber Freund namens Aaron. Er war erst 24 Jahre alt. Wir trafen uns gewöhnlich, damit unsere Söhne zusammen spielen konnten. Sein Sohn Luke ist 19 Monate alt und meiner 18 Monate. An seinem Todestag hatte ich eine Vision von ihm, noch bevor ich erfuhr, dass er gestorben war. Er bat mich, die Mutter seines Sohnes anzurufen, um ihr zu sagen, dass ich ihr helfen würde, auf Luke aufzupassen, wann immer sie jemanden brauchte. Ich glaube, damit versuchte Aaron für seinen Sohn zu sorgen, den er mehr als das Leben selbst liebte.

Niemals wirklich verlassen

VON CHUCK PEKALA

Am 1. Juni 1998 starb ganz plötzlich mein Vater. Mein Vater und ich standen uns auf unsere eigene Weise sehr nahe. Dad wurde in den 20er-Jahren geboren, und seine Familie war nicht unbedingt die Art von Familie, in der Gefühle offen gezeigt werden. Ich hatte ihn seit meiner Kindheit nicht mehr umarmt, und ich hatte ihn nicht mehr geküsst, seit er nach einer vierfachen Bypassoperation sechs Jahre zuvor aus der Klinik gekommen war. Trotzdem waren wir uns nahe, in einer Weise, die für Vater angenehm war, wenn auch nicht hundertprozentig erfüllend für mich. Und wir waren uns beide bewusst, wie sehr wir einander liebten.

Ich bemühe mich sehr, besondere Tage für Menschen in meinem Leben, die mir etwas bedeuten, nicht zu vergessen. Dazu zählte auch der Vatertag 1998. Wochen vor dem Tod meines Vaters hatte ich ihm dazu bereits eine Glückwunschkarte gekauft. Als die Zeit kam, ihm die letzte Ehre zu erweisen, hatte ich das Gefühl, es sei wichtig, ihm seine Karte in die Hand zu geben. Das tat ich dann auch.

Auf der Karte schrieb ich ganz persönliche Dinge an meinen Vater, die ich keinem anderen Menschen jemals mitgeteilt hatte. Doch ich musste ihm einfach einige Sachen ein letztes Mal sagen. Ich musste ihm sagen, dass ich ihn sehr liebte. Ich dankte ihm dafür, dass er immer bemüht gewesen war, mir ein so guter Vater wie möglich zu sein, und ich dankte ihm, dass er mich nie im Zweifel über seine Liebe zu mir gelassen hatte. Ich sagte ihm, ich sei froh, dass er einige Jahre mit meiner Mutter im Ruhestand verbringen konnte, etwas, um das ich Gott mein ganzes Leben lang gebetet hatte. Und ich sagte meinem Vater, dass ich immer sein kleiner Junge sein würde, auch wenn ich jetzt ein Mann war. Ich wusste, dass mein Vater stolz auf mich war und dass wir keine ungelösten Probleme hatten. Ich beendete meine Karte mit den Worten, dass ich am Vatertag an ihn denken würde und dass ich im Frieden sein würde mit dem Wissen, dass er bei Gott sei.

Zwei Wochen später, am Samstag vor dem Vatertag, ging ich abends mit dem Gedanken an meinen Vater ins Bett. Ich hatte einen wunderbaren Traum, in dem mein Vater ins Zimmer kam und ruhig stehen blieb. Er sah mich an und schien zunächst ein wenig verwirrt. Dann begann er langsam zu lächeln.

Ich fragte ihn: »Vater, ist alles in Ordnung? Was möchtest du mir sagen?«

Vater lächelte und schaute mir in die Augen. Er erwiderte: »Ich möchte, dass du weißt, dass es mir gut geht, Chuck. Mach dir keine Sorgen. Es ist wunderbar hier, und ich bin nie glücklicher gewesen.« (Mein Vater hatte nie ein leichtes Leben.)

Ich erwachte mit einem überwältigenden Gefühl von Geborgenheit und innerem Frieden. Mein Vater war unter Gottes Obhut. Die Welt stimmte wieder.

Ein weiterer Monat verging, als meine Mutter einen Traum von meinem Vater hatte. In ihrem Traum stand er vor ihr und hielt die Hand eines kleinen blonden Jungen. Meine Mutter sagte zu ihm: »Ich liebe dich und ich vermisse dich sehr, mein Lieber.« Vater lächelte zurück und sagte: »Ich weiß.« Meine Mutter schaute ihn wieder an und fragte dann: »Ich bin ein bisschen verwirrt. Wer ist der kleine Junge, der bei dir ist?« Mein Vater erwiderte: »Ich weiß nicht, Liebes, aber er fühlte sich verloren und sagte mir, er wolle nicht alleine sein. Deshalb nahm ich ihn mit, um ihm Gesellschaft zu leisten.«

Der Traum endete. Mein Vater hatte Kinder immer geliebt. Ich fand diesen Traum so typisch für ihn, und ich frage mich oft, wer dieses Kind war. Ich bete für beide. Ich hoffe, wer immer diesen Jungen verloren hat, hatte seinen eigenen Traum und weiß, dass es ihm gut geht.

Vielleicht wird es jemanden, der einen geliebten Menschen verloren hat, in irgendeiner Weise trösten, wenn er meine Worte liest. Im Übrigen stimmt für mich das Wort *verloren* in diesem Zusammenhang überhaupt nicht mehr, da ich fest daran glaube, dass mein Vater immer noch bei mir ist.

Wir sprachen beide mit Vater

VON LAURA H.

Vor 15 Jahren lag meine Großmutter im Sterben, als ich gerade schwanger mit meinem ersten Sohn war. Ich wollte wirklich gerne zu ihr gehen, weil sie meine einzige Verbindung zu meinem Vater war, der starb, als ich zwölf Jahre alt war. Die Ärzte sagten mir aber immer wieder, ich könne nicht reisen, da das Risiko einer Fehlgeburt bestehe.

Mein Mann und ich diskutierten häufig über das Problem, und ich wollte immer noch fahren. Doch dann bekam ich Blutungen und der Arzt verordnete mir strenge Bettruhe. In dieser Nacht hatte ich einen Traum: Ich saß mit meinem Vater an einem Küchentisch. Er sprach mit mir über das Telefon, und ich konnte ihn hören. Er sagte mir, dass es seine Zeit zu sterben gewesen sei, dass es ihm gut ginge, dass er mich liebe und dass es an der Zeit sei, an mein eigenes Leben zu denken und an meine Kinder und meinen Mann. Es war so real. Dann liefen wir durch einen dunklen Tunnel, und am Ende des Tunnels verschwand er in einem hellen Licht.

Ich wachte weinend auf, empfand aber großen Frieden. Ich rief meine Mutter an, um ihr den Traum zu erzählen, und sie fing auch zu weinen an. Sie sagte mir, dass meine jüngere Schwester sie ebenfalls gerade angerufen und ihr erzählt habe, dass sie von meinem Vater geträumt hatte. Am Ende des Traums seien sie ebenfalls durch einen dunklen Tunnel gelaufen.

Großmutter beruhigt mich

VON TYTTI VANHALA

Ich lebe in den Niederlanden. Als meine Großmutter starb, hatte ich starke Schuldgefühle, weil ich sie nie im Krankenhaus besucht hatte. Ich wollte einfach nicht dorthin gehen, vielleicht weil ich sie in Erinnerung behalten wollte, wie sie früher gewesen war und nicht als Schatten ihres früheren Selbst, der sie geworden war, seit sie krank wurde.

Großvater war sechs Monate zuvor gestorben. Wir dachten alle, dass Großmutter ihren Lebenssinn verloren hatte, als er starb. Ich hatte mehrere Albträume nach Großvaters Tod. Nach Großmutters Tod war ich ein bisschen nervös und hatte Angst, weil ich – wie auch mein Vater und meine beiden Tanten – die Gegenwart beider fühlen konnte. Ihre Präsenz verstärkte noch meine Schuldgefühle darüber, dass ich meine Großmutter nicht besucht hatte. Ich fragte mich, ob sie böse auf mich war.

Eines Nachts besuchte sie mich im Traum. Ich fuhr mit meinem Freund Fahrrad, und ich konnte meine Großeltern sehen, die auf uns zuradelten, dann aber vor uns umdrehten.

Ich konnte meinen Großvater sehen. Er war still und sah grimmig aus, genau so, wie er oft war, als er noch lebte. Großmutter radelte beinahe unbemerkt an mir vorbei.

Da radelte ich hinter ihr her und bat sie inständig: »Großmama, bitte quäle mich nicht.« Sie drehte sich um, um mich anzusehen. Ich stellte fest, dass sie noch genauso wie zu ihren Lebzeiten aussah. Sie lächelte, als sie antwortete: »Warum sollte ich dich quälen?« In diesem Augenblick wachte ich mit einem Lächeln und einem Gefühl der Wärme in mir auf. Der Traum war sehr real gewesen, und ich erkannte, dass dies ihr Weg war, mich wissen zu lassen, dass alles in Ordnung war und dass sie mir nicht böse war, dass ich sie nicht im Krankenhaus besucht hatte. Vielleicht wäre es für mich zu jener Zeit zu viel gewesen, wenn sie mir tatsächlich erschienen wäre. Ich erzählte meinem Vater von dem Traum. Erst dann eröffnete er mir, dass er sie ständig sah. Seit diesem Traum hat sie mich dann und wann auch in anderen Träumen besucht.

Großmutters rote Rose

VON SUSAN E. WATTERS

Es war 1972, das Jahr, in dem ich mein Abitur machte. Meine Großmutter mütterlicherseits war seit einiger Zeit krank. Sie lebte in einem anderen Bundesstaat und wollte mich schon seit einer Weile sehen. Wir hatten nicht so viel Geld, und selbst meine Mutter konnte sich die weite Fahrt nicht leisten, um sie zu besuchen. Meine Tante, die bei ihr lebte und sich um sie kümmerte, sagte, sie frage die ganze Zeit nach mir und ob ich sie besuchen würde. Meine Mutter hatte zwei Jobs. Sie arbeitete gerade in ihrem Nachtjob, als ich eines Abends mit Butch, meinem damaligen Freund, nach Hause kam.

Wir saßen zusammen auf dem Sofa, als mich ein sehr merkwürdiges Gefühl überfiel. Ich sagte zu ihm, meine

Großmutter sei gerade gestorben. Er lachte und sagte, ich sei verrückt. In dem Moment klingelte das Telefon. Ich sagte Butch, dass ich mich fürchtete abzuheben, weil ich genau wusste, dass es mein Onkel ist, der uns mitteilen will, dass meine Großmutter gestorben ist. Wieder lachte Butch. Ich ging ans Telefon, und tatsächlich, es war mein Onkel, der mir sagte, dass meine Großmutter gestorben war. Ich rief meine Mutter bei ihrer Arbeit an, und sie kam nach Hause. Meine Mutter fuhr zur Beerdigung, doch als sie zurückkam, erzählte sie nichts darüber.

In der Nacht nach der Rückkehr meiner Mutter träumte ich, dass meine Großmutter durch die Tür in mein Zimmer trat. Mein erster Gedanke war: »Wie ist das möglich? Sie ist doch tot.« Sie kam weiter auf mich zu, und ich bekam Angst. Ich sagte mir zwar, ich brauchte mich nicht zu fürchten, denn es war ja nur meine Großmutter, doch gleichzeitig dachte ich: »Sie ist aber doch tot!«

Sie sah jünger aus, als ich sie je gesehen hatte. Sie trug ein marineblaues Kleid mit weißen Punkten, und sie lächelte. Ich setzte mich auf den Rand des Bettes, und sie setzte sich neben mich. Es war, als würden wir uns unterhalten, aber nicht mit Worten, sondern über den Geist. Sie wusste, dass ich mich fürchtete, und sagte mir, dass alles in Ordnung sei. Großmutter hatte eine rote Rose in der Hand, die sie mir geben wollte, doch ich hatte Angst, sie zu nehmen. Wieder sagte sie mir (telepathisch, wie es schien), dass alles in Ordnung sei. Ich nahm die Rose, sie lächelte, und ich wachte auf. Ich glaube, sie kam mich besuchen, weil sie mich unbedingt noch einmal hatte sehen wollen. Ich erwachte mit einem Schrei, und meine Mutter kam zu mir ins Zimmer.

Ich erzählte ihr von meinem Traum, und sie sagte, das sei unheimlich, und ging weinend hinaus. Schließlich kam sie zurück in mein Zimmer und erzählte mir, dass meine Großmutter bei ihrem Tod tatsächlich viel jünger ausgesehen hatte, dass sie genau in diesem Kleid beerdigt worden war und dass sie (meine Mutter) ihr eine rote Rose in die Hände gelegt habe, bevor der Sarg geschlossen wurde.

Ja, ich glaube an die geistige Welt, die jenseits des »Lebens« existiert. Daran besteht für mich überhaupt kein Zweifel.

An einem besseren Ort

VON KIM CARROLL

Mein Großvater starb vor einigen Jahren in dem Krankenhaus, in dem ich arbeitete. Als ich eines Tages eine Blaulichtsirene hörte, als ich bei der Arbeit war, wusste ich sofort, dass dies bedeutete, dass mein Großvater gestorben war. Noch Wochen danach war ich traurig darüber, dass ich in seiner letzten Stunde nicht bei ihm war.

Eines Nachts sah ich sein Spiegelbild in einem Bild in meinem Schlafzimmer. Er lächelte, winkte und sagte mir, dass alles in Ordnung sei. Eine Woche danach hatte ich einen Traum, dass ich meinen Kanarienvogel nicht finden konnte. Im Traum rannte ich durchs Treppenhaus. Auf der Treppe traf ich meinen Großvater, der mir sagte, alles sei in Ordnung und ich solle mir keine Sorgen machen.

Ich liebte meinen Großvater sehr. Er hatte meiner Familie immer gesagt, sie sollten sich um ihn keine Sorgen machen, er sei darauf vorbereitet zu sterben, und danach wäre er an einem besseren Ort. Ich glaube, er wollte mir bestätigen, dass er im Himmel ist und dass ich den Tod nicht fürchten muss.

Rettung durch einen Traum

VON APRIL ZEIGLER

Vor etwa 16 Jahren lebte ich in Phoenix in Arizona. Ich bewohnte ein Apartment zusammen mit meinem einjährigen Sohn. Mein Mann und ich waren beide bei der Air Force. Er war zu der Zeit gerade in Korea stationiert, und in der Zeit, als mein Mann nicht da war, lebte ich als eine junge, allein erziehende Mutter.

Mein Wohnkomplex war ein typisches zweigeschossiges Gebäude. Die Haustüren der Apartments gingen auf einen zentralen Innenhof mit Swimmingpool. Mein Apartment befand sich im zweiten Stock als Letztes am Ende des Flurs, in der Nähe eines Treppenaufgangs, der von Bäumen und Kletterpflanzen überwachsen war.

Als junger Mensch hatte ich die Tendenz, mich leichtsinnig und nachlässig zu verhalten. Ich ließ die Wohnungstür oft unverschlossen und vergaß sogar nachts, sie abzuschließen, wenn ich ins Bett ging.

Es war an einem Freitagabend. Ich war völlig erledigt von der Arbeit und der Versorgung meines Sohnes Heath ins Bett gegangen. In dieser Nacht hatte ich einen äußerst merkwürdigen Traum. Es handelte sich nicht um so unzusammenhängende, verrückte Bilder, wie man sie manchmal hat, sondern es war mehr wie ein Film. In meinem Traum saß ich im Wohnzimmer. Mein Sofa zeigte zu der Wand, wo sich die Haustür befand, und rechts davon stand der Fernseher. Im Traum, daran erinnere ich mich ganz genau, sah ich auf die Uhr an der Wand über dem Fernsehgerät. Es war ein Uhr morgens. Ich erinnere mich an die Beleuchtung im Raum, ein sehr sanftes gelbes Licht. Mein Sohn schlief fest in seiner Wiege im Nebenraum. Plötzlich flog die Tür auf! Ich sprang auf, um fortzulaufen, aber ein Fremder rannte auf mich zu und feuerte einen Schuss ab, der mich in den Bauch traf. Ich fiel auf den Boden.

Ich hörte, wie er zum Zimmer meines Sohnes lief. Er ballerte herum und weckte dadurch meinen Sohn auf, der zu schreien anfing. Dann fiel ein weiterer Schuss, und mein Kind schrie nicht mehr. Ich brachte es irgendwie fertig, beinahe wieder auf die Füße zu kommen, um meinem Sohn zu helfen. Doch bevor ich stand, kam der Fremde zurück ins Wohnzimmer, setzte mir sein Gewehr an den Kopf und schoss.

Ich wachte voller Entsetzen aus diesem Traum auf. Schließlich schlief ich wieder ein. Am nächsten Tag war der Traum aus meinen Gedanken verschwunden, und mein Sohn und ich verbrachten den Samstag mit unserer üblichen Routine. Später am Abend brachte ich meinen Sohn ins Bett und machte es mir anschließend bequem. Ich saß auf dem Sofa und schaute Fernsehen. Nur ein kleines Licht brannte. Plötzlich hatte ich das Gefühl, als ob ich das alles schon einmal erlebt hätte: das Licht, die Art, wie ich saß – es kam mir alles so bekannt vor, aber ohne dass ich wusste, woher. In diesem Augenblick schaute ich auf die Uhr, und es war fast ein Uhr morgens, vielleicht eine Minute vor ein Uhr, genauso wie in meinem Traum in der Nacht davor.

Unbewusst muss ich mich an den Traum erinnert haben, denn ich stand auf, ging zur Tür und schloss sie ab. Ich hatte mich noch nicht einmal ganz umgedreht, um zum Sofa zurückzugehen, als der Türknauf gedreht wurde, als versuchte jemand, die Tür zu öffnen. Ich legte sofort die Kette vor und lugte durch das Guckloch. Das Außenlicht schien nicht zu brennen. Alles, was ich sehen konnte, war ein Mann, der sich an die Tür gelehnt hatte, als versuche er, sie mit dem Gewicht seines Körpers aufzudrücken.

Ich fragte ihn laut: »Was wollen Sie?« Er erwiderte: »Ich sehe nach, ob Sie die Zeitung bekommen haben.« Ich erwiderte: »Ich bekomme keine Zeitung.« Er sagte: »Ja, ich weiß. Mein Sohn trägt die Zeitung aus, und ich muss nachsehen, ob Sie Ihre bekommen haben. Kann ich reinkommen?« Ich trat ein Stück zurück und überlegte einen Augenblick lang. Dann erinnerte ich mich an das Gewehr meines Mannes. Ich rief dem Mann zu: »Ja, nur eine Minute.« Ich lief zum Schrank, holte das Gewehr, ein Repetiergewehr, richtete den Lauf auf die Tür, entsicherte (was ein unglaublich lautes Geräusch macht!) und sagte: »Alles klar. Sie können reinkommen!« Ich bemerkte, dass der Mann schnell über den Gang des zweiten Stocks rannte, denn ich hörte das laute Trappeln seiner Schuhe.

Ich wagte es nicht, meine Tür zu öffnen. Ich rief die Polizei an, und sie kamen zu meinem Apartment. Ich hatte so viel Angst, dass ich sie beinahe nicht hereinließ. Erst als ich durch die Vorhänge hinausschaute und sicher war, dass ein Polizeibeamter gekommen war, öffnete ich die Tür. Als ich hinauskam und dem Polizisten erklärte, was passiert war, sah er mich an, als hätte ich soeben im Lotto gewonnen. Er sagte: »Sie ahnen gar nicht, was für ein Glück Sie hatten.« Er erklärte dann, dass ein Mann bereits mehrfach in Apartments allein lebender Frauen eingedrungen sei, sie vergewaltigt, ausgeraubt und dann getötet habe. Meine Aussage, wie er versucht hatte, sich Zugang zu meiner Wohnung zu verschaffen, stimmte mit der einer anderen Überfallenen überein. Sie war von ihm angeschossen worden, hatte aber überlebt.

In diesem Augenblick realisierte ich, dass ich in meinem Traum in der Nacht zuvor alles gesehen hatte, was mir geschah – nur dass ich diesmal eine Sekunde vorher etwas anderes getan hatte als in meinem Traum: Ich stand auf und schloss die Tür ab. Ich erzählte dies dem Polizisten, und er meinte: »Sie müssen einen guten Schutzengel haben!«

Ich glaube, dass meine verstorbene Mutter für diesen Traum verantwortlich war und mir dadurch eine sehr klare Warnung zukommen ließ.

(*Anmerkung der Autorin*: Manchmal wissen wir, dass uns nahe stehende Verstorbene für einen Traum verantwortlich sind, auch wenn wir sie in unseren Träumen nicht sehen können.)

Alles ist vergeben

VON JACKI WHITFORD

Mein Vater starb im Januar 1981 im Alter von 56 Jahren an den Folgen seiner Alkoholsucht. Wir waren am Wochenende bei ihm geblieben, doch an dem Tag, als er starb, sagte er uns, wir sollten alle zur Arbeit gehen. Es war ein Montag, und er wollte nicht, dass wir wegen ihm die Arbeit versäumten. Ich rief an diesem Tag oft an, bis etwa 20 Uhr abends. Er starb um 22 Uhr. Ich war verzweifelt, dass ich keine Gelegenheit mehr gehabt hatte, mich von ihm zu verabschieden und ihm ein letztes Mal »Ich liebe dich« zu sagen.

Zehn Jahre später träumte ich, dass ich auf der Straße vor meinem Elternhaus in der Nähe des Briefkastens stand. Ich drehte mich um, blickte in den nächtlichen Nebel und wartete, wer da auf mich zukam. Es war mein Vater, der wie ein gesunder Dreißigjähriger wirkte.

Er sagte nichts, sondern nahm mich nur in die Arme und hielt mich fest. Ich empfand ein plötzliches Gefühl großer Freude. Jeder Streit, den wir je hatten, jeder negative Gedanke, jedes negative Gefühl, jedes Trauma, das es je zwischen uns gegeben hatte, löste sich in reine Liebe auf. Ich hörte jemanden weinen und realisierte, dass ich mit einem Ruck aufgewacht war. Ich hatte das Gefühl, als sei ich in meinen Körper zurückgestoßen worden. Von da an hatte ich keine offenen Probleme mehr mit meinem Vater. Alles war bereinigt. Ich hatte auch ein Gefühl dafür bekommen, wie es im Himmel sein muss: reine Freude, reine Liebe, pures Entzücken.

Botschaften kommen zu denen, die offen sind

VON JUDITH MITCHELL

Meine sechsjährige Tochter Erin kam eines Morgens zu mir und sagte: »Letzte Nacht habe ich von Oma geträumt.« Traurigkeit kam über mich. Ihre Großmutter – meine Mutter – war erst vor drei Monaten plötzlich und unerwartet gestorben. Ich muss zugeben, dass keiner von uns Erwachsenen in der Familie mit seinem Kummer gut zurechtkam. Ich hatte gehofft, selbst von meiner Mutter zu träumen, um sie noch einmal zu sehen oder ihre Stimme zu hören.

Ich fragte Erin, was für einen Traum sie hatte. Sie erzählte mir, dass sie im Traum bei einer Freundin auf dem Trampolin sprang, als meine Mutter erschien. Sie war ganz in Licht getaucht und so hell, dass man sie kaum direkt ansehen konnte. Sie hatte außerdem Engelsflügel und einen roten Heiligenschein. Lichtstrahlen gingen von ihr aus und umgaben sie. Sie sagte: »Hallo, Erin! Wie geht es dir? Mir geht es gut. Warum benehmen sich alle so albern, weil ich gegangen bin?«

Erin rief nach ihrer Freundin und deren Mutter, sie sollten kommen und ihre Oma begrüßen. Doch als sie nach draußen zum Trampolin kamen, konnten sie sie nicht sehen. Nur Erin konnte sie sehen. Erin fragte: »Warum kann dich niemand anderer sehen? Warum kommst du zu mir und nicht zu den anderen?« Ihre Großmutter antwortete: »Weil du die Einzige bist, die stark genug ist, mich jetzt schon zu sehen. Für die anderen ist es noch zu schmerzhaft.« Und dann verschwand sie.

Meine Tochter hatte drei Träume von dieser Art, in denen ihre Großmutter ihr Botschaften übermittelte. Sie hatte Recht – wir waren alle zu angeschlagen. Hätten wir eine Botschaft von ihr so kurz nach ihrem Tod ertragen können? Wahrscheinlich nicht. Das war vor sechs Jahren, und seitdem haben wir viele Besuche, Träume und verschiedene Formen von Hilfe von meiner Mutter erlebt. Doch nur meine sechsjährige Tochter war stark genug gewesen, sie zu sehen, ihr zuzuhören und daran zu glauben, als wir Erwachsenen noch zu sehr mit unserem Kummer beschäftigt waren. Meine Mutter übermittelte ihre Botschaft an Erin, damit wir wissen, dass sie immer für uns da ist. Wir sind ihr dafür alle sehr dankbar.

Eine Last wurde von meinen Schultern genommen

VON THERESA TOUCHETTE

Meine Mutter starb vor einem Jahr nach langem Leiden an Brustkrebs. Sie war erst 52 Jahre alt. Sechs Monate nach ihrem Tod dachte ich viel an meine Mutter und fragte mich, ob es ihr wohl gut ging.

Kurz darauf träumte ich, meine Mutter liege in einem wunderschönen weißen Kleid im Bett. Sie befand sich in einem einfachen, aber sehr schönen Zimmer. Ich betrachtete sie im Schlaf, als sie sich plötzlich im Bett aufsetzte. Meine Mutter wirkte sehr attraktiv, und ihre Frisur und ihr Make-up waren so, wie sie sich immer zurechtgemacht hatte. Sie sagte zu mir: »Mir geht es gut. Sage allen, dass es mir gut geht.« Als ich am nächsten Morgen aufwachte, konnte ich mich an jedes Detail meines Traumes genau erinnern. Ich hatte das Gefühl, als sei mir eine Last von den Schultern genommen worden, denn jetzt war ich wirklich überzeugt davon, dass es ihr gut ging. Jedes Mal, wenn ich diese Geschichte erzähle, bekomme ich eine Gänsehaut.

Warme, liebevolle Energie

VON LAURA RIFFEL

Ich war über eine ziemlich lange Zeit eng mit einer Frau befreundet gewesen. Eines Tages passte meine Tochter als Babysitter auf ihre Kinder auf und hatte einige Probleme mit einem ihrer Söhne. Ich war gerade zufällig in der Nähe. Deshalb schaute ich dort vorbei, um hallo zu sagen. Weil ich gerade da war, sprach ich mit dem Jungen, der sich schlecht benommen hatte. Später, als meine Freundin hörte, dass ich mit ihrem Sohn über sein Benehmen gesprochen hatte, wurde sie sehr ärgerlich. Sie dachte, meine Tochter hätte mich extra gerufen, um mit ihm zu sprechen. Darauf schrie sie meine Tochter an, was dazu führte, dass sie und ich in Streit gerieten. Danach sprachen wir nicht mehr miteinander.

Etwa vor einem Monat starb meine Freundin ganz plötzlich im Alter von 29 Jahren. Ich fühlte mich grauenvoll wegen unseres ungelösten Streits. Ich grämte mich oft darüber. Etwa zwei Wochen nach ihrem Tod hatte ich eine sehr lebendige Traumbegegnung mit meiner Freundin.

In diesem Traum sprachen wir von Angesicht zu Angesicht

an einem sehr sonnigen und schönen Ort. Wir sprachen über unseren Streit und waren uns einig, dass er sehr dumm war und dass wir beide nur unsere Kinder schützen wollten. Sie sagte, es sei nicht weiter schlimm, alles sei in Ordnung und ich solle die Sache vergessen, denn sie sei nicht böse, und ich sollte es auch nicht sein. Dann kicherte sie leise, und ich fühlte flatternde Flügel über meinen Rücken streichen und sah ein glänzendes Licht.

In diesem Augenblick wachte ich von der Hitze im Raum auf. Mein Mann erwachte in genau demselben Moment. Wir sahen auf dem Thermostat nach, doch er war heruntergedreht. Ich denke, die Hitze kam von der extremen Energie meines engelhaften Besuchs. Ich glaube fest, dass meine Freundin mir erschien, um mir den Kummer über unseren Streit zu nehmen.

Sie berührte uns

VON JENNIFER ALDRICH

Meine Mutter starb vor ungefähr drei Jahren. Sie glaubte fest an Engel. Ich begann erst an sie zu glauben, als meine Mutter an Krebs erkrankte und starb. Einige Monate nach ihrem Tod hatte ich Träume, in denen sie erschien, und meine Schwester hatte immer innerhalb weniger Tage einen ähnlichen Traum, entweder vor oder nach mir.

Ein Traum berührte meinen Mann und mich besonders stark. Ich hatte diesen Traum, kurz nachdem wir unser erstes Haus gekauft hatten und eingezogen waren. In diesem Traum legten wir uns ins Bett. Gegenüber von unserem Bett stand ein Klavier. Ich war gerade eingeschlafen, da wurde ich von Klaviermusik und einem weißen, trüben Licht geweckt.

Das Licht »stand auf« und kam übers Bett. Ich sah das Gesicht meiner Mutter. Sie lächelte mich strahlend an. Dann streckte sie ihre Hand aus und berührte meine Hand und die meines Mannes. Ich wachte direkt im Anschluss daran auf. Ich hatte ihre Berührung tatsächlich gefühlt und weinte. Als ich meinem Mann den Traum erzählte, sagte er, dass er auch gespürt hatte, dass meine Mutter seine Hand berührte.

Seitdem ist sie nicht wieder gekommen. Ich vermisse sie sehr. Doch ich weiß, sie ist im Himmel, dort, wo sie immer sein wollte.

Es gibt keinen Abschied

VON JAMEE HARRISON

Mein Mann starb am 30. Juni 1999. Unmittelbar in der Nacht darauf hatte ich einen sehr lebhaften Traum von ihm, ganz anders als alle anderen Träume, die ich bisher gehabt hatte. Der Traum war sehr real und zeigte meinen Mann bis in alle Einzelheiten so, wie er gewesen war, als er noch gelebt hatte.

Im Traum trug er seine normale Kleidung und lag auf einer Bahre im Leichenschauhaus. Ich ging zu ihm und sprach zu ihm und hoffte, dass er jedes Wort hören konnte, das ich sagte. Ich versicherte ihm, wie sehr ich ihn liebte und wie sehr meine zwei kleinen Töchter und ich ihn vermissen würden. Ich beugte mich über seinen Oberkörper, streichelte sein Gesicht, gab ihm einen Kuss und sagte ihm auf Wiedersehen. In diesem Augenblick öffnete er die Augen und setzte sich auf der Bahre auf.

In Panik begann ich mich rückwärts von ihm zu entfernen. Ich schaute zum Leichenbestatter und zu meiner Schwägerin hin und fragte sie: »Was ist hier los?« Der Leichenbestatter sagte, es sei alles in Ordnung, mein Mann sei ja tot. Ich erwiderte: »Wie kann er tot sein? Er hat seine Augen geöffnet und sich auf dem Tisch aufgesetzt!«

Patrick, mein Mann, stand auf und lief mit offenen Armen auf mich zu und sagte, ich solle zu ihm kommen. Ich hatte solche Angst, dass ich weiter rückwärts ging, bis ich gegen die Mauer lief. Patrick erreichte mich und legte seine Arme um mich, hielt mich umfasst und sagte dann: »Was meinst du mit ›Auf Wiedersehen‹? Es gibt keinen Abschied. Ich werde immer bei dir sein, in deinem Herzen, in deiner Seele und in deinem Geist.«

In diesem Moment wachte ich in Tränen aufgelöst auf und konnte nicht wieder einschlafen.

Einige Tage später, an dem Tag, als die Trauerfeier meines Mannes stattfand, lag ich wach, aber mit geschlossenen Augen in meinem Bett. Ich hörte leise Schritte, die sich mir näherten. Dann hörte ich das Rascheln meiner Bettdecke, als ob sich jemand auf den Rand meines Bettes gesetzt hätte. Ich dachte, es ist meine Großmutter, die mich weckt, und öffnete die Augen. Doch da war niemand. Ich fühlte, dass Patrick mir sehr nahe war, und ich sehne mich seitdem nach diesem Gefühl.

Zwei Monate später hatte ich einen weiteren sehr realen Traum von meinem Mann, mit genau der gleichen Botschaft wie im ersten Traum, nur, dass ich dieses Mal am Flughafen im Waschraum war und mir die Hände wusch. Ich spürte, dass mich jemand beobachtete, und als ich mich umdrehte, stand da mein Ehemann. Ich rieb mir die Augen, um sicher zu sein, dass ich keine Halluzinationen hatte. Er sagte: »Ich bin wirklich hier, du bildest es dir nicht einfach nur ein. Ich bin so real für dich wie in der Zeit, als ich in meinem Körper war. Ich werde immer bei dir sein.«

Seitdem hatte ich keine weiteren Träume mehr von ihm. Doch ich hoffe, ich werde bald wieder von ihm träumen, damit ich weiß, dass er noch immer bei mir ist.

Alles wird gut

VON KIMBERLY MILLER

Nach dem Tod meiner Großmutter mussten mein Vater und ich ihre Wohnung auflösen, die so viele Erinnerungen enthielt, dass die Trauer über ihren Verlust immer wieder in uns hochkam. Eines Abends ging ich erschöpft nach Hause, nachdem wir in ihrer Wohnung Dinge gesichtet und aussortiert hatten – erschöpft nicht nur vom Ausräumen, sondern auch von den damit verbundenen Emotionen. Vorm Schlafengehen betete ich zu Gott und bat ihn, mir zu helfen zu akzeptieren, dass meine Großmutter jetzt an einem besseren Ort war. In dieser Nacht hatte ich den realistischsten Traum meines Lebens.

In diesem Traum war ich zusammen mit meinem Vater in der Wohnung meiner Großmutter. Wir räumten auf und packten Sachen ein. Plötzlich kam sie aus der Tür ihres Schlafzimmers und setzte sich an den Küchentisch. Ich sah sie an und sagte: »Du solltest eigentlich nicht hier sein. Du bist tot.« Ihre Antwort lautete: »Ich weiß, aber ich wollte euch nur sagen, dass alles gut wird und dass ich immer in der Nähe sein werde.« Nachdem sie das gesagt hatte, ging sie zurück in ihr Schlafzimmer.

Ich erwachte aus diesem Traum zunächst mit einem Gefühl starker Frustration, erkannte aber bald, dass meine Großmutter zu mir gekommen war, um mir mitzuteilen, dass es ihr gut geht, damit ich mit meinem Leben weitermachen konnte.

Er hielt meine Schwester fest

VON TERESA

Meine Schwester wurde am 1. Dezember 1999 von einem Auto angefahren. Sie wurde von hinten erfasst und flog auf die Kühlerhaube des Autos, bevor sie auf den Boden knallte. Nach einer ausgiebigen Untersuchung teilte der Arzt uns mit, dass sie körperlich unversehrt geblieben war, aber eine schwere Hirnverletzung erlitten hatte. Sie schwebte in Lebensgefahr, und der Arzt war nicht in der Lage, irgendeine Prognose abzugeben, wie die Sache ausgehen würde oder welche Folgen die Verletzung haben könnte. Er sagte nur, diese Art von Verletzung sei gewöhnlich tödlich.

Jeder, den wir kannten, begann daraufhin zu beten, dass sie wieder gesund würde, was ihr, wie ich fest glaube, half, die Verletzung zu überleben. Schon am nächsten Tag musste sie nicht mehr künstlich beatmet werden, und sie konnte jeden von uns erkennen und zu uns sprechen. Sie blieb eine Woche im Krankenhaus und kam dann in eine Rehaklinik, um eine Therapie für die geringen zurückgebliebenen Schäden (linksseitige Schwäche und Konzentrationsschwierigkeiten) zu erhalten. Am 30. Dezember 1999 wurde sie aus der Rehaklinik entlassen, drei Wochen früher als ursprünglich geplant.

Abgesehen von der Tatsache, dass die Gebete ihr beim Heilungsprozess halfen, war hier noch ein weiteres Wunder geschehen. Am Wochenende vor dem Unfall erzählte mir meine Schwester von einem Traum über unseren Bruder, der im Dezember 1998 gestorben war. Sie sagte, der Traum habe sie erschreckt und sie sei deshalb weinend erwacht. In diesem Traum befand sich mein Bruder in einem Flugzeug, was merkwürdig war, weil er nie geflogen war. Er hielt einen Säugling in den Armen.

Plötzlich stürzte das Flugzeug ab. Während des Absturzes hielt mein Bruder das Baby eng an sich gepresst. Am Ende starben alle im Flugzeug bis auf meinen Bruder und das Baby. Zu der Zeit verstanden wir nicht, was das bedeutete. Ich glaube aber, wir wissen es jetzt. Meine Schwester ist zwölf Jahre jünger als mein Bruder (er war 40 Jahre alt, als er starb). Sie ist das Baby der Familie, und für ihn war sie immer noch seine Baby-Schwester. Ich glaube ganz fest, dass mein Bruder an dem Tag, als meine Schwester von dem Auto erfasst wurde, ihr Schutzengel war und dass er sie vor so viel körperlichem Schaden wie möglich bewahrte, indem er sie in seinen Armen hielt.

Ich habe immer daran geglaubt, dass wir alle Schutzengel haben, die uns beschützen. Und ich finde, dass meine Schwester der Beweis dafür ist, dass sie tatsächlich existieren.

Eine Botschaft aus der anderen Welt

VON CHRISTINE LAMBERTH

Mein Mann und ich machten gerade eine schwierige Zeit in unserer Beziehung durch. In dieser besonderen Nacht hatte ich wie nie zuvor um Hilfe gebetet. Als ich eingeschlafen war, träumte ich, dass ich mich mit einem Mann im Taucheranzug am Strand befand. Ich wollte mit ihm sprechen, aber da war ein Zaun, der uns trennte. Ich gab ihm zu verstehen, dass ich hinüberkommen wollte, aber nicht wüsste, wie. Er sagte, alles, was ich zu tun hätte, wäre, den Gedanken festzuhalten und zu vertrauen. Also tat ich das und wurde schließlich auf die andere Seite gehoben. Als ich vor ihm stand, wollte ich ihm erklären, wer ich war. Er hörte mir geduldig zu, ehe er mir sagte, er wisse, wer ich sei, und dass ich ein Kind erwartete.

Während ich noch auf der anderen Seite des Zauns war, bat ich ihn um Hilfe für meinen Mann. Er sagte mir jedoch, er könne sich nicht einmischen. Er sagte, dass mein Mann Lernprozesse durchmache und auf seinem eigenen Weg sei. Bei dieser letzten Aussage wachte ich auf und erzählte meinem Mann den Traum. Er sagte mir, dass sein Vater vor 15 Jahren gestorben war, als er mit ihm im Meer tauchte.

Es war genau so, wie der Vater meines Mannes es mir im Traum gesagt hatte – ich war wirklich schwanger zu der Zeit. Ich bekam einen kleinen Jungen, den wir Christopher nannten. Dieser Traum hat mir den Glauben an Schutzengel gegeben.

Mir geht es jetzt so viel besser

VON ELIZABETH MORTON

Vor etwa drei Jahren diagnostizierte man bei meiner Freundin Marcia, mit der ich im Kirchenchor sang, eine tödliche Krankheit. Man gab ihr nur noch ein paar Monate zu leben.

Ich war darüber sehr verzweifelt, denn Marcia war eine so wunderbare Person. Es war die reine Freude, mit ihr zusammen zu sein. Als sie kränker wurde, besuchte ich sie nicht mehr zusammen mit den anderen Mitgliedern unserer Kirche. Ich glaube, ich hatte Angst, sie so krank zu sehen.

Als ich die Nachricht erhielt, dass Marcia gestorben war, war ich extrem aufgewühlt, besonders, weil ich sie nicht besucht hatte. Ich konnte auch nicht zu ihrer Beerdigung gehen, weil ich zu der Zeit an einem College in einem anderen Bundesstaat studierte. Einige Tage nach ihrer Beerdigung hatte ich einen wunderschönen Traum. Ich sang in der Kirche. Marcia kam zu mir, umarmte mich und sagte: »Bitte mach dir keine Gedanken mehr über mich. Mir geht es jetzt so viel besser.« Dann wachte ich auf.

Ich glaube wirklich, dass sie gekommen war, um mich zu beruhigen und mir zu sagen, dass ich mir um sie keine Gedanken mehr zu machen brauchte und dass ich mich nicht schuldig fühlen musste, sie nicht besucht zu haben. Der Traum war so real und so schön, dass ich kaum glauben kann, dass sie nicht wirklich da war.

Einen helleren Ort aus der Welt machen

VON LEE LAHOUD

Es war im November 1987. Es war ein fürchterliches Jahr für mich gewesen. Ich ging durch eine wirklich hässliche Scheidung, meine Mutter starb an einem Gehirntumor, und ich hatte überdies noch richtig ernsthafte Probleme mit ihrem derzeitigen Ehemann.

Ich war auf dem Weg, meine Mutter zu besuchen. Ich wusste, es war vermutlich einer der letzten Besuche. Manchmal erkannte sie mich noch, manchmal nicht. Mein Freund fuhr mich, weil ich den Gedanken nicht ertragen konnte, alleine dorthin zu gehen. Es war kalt, grau, ein regnerischer Tag und mir war einfach elend zumute. Doch plötzlich schienen alle Farben heller zu werden, und ein sehr glücklicher Mann tauchte in meinem Kopf auf. Ich kann es nicht anders beschreiben. Er war einfach in meinem Kopf, und die ganze Welt schien glücklich und viel heller zu sein.

Er sagte mir, sein Name sei Daniel, und er wolle mir nur schnell hallo sagen und dass bessere Tage kommen würden und dass es mir wieder gut gehen würde. Dann war er fort. Das geschah alles plötzlich und sehr schnell. Ich hatte keine Ahnung, wer er war oder was gerade geschehen war, aber es schien, als wenn die Farben immer noch heller wären, so, als ob jemand alles mit einem Fensterreiniger geputzt hätte. Ich fühlte mich so viel besser. Wer immer Daniel war, er hat mir Hoffnung gegeben, als ich sie am dringendsten brauchte und nicht in mir finden konnte.

Zwei Jahre später traf ich bei einer Halloweenparty einen Mann namens Russ. Bei unserem ersten Gespräch, keine zehn Minuten nachdem wir uns begegnet waren, erzählte er mir von seinem besten Freund, einem sehr spirituellen Menschen, der versucht hatte, ein vollkommen intuitives Leben zu führen, und im Mai 1987 gestorben war. Sein Name war Daniel. Als ich seine Fotografie sah, wusste ich ohne Zweifel, dass dies der Daniel gewesen war, der mir an einem kalten, regnerischen Novembertag im Jahr 1987 Hoffnung gegeben hatte.

Russ ist heute mein Ehemann.

KAPITEL 9

ENGEL IN TRÄUMEN UND MEDITATIONEN

Der große blaue Engel des Friedens und der Heilung

VON H. TITUS

Seit dem Tod meiner geliebten Großmutter sind inzwischen fast sieben Jahre vergangen. Ich bin bei ihr aufgewachsen. Sie war meine zweite Mutter. Ich erinnere mich an so manche Tage, an denen ich über die Felder zu ihrem Haus lief, nur um ihr beim Kuchenbacken zuzuschauen oder mit ihr in dem kleinen Schwarzweißfernseher, der auf einem Tischchen stand, irgendwelche Rateshows anzuschauen.

Ich ging immer unter dem Vorwand zum Haus meiner Großmutter, ich wolle bei ihr den Dollar abstauben, den sie mir gewöhnlich gab. Wir beide wussten aber, dass der wirkliche Grund meines Kommens war, dass wir einfach gern zusammen waren.

Ich erinnere mich an den Tag ihrer Beerdigung. Wie in einem Film sehe ich mich noch als Letzte an ihrem Grab stehen, als alle anderen bereits gegangen waren. Wie betäubt von meinem Kummer konnte ich weder weinen noch irgendetwas anderes fühlen. Dieser Tag und das Gefühl, allein zu sein, haben mich seither immer verfolgt.

In der Zeit danach hatte ich einmal einen Tag, an dem ich mich besonders allein und verzweifelt fühlte. Ich nahm mir also den Tag frei und fuhr zu dem Friedhof in das kleine Dorf auf dem Land, wo meine Großmutter beerdigt war. Als ich dort ankam, setzte ich mich neben den Grabstein und weinte das erste Mal seit ihrem Tod. Ich gestand mir ein, dass ich wütend auf Gott war. Warum musste jemand, den ich liebte, an einem so furchtbaren Krebs sterben? Warum wurden Kinder verletzt? Womit hatten sie das verdient? Womit hatte *ich* das verdient? Aber keine Antworten kamen, und ich verließ den Friedhof und fühlte mich genauso allein wie in den Tagen zuvor.

In der folgenden Nacht hatte ich einen sehr intensiven Traum: Ich lehnte mit dem Rücken am Grabstein, hatte den Kopf gesenkt und klagte zu Gott. Da konnte ich plötzlich über meine linke Schulter hinweg einen großen, herrlichen blauen Engel sehen, der mich vom Grabstein aus beobachtete. Beim Aufwachen wusste ich, dass meine Großmutter an einem besseren Ort ist und dass alles so ist, wie es sein muss, auch wenn ich nicht verstehe, warum. Dieser Traum, so einfach er auch war, schenkte mir ein Gefühl tiefen Friedens und tiefer Liebe.

Träume voll göttlicher Führung

VON SANDRA SMITH

Ich war in Santa Fe und nahm gerade an einem Kurs über Massagetherapie und Spiritualität teil. In der Nacht hatte ich das starke Bedürfnis, meine Mutter anzurufen und nach meinem Vater zu fragen. Als meine Mutter ans Telefon kam, sagte sie mir, dass mein Vater erkrankt sei und dass sie ihn in den nächsten Tagen in die Krebsklinik nach Temple in Texas bringen würde. Ich wundere mich immer noch, dass ich genau zu dieser Zeit zu Hause anrief, aber ich denke, die spirituelle Arbeit in diesem Kurs hatte mich für die Führung meiner Engel geöffnet.

Am nächsten Abend kehrte ich nach Arizona zurück und hatte meine erste Traumbegegnung mit Engeln. Die beiden Engel in meinem Traum waren sehr groß und hatten Flügel. Sie waren weiß, und goldenes Licht ging von ihren Flügeln und Körpern aus. Ich hatte den Eindruck, dass es sehr starke, männliche Engel waren. Ich kann mich nur an das Gesicht des einen von ihnen erinnern. Es wurde gedämpft vom Schein des goldenen Lichts, das von ihm ausging.

Einige Wochen später hatte ich einen weiteren Traum, in dem diese beiden Engel erschienen und mir sagten, ich müsse am Morgen zu meinem Vater ins Krankenhaus nach Temple fliegen. Die Worte, die ich vernahm, kamen nicht wirklich von ihren Lippen, sondern vermittelten sich mir auf geistigem Wege. So etwas war mir noch nie zuvor passiert. Ich wusste nicht einmal genau, warum ich am nächsten Morgen fuhr, und mein Mann wusste es auch nicht. Ich rief jemanden an, der auf meine Kinder aufpassen sollte, und dann machte ich mich auf den Weg. Als ich im Krankenhaus ankam, fand ich meine Mutter an einem Münztelefon. Sie war dabei, mich anzurufen, um mir zu sagen, dass mein Vater einen Gehirntumor habe und in den nächsten Tagen operiert werden müsse. Sie wäre ganz alleine gewesen, wenn ich nicht hingeflogen wäre.

Mein Vater wurde operiert, und es war schlimmer, als wir erwartet hatten. Die Ärzte sagten, mein Vater würde vermutlich nur noch zwei bis vier Monate lang leben. In dieser Nacht kamen die beiden Engel wieder. Dieses Mal sagten sie mir, ich solle meine Kinder holen und den Sommer über von Arizona in Vaters Haus nach Oklahoma ziehen. Die Ärzte hatten noch nicht einmal davon gesprochen, wie sie meinen Vater weiter behandeln wollten, und der Gedanke an einen langen heißen Sommer in Oklahoma war nicht gerade angenehm. Außerdem kam noch hinzu, dass mich dieser Mann als Kind misshandelt hatte. Ich war mir nicht wirklich sicher, ob ich ihm das geben wollte, was ich selbst immer vermisst hatte.

Am nächsten Morgen informierten uns die Ärzte, dass mein Vater zwei Möglichkeiten habe. Entweder wir nähmen ihn mit nach Hause und ließen ihn dort innerhalb der nächsten zwei Monate in Ruhe sterben, oder wir brächten ihn in ein Pflegeheim, wo er mit der Hoffnung, noch vier Monate zu leben, einer Chemotherapie unterzogen würde. Ich kannte meine Antwort bereits. Ich sagte zu meiner Mutter: »Bis bald in Oklahoma. Ich hole die Kinder und fliege dort hin und bereite im Haus alles vor.«

Die nächsten Monate waren so, als würde ich ein privates Therapieprogramm absolvieren. Ich verbrachte Stunden damit, Verletzungen aus der Vergangenheit aufzuarbeiten und loszulassen, indem ich meinem Vater Fragen über sein früheres Verhalten stellte. Ich hätte nie die Antworten bekommen und den damit verbundenen Heilungsprozess erlebt, wenn ich dem Rat der Engel nicht gefolgt wäre.

Gegen Ende des zweiten Monats beschloss ich, mit meinem Mann und meinen Kindern Urlaub zu machen. Wir fuhren ans Meer und gönnten uns eine Zeit der wundervollen und dringend benötigten Erholung. Doch eines Nachts während unserer Ferien kamen die Engel wieder in meinen Traum. Sie sagten mir, ich müsse am Morgen nach Oklahoma fahren. Als ich meine Mutter am nächsten Morgen anrief, um ihr zu sagen, dass ich kommen würde, teilte sie mir mit, dass mein Vater in dieser Nacht ins Koma gefallen sei.

Am nächsten Tag kam ich in Oklahoma an. An diesem Abend waren meine Schwester, meine Mutter und ich das erste Mal in den zwei Monaten, die ich in Oklahoma gewesen war, gemeinsam anwesend. Auf einmal schien die Energie im Raum sich zu verändern. Starke Schwingungen erfüllten den Raum um uns herum, als mein Vater starb.

Ich kann nicht sagen, warum ich den Anweisungen der Engel gefolgt bin. Bis zu der Zeit hatte ich niemals etwas von ihnen wahrgenommen. Doch was ich im Gegenzug erhalten habe, war ein unbezahlbares Geschenk. Ich habe Teile meiner

Seele wieder zusammengefügt, etwas, was ich bitter nötig hatte. Ich habe mich mit einem Mann ausgesöhnt, auf den ich lange Zeit sehr wütend war. Heute denke ich mit großer Liebe und Zuneigung an ihn, und manchmal danke ich ihm sogar für die Kindheit, die ich hatte. Ich erhielt Hilfe von Gott und der liebevollen Führung der Engel, um zu verstehen, was für ein wichtiger Mensch ich bin und dass meine schwierigen Anfangsjahre mich am Ende zu dem liebevollen Menschen machten, der ich heute bin.

Die goldene Kordel

VON GERBORG FRICK

Vor drei Jahren nahm ich an einem Workshop teil und erhielt schließlich die Einweihung zum Reiki-Meister. Während der Abschlusszeremonie sollten wir über unseren persönlichen Reiki-Schutzengel meditieren. Mir erschien ein Engel mit schulterlangem blondem Haar. Er trug ein fließendes Gewand mit einer goldenen Kordel um die Taille. Ich konnte weder sein Gesicht noch sein Geschlecht erkennen. Der Engel war sehr groß und maß mindestens 2,10 Meter.

Nach der Meditationsstunde wurde jeder gebeten, seine Erfahrung mitzuteilen. Heather aus Pennsylvania sprach als Erste, und sie beschrieb »meinen« Engel in allen Einzelheiten. Sie sagte: »Der Engel trug eine goldene Schärpe um die Taille.« Ich dachte: »Nein, es war keine Schärpe, sondern eine Kordel.« Heather korrigierte sich sofort und sagte: »Eigentlich war es mehr eine goldene Kordel.«

Die Gruppe fragte nach den Flügeln. Wir beide gaben unseren Eindruck von den Engelsflügeln wieder und kamen zu dem Schluss, dass sie nichts mit Federn oder Fliegen zu tun hatten, sondern eher die Emanation eines fließenden Energiebogens in Regenbogenfarben waren. Das Erstaunliche war, dass uns beiden offensichtlich derselbe Engel erschienen war.

Das rosa Badeschwämmchen

VON CHERYL CASH

Wir wurden zu strenggläubigen Katholiken erzogen. Wir gingen jeden Sonntag zur Kirche und jeden Samstag zur Beichte. An den Samstagabenden beteten wir bei Sonnenuntergang den Rosenkranz.

Wir wuchsen zu der Zeit in einer Militärsiedlung auf. Mit dem Bus wurden wir zusammen mit anderen Kindern von Militärangehörigen zur Sonntagsschule gefahren. Die Sonntagsschule war wie eine richtige Schule, die Nonnen waren streng, und sie mochten anscheinend keine Kinder. Die Schule fiel mir schon schwer genug, und jedes Wochenende strengen Nonnen Rede und Antwort stehen zu müssen, trug zum Gefühl der Hoffnungslosigkeit in meinem Leben bei. Trotzdem lauschte ich gern ihren Geschichten, wie man ein gutes und hilfreiches Kind wird.

Von einer der Nonnen lernte ich, dass wir *überall* – nicht nur zu Hause oder in der Kirche – beten können. Wir können beten, um zu beten, und nicht nur, wenn wir um etwas bitten wollen. Mir gefiel die Idee, dass ich überall, wo ich bin, beten kann. Ich fuhr wahnsinnig gerne Fahrrad und Rollschuhe. Immer wenn ich daran dachte, was die Nonne über das Beten gesagt hatte, hielt ich mein Fahrrad an und begann gewissenhaft das »Gegrüßet seist du, Maria« und das »Vaterunser« aufzusagen, ohne mich darum zu kümmern, ob mich jemand dabei sah.

In dieser Zeit fing ich auch an, von Engeln zu träumen, die über meinem Bett schwebten. Sie sprachen mit mir, holten mich aus dem Bett und flogen mit mir in alle Ecken des Hauses. Manchmal wachte ich auf dem Boden statt im Bett auf. Ich wollte so sehr glauben, dass das alles wirklich passierte, denn wenn ich wach wurde, fühlte sich alles so wirklich an.

Während einem dieser Träume, bei denen die Engel mich davontrugen, ließ ich eines meiner rosa Badeschwämmchen im Flug auf die dritte Stufe unserer Treppe fallen. Am nächsten Morgen lag auf der dritten Treppenstufe eines meiner rosa Badeschwämmchen. Ich war sehr aufgeregt darüber, doch ich erzählte niemandem davon, denn ich wusste, niemand würde mir glauben.

Ein ermutigender Traum

ANONYM

Ich hatte einen sehr starken, merkwürdigen Traum. Darin sah ich eine herrliche rosa Lilie. Plötzlich erschien aus der Mitte der Blume eine wunderschöne Fee. Sie funkelte und glänzte und sagte: »Du kannst alles haben, was du möchtest. Du musst nur darum bitten und daran glauben, dass du es haben kannst.« Ich wachte auf und fühlte mich sehr friedlich und ermutigt. Und dieses Gefühl kommt immer wieder, wenn ich mich an den Traum erinnere.

KAPITEL 10

ENGELSLICHTER

Die Entscheidung

VON CHRISTINE SINON

Als ich mein erstes Kind erwartete, lebte ich auf Ponape, einer kleinen Insel in Mikronesien. Einmal stand ich mitten in der Nacht auf, um auf die Toilette draußen im Hof zu gehen. Niemand im Haus war wach. Ich ließ die Tür angelehnt, denn sie klemmte immer, und ich wollte niemanden aufwecken, wenn ich zurückkam. Als ich zum Haus zurückging, fühlte ich eine Stille um mich herum, als wäre ich vom Haus getrennt. Die Tür war zu und verschlossen – zumindest konnte *ich* sie nicht öffnen. Doch drinnen war niemand wach. Ich klopfte leicht an die Tür, denn ich dachte, wer immer die Tür zugemacht hatte, müsste noch wach sein und mich hineinlassen. Doch niemand rührte sich, keiner hörte mich. Es war, als wären wir durch eine unsichtbare Schranke voneinander getrennt. Ich ging ums Haus herum zur Hintertür, schaute durch unser Schlafzimmerfenster und versuchte meinen Mann zu wecken.

Als ich dort im Garten hinter dem Haus war, fühlte ich um mich herum und über mir die Präsenz einer Vielzahl von Geistern, die aber nicht bedrohlich, sondern eher neugierig

wirkten. Ich sah viele Lichtpunkte, die wie Sterne aussahen, aber sehr nahe waren, schätzungsweise zwei Meter über dem Boden (ich bin 1,65 Meter groß). Ich hatte das Gefühl, als befänden sich die Geister dicht über meinem Kopf. Obwohl ich nichts Konkretes sah, wusste ich irgendwie, dass es die Geister verstorbener Verwandter meines Mannes waren.

Ich hatte das Gefühl, als würden sie mich fragen, ob einer von ihnen sich als Seele des Babys inkarnieren solle, das ich erwartete. Zu der Zeit glaubte ich noch nicht an Reinkarnation. Ich versuchte dieses Gefühl also abzuschütteln und wieder ins Haus zu gelangen. Ich klopfte lauter und rief sogar, doch die Leute im Haus hörten mich nicht. Irgendwie war mir bewusst, dass ich die ganze Nacht da draußen festgehalten würde, wenn ich jetzt nicht irgendeine Art von Entscheidung traf. Ich begann mich zu fürchten.

Schließlich sagte ich laut: »Ich will keinen von euch. Ich kenne euch doch überhaupt nicht, nicht einen von euch. Ihr seid zu aufdringlich. Ich nehme jemanden, der da oben in irgendeiner Ecke sitzt und es schon vor langer Zeit aufgegeben hat, noch einmal eine Chance für ein Leben auf der Erde zu bekommen!« In diesem Augenblick kehrten die Geräusche der Nacht zurück. Ich lief zur Vordertür, und sie war so angelehnt, wie ich sie hinterlassen hatte.

Am nächsten Morgen gab es keinen, der zugegeben hätte, dass er aufgestanden war und die Tür verschlossen und dann wieder geöffnet hatte.

Heilende Lichter

VON BIRGITTE SUHR

Unserer fünfjährigen Tochter ging es nicht gut, sie hatte Ohrenschmerzen. Wir lagen im Bett, und sie weinte. Ich hielt meine Hand auf ihr Ohr und bat um Hilfe vom Licht. In diesem Augenblick war das Bett plötzlich von vielen stillen weißen Schatten umgeben. Ich fühlte Wärme in meiner Hand und sah, wie von einigen der Schatten ein rosa Glanz ausging. Meine Tochter hörte auf zu schreien, und der Raum wurde ganz friedlich. Ich weiß nicht, wie lange es dauerte, aber die Schatten verschwanden irgendwann so still, wie sie gekommen waren.

Am nächsten Morgen ging es unserer Tochter wieder gut. Ihr Ohr schmerzte nicht mehr. Ich denke, dass die Lichter und die Schatten Engel waren, und ich glaube, sie kamen, um mir etwas über Heilung zu vermitteln.

Lichter der Reinheit und Freude

VON JONATHAN ROBINSON

Vor einigen Jahren gingen ein paar Freunde und ich in das Wüstengebiet etwa 100 Meilen östlich von San Diego. Wir hatten vor, einige Tage mit Wandern und Meditieren zu verbringen. Am ersten Abend suchten wir uns eine abgelegene Stelle und begannen, dort unser Nachtlager aufzuschlagen.

Mein spiritueller Lehrer hatte mir erzählt, dass Engelwesen manchmal diese Gegend besuchen und dass sie durch das Spielen von Musik angezogen werden können. Er hatte mir und meinem Freund hölzerne Flöten mitgegeben, auch wenn keiner von uns richtig spielen konnte. Er sagte, wir sollten uns einen Platz suchen, an dem wir uns wohl fühlten, und dann versuchen, zusammen ein einfaches Lied zu spielen. Bald waren wir ganz versunken in unseren Versuch, unsere Flöten zu spielen. Nach etwa einer Stunde schien die Luft um uns herum plöztlich zu vibrieren. Mein Freund und ich schauten auf und erblickten fünf Lichtkugeln, die uns umgaben. Die Lichter waren von unterschiedlicher Farbe und Größe, von einem halben Meter bis zu etwa zwei Metern Durchmesser. Zuerst dachte ich, ich hätte Halluzinationen, doch dann sah ich, dass mein Freund auf die gleichen Kugeln zeigte, die ich auch sah. Wir empfanden große Ehrfurcht.

Diese Lichtkugeln begannen kindliche Geräusche zu machen und um unsere Köpfe zu schwirren, als ob sie mit uns spielen wollten. Sie strahlten eine Schwingung von Reinheit, Unschuld und reiner Freude aus.

Weiße Lichter und eine wunderbare Genesung

VON DONNA DERUVO

Mein siebenjähriger Sohn Joey war sehr krank. Ich machte mir natürlich große Sorgen um seine Gesundheit und hatte Angst, er könnte dauerhafte Schäden davontragen, wenn die medizinische Behandlung nicht anschlug. Ich betete jeden Tag und bat Gott, so viele Engel wie nur möglich zu schicken, um ihn zu heilen und zu beschützen. Ich betete darum, dass der Erzengel Raphael sein grünes Licht der Heilung schicken und Joseph damit umgeben möge. Ich betete morgens, mittags und abends. Ich versuchte nicht zu zweifeln, besonders wenn ich auf Joeys kraftlosen Körper blickte, der schlafend in meinem Bett lag.

An einem Nachmittag bat Joey mich, mich mit ihm hinzulegen, und klagte, dass es ihm viel schlechter gehe als sonst. Er weinte vor Schmerzen, und ich weinte vor Angst. Wieder begann ich zu beten, stärker als je zuvor. Als ich die Augen schloss, erblickte ich plötzlich kleine weiße Lichter in der Dunkelheit. Zunächst vermutete ich, dass ich nur etwas in den Augen hatte oder dass ich es mir einbildete. Ich öffnete die Augen, doch ich sah die Lichter immer noch. Ich kann sie nicht beschreiben, aber sie waren wunderschön, und sie waren überall im Zimmer. Ich schaute und schaute, ohne zu verstehen, was ich sah. Doch so plötzlich, wie sie gekommen waren, verschwanden sie auch wieder.

Am nächsten Tag wachte Joey auf und fühlte sich viel besser. Er erholte sich darauf schnell und behielt keinerlei dauerhafte Symptome zurück. Ich danke den Engeln und Gott dafür.

Ein herrliches weißes Licht

VON LISA CROFTS

Am 8. Dezember 1994 um 19.50 Uhr war ich auf dem Weg zu einer Freundin, die ich seit Jahren nicht gesehen hatte. Ich war 23 Jahre alt. Erst eine Woche zuvor hatte ich einen Aufkleber gekauft, den ich aber noch nicht an meinem Auto angebracht hatte und der lautete: »ACHTUNG: Fahre niemals schneller, als dein Schutzengel fliegt!« Diese Worte waren mir so im Gedächtnis geblieben, dass ich mich ziemlich an die vorgeschriebene Höchstgeschwindigkeit von 50 Meilen pro Stunde hielt.

Als ich mich einem Hügelkamm näherte, fuhr auf der entgegenkommenden Fahrbahn ein dunkler Wagen an mir vorbei, dem ich kurz hinterhersah. Als ich wieder nach vorne blickte, sah ich plötzlich eine riesige Staubwolke vor mir. Und dann erblickte ich etwas, was ich mein ganzes Leben lang nicht vergessen werde: Ein Auto raste direkt auf mich zu! Ich dachte:»O mein Gott, ich werde sterben!«

In dem Augenblick unmittelbar vor dem Aufprall erschien mir das andere Auto in einem strahlenden weißen Licht, und ich erlebte einen Moment vollkommener Klarheit. Ich wusste, dass ich nicht sterben würde, doch dass die Person in dem anderen Auto sterben würde, und dass ich große Schmerzen erleiden würde. Das andere Auto explodierte beim Aufprall. Mein Aufprall war heftig, doch glücklicherweise war ich angeschnallt und hatte einen Airbag.

Überall flogen brennende Trümmer herum, als ich auf der Beifahrerseite aus meinem Auto kroch. Ich sah einen brennenden Menschen im anderen Auto. Ich musste ihm zu Hilfe kommen! Doch ich hatte gerade erst ein paar Schritte gemacht, als meine Beine plötzlich nachgaben. Später erfuhr ich, dass ich mir den Knöchel gebrochen hatte.

Ich sah hilflos zu, wie Passanten vergeblich versuchten, das Leben des jungen Mannes zu retten. Doch er verbrannte dort

167

an der Straßenseite und starb. Er war erst 24 Jahre alt. Später fand man heraus, dass er viele Autos überholt hatte, und als er versuchte, das letzte Auto zu überholen, begann ein Wettrennen, denn der Fahrer des dunklen Wagens wollte sich nicht überholen lassen. In dem Moment kam ich ins Spiel, und mein Leben änderte sich für immer.

Es brauchte eine Weile, bis ich die Vision des weißen Lichts verstand. Erst als ich mit der Frau sprach, die mir den Aufkleber verkauft hatte, erklärte sie mir, dass das weiße Licht mein Engel gewesen sei, der mir dabei half, das Trauma des Unfalls zu überwinden. Was für ein wunderbarer Gedanke für mich, es so zu verstehen! Nicht, dass ich nicht an Engel glaube, doch mir war niemals zuvor so etwas passiert. Heute weiß ich, dass meine Vision mir mehr geholfen hat, als ich jemals begreifen kann, und ich werde immer dankbar für die Hilfe meines Engels sein.

Von Engeln begleitet

VON ELAINE M. ELKINS

Mein Mann und ich flogen einmal nach Reno in Nevada, um uns zu amüsieren. Ich habe eine solche Angst vorm Fliegen, dass ich immer eine Pille nehme, um mich während des Flugs zu beruhigen. Bei dem Flug nach Reno hatte ich jedoch vergessen, die Pillen mitzunehmen. Der Flug wurde zunehmend holpriger. Ich bemerkte, dass das Flugzeug an Höhe verlor und dann wieder stieg. Der Pilot entschuldigte sich für die Turbulenzen und erklärte, er habe es auf unterschiedlichen Höhen versucht, aber es sei nichts dagegen zu machen. Die Crew wurde gebeten, sich hinzusetzen und sich anzuschnallen.

Ich sagte meinem Mann, dass ich mich schrecklich fürchtete und dass ich nicht glaubte, dass wir den Flug heil überstehen würden. Er versuchte mich zu beruhigen, doch ich war überzeugt, dass das Flugzeug abstürzen würde. Ich hatte so etwas noch nie erlebt, und ich wurde bald wahnsinnig darüber, dass ich vergessen hatte, meine Pille zu nehmen. Mein Mann gab mir ein Buch zu lesen, um mich vom Flug abzulenken. Doch ich fragte mich, wie jemand in solch einer Situation lesen konnte. Er sagte: »Du solltest dieses Buch wirklich lesen. Es wird dir helfen.« Das Buch, das er mir gegeben hatte, war »Das Heilgeheimnis der Engel«.

Ich las darin, dass Raphael uns begleitet, wenn wir reisen, und dass er uns hilft, sicher an unserem Bestimmungsort anzukommen. Daher sprach ich leise zu Raphael: »Ich habe schreckliche Angst, ich sterbe vor Angst. Bitte komm und hilf, dass wir sicher landen.« Doch ich fühlte noch immer nichts als Angst. Dann las ich, dass man tausend Engel anrufen kann, und sie werden kommen. Deshalb betete ich still: »Ich habe wirklich schreckliche Angst. Ich möchte nach Hause zu meinen Kindern zurückkehren. Meine Tochter braucht mich. Ich brauche tausend Engel hier. Ich muss wissen, dass ihr hier seid.«

Ich schaute aus dem Fenster, und plötzlich sah ich kleine leuchtende Punkte am Fenster. Zuerst dachte ich, es seien nur Lichter, die in der Scheibe reflektiert wurden. Doch als ich sie weiter beobachtete, konnte ich deutlich Lichtstrukturen erkennen, die wie ein Feuerwerk explosionsartig nach oben schossen und dann wieder an den unteren Rand des Fensters fielen, um erneut nach oben zu explodieren.

Ich sah auch kleine tanzende Lichter, die einen Kreis bildeten und dann herumwirbelten. Lange Zeit beobachtete ich diese Lichtmuster auf den Fenstern. Mein Mann fragte, was ich da mache. Ich lächelte und erwiderte: »Ich beobachte die Engel.« Inzwischen wusste ich sicher, dass uns nichts passieren würde. Den Rest des Flugs über beobachtete ich das Spiel der Engel und war mir sicher, dass das Flugzeug es schaffen würde. Und so war es auch, dank Raphael und seiner Engelsschar.

Wir hatten eine schöne Zeit in Reno mit unseren Freunden. Auf unserem Rückflug schaute ich die ganze Zeit auf die Fenster. Es war ein wundervoller Flug ohne Holpern, und die Leute unterhielten sich in aller Ruhe. Schließlich realisierte ich, dass ich die Lichter deshalb nicht sah, weil ich mich sicher fühlte und wusste, wir würden bald zu Hause sein. Aber trotzdem sind die Engel immer für mich da.

Engel in der Sauna

VON STEPHANIE GUNNING

Letztes Jahr lernte ich eine neue Art zu beten, und weil ich gern experimentiere, wollte ich ausprobieren, wie wirkungsvoll es war. Das heißt nicht, dass ich normalerweise zweifle, es interessierte mich einfach nur brennend. Mir war gesagt worden, dass beim Beten die folgenden vier Schritte wichtig sind: Erstens gilt es, einen stillen Ort zu finden, zweitens, in das Gebet hineinzuatmen, drittens, die eigene Verletzlichkeit einzugestehen, und viertens, um das zu bitten, was man möchte oder braucht, so als wenn dem Gebet bereits entsprochen worden wäre.

Am nächsten Nachmittag verausgabte ich mich beim Sport und beschloss, anschließend in die Sauna zu gehen. Als ich auf dem Rücken auf meinem Handtuch lag, allein und nackt in der kleinen Kabine, erinnerte ich mich an die einzelnen Schritte, die ich gerade gelernt hatte. »Nun, es gibt wohl kaum einen stilleren Ort als hier«, dachte ich. Und ganz sicher war ich in einer verletzlichen Position. Außerdem würde keiner, der in die Sauna kam, bemerken, was ich tat, wenn ich still für mich betete. Und solange ich alleine war, konnte ich sogar laut sprechen, um ganz sicher zu sein, dass ich es »richtig machte«.

Ich beschloss, darum zu beten, dass mein Seelenpartner mich finden möge. Ich hatte immer davon geträumt, eine Partnerschaft zu finden, die so ähnlich war wie die, die

Freunde von mir hatten. Doch mein Idealismus wurde erschüttert, als meine Freunde sich scheiden ließen und der Mann kurz darauf Selbstmord beging. Seitdem sah es so aus, als ob Seelenpartner gar nicht wirklich existierten.

Zuerst atmete ich tief in meinen Körper hinein und gestand meine Verletzlichkeit ein. Dann betete ich: »Lieber Gott und göttliche Mutter, hier bin ich. Ich bin eine Frau, allein in der Welt. Dafür gibt es so viele Gründe.« Ich zählte meine Gründe auf. Ich fügte hinzu: »Ich bin manchmal so allein.« Ich erklärte, dass ich meine Ideale in Bezug auf Heirat und Ehe verloren hatte, und ich betete für inneren Frieden über den Verlust meines Freundes. Mein Gebet ging in alle Einzelheiten und ließ nichts aus.

Auf einmal fühlte ich in der Dunkelheit so etwas wie eine Veränderung der Atmosphäre. Ich war so darin vertieft, zu beten, zu atmen und mein Herz zu öffnen, dass ich in einen intensiven, hochkonzentrierten Seinszustand geraten war. Mit geschlossenen Augen sah ich eine pulsierende, dunkelrote Energiespirale, die mich umhüllte. Es war nicht beängstigend, sondern tröstlich. Ich brach in Tränen aus. Dann erschienen helle grüne Blitze, die das um mich pulsierende Energiefeld durchstießen, und wirbelnde Nebel in dunklem Purpur.

Ich wusste intuitiv, dass jedes dieser Lichter ein einzelnes Wesen war, und es erfüllte mich mit Demut und Dankbarkeit, dass sie gekommen waren, um in dieser Zeit der Trauer und der Verletzlichkeit bei mir zu sein. Ich fühlte mich auf intensive Weise mit dem Göttlichen verbunden und wusste ohne jeden Zweifel, dass die Lichter Freunde waren, die gekommen waren, um mich zu trösten und zu beruhigen. Ich fühlte mich zutiefst von den himmlischen Engeln geliebt.

In diesem Gefühl der Verbundenheit setzte ich mein Gebet fort. Es wurde zu einem Ausdruck der Dankbarkeit für meinen Seelenpartner. Ich weiß, er wird mich finden. Ich glaube daran. Seit jenem Tag habe ich mich nicht mehr allein gefühlt oder mir Sorgen um meine Zukunft und meine Liebe gemacht. Ich sehe jedem in die Augen, um seine Seele zu sehen und eine klare Verbindung herzustellen. Ob mein Seelenpartner nun kommt oder ob ich ihn dieses Mal auf der Erde nicht treffe, beides ist in Ordnung. Wie meine Sauna-Engel mir verstehen halfen: Liebe ist überall.

Vom Licht gerettet

VON MILI PONESSE

Eines Tages war ich auf dem Weg von der Arbeit nach Hause. Ich war 16 Jahre alt und hatte gerade meinen Führerschein gemacht. Ich hielt an einer roten Ampel an, doch ich war in Eile und wartete ungeduldig darauf, dass es grün wurde, um sofort loszufahren.

Plötzlich wurde ich jedoch von der Ampel abgelenkt. Ein strahlendes Licht, wie ein heller Sonnenstrahl, der wie aus dem Nichts kam, lenkte meine Aufmerksamkeit auf die Straßenseite. Ich saß da, vom Licht gebannt, wie in einem Tagtraum, doch ohne an etwas Besonderes zu denken. Ich schreckte erst hoch, als der Fahrer hinter mir hupte. Die Ampel hatte auf Grün geschaltet, und ich hatte es nicht gemerkt.

Doch bevor ich mich noch aufgerappelt hatte, fuhr ein Lastwagen bei Rot über die Ampel und kreuzte mit etwa 110 Kilometer pro Stunde meinen Weg. Wäre ich losgefahren, sowie die Ampel auf Grün schaltete, wäre ich von dem schnell fahrenden Lastwagen erfasst und in einen schweren Unfall verwickelt worden.

Ich weiß, dass ein Engel die Gefahr kommen sah und mich mit dem hellen Licht abgelenkt hat, sodass ich nicht gleich über die Kreuzung fuhr. Ich weiß, dass es ein Engel war, weil ich die ganze Heimfahrt über ein intensives Wohlgefühl und Wärme empfand.

Ein beruhigender Anblick

VON BRANKA M.

Ich glaube, dass mein Engel oder meine Engel dauernd um mich sind, denn immer wenn ich mich über etwas aufrege, sehe ich so etwas wie funkelnde Blasen. Sie befinden sich von knapp über dem Boden bis auf etwa einen Meter hoch. Die Blasen bewegen sich nicht nach oben und nach unten, sie sind einfach da, und dann sind sie wieder verschwunden. Sie sind wie Funken, die aus dem Nichts auftauchen. Sie sind nicht lange da.

Als mir dies das erste Mal passierte, wusste ich instinktiv, dass ich mich nicht fürchten musste, und tatsächlich waren sie ein beruhigender Anblick für mich. Meine Schwester sagte mir kürzlich, dass sie von Zeit zu Zeit genau die gleiche Vision hat.

Ein Strom schimmernder Funken

VON CHERI BUNKER

Eines Nachts, kurz nachdem ich ins Bett gegangen war, öffnete ich die Augen und sah viele kleine Lichtblitze vorbeischießen. Darauf schloss ich die Augen und öffnete sie wieder, doch immer noch sah ich diese Blitze. Ich sagte mir, dass dies etwas Göttliches sein müsse. Plötzlich sah ich direkt neben meinem Bett die herrlichsten golden und silbern schimmernden Funken, die wie in einem Strom von oben herabfielen.

Ich ermahnte mich, ruhig zu bleiben, denn ich weiß, wenn man sich vor Engeln fürchtet, erscheinen sie nicht. Ich schaute weiter auf diesen ständigen Lichtstrom, und dann sah ich den Umriss einer sehr großen Gestalt.

Die ganze Erscheinung dauerte ein paar Minuten an, dann war sie verschwunden. Ich fühlte mich voller Frieden und ohne Angst.

Schutzengel an der Straße

VON DOUGLAS LOCKHART

Meine Frau und ich sind Lastwagenfahrer. Eines Nachts überquerten wir die Grenze zwischen Arizona und New Mexico. Meine Frau lag hinten in der Schlafkoje, und ich fuhr. Es war etwa drei Uhr morgens, und ich war sehr müde. Doch ich hatte keine Zeit, anzuhalten und zu schlafen. Unser Job verlangt, dass wir die Fracht rechtzeitig von Punkt A nach Punkt B bringen.

Ich fuhr also weiter, und ich weiß nicht, ob ich am Steuer eingeschlafen war, jedenfalls schien plötzlich ein großer weißer Lichtball durch den schwarzen Nachthimmel auf mich zuzukommen und durch mich durchzugehen. Mein Haar wurde nach hinten geblasen, und ich fühlte mich im gleichen Moment so erholt, als hätte ich zehn Stunden geschlafen. Es war die unglaublichste Erfahrung, die ich je gemacht habe.

Eine Bestätigung für meinen Glauben

VON DONALD L. MURPHY

Eines Abends nachdem ich in Doreens Buch »Das Heilgeheimnis der Engel« gelesen hatte, bat ich die Engel, in mein Leben zu kommen und alle Schwierigkeiten zu beseitigen, die mir meine Lebensfreude nahmen.

Da ich irgendwie Zweifel hatte, fügte ich hinzu: »Lieber Schutzengel, wenn es dich wirklich gibt, zeige dich mir bitte morgen früh.«

Als ich am nächsten Morgen erwachte, sah ich einige Sekunden lang ein wunderschönes, golden schimmerndes Licht in meinem Schlafzimmer. Dann verschwand das Licht. Das hat mir bewiesen, dass es wirklich Engel gibt und dass auch ich einen Schutzengel habe.

Das Licht der Liebe und Weisheit meiner Mutter

VON JUDITH MITCHELL

Ich war 41 Jahre alt, als meine Mutter unerwartet verstarb. Kummer und Gram über ihren Verlust überwältigten mich. Durch ihren Tod erkannte ich, dass ich mir meiner spirituellen Überzeugungen nicht sicher war und dass ich mein Gefühl des Alleinseins nicht ertrug. Eines Nachts, als ich vergeblich versuchte einzuschlafen, kam meine Mutter als wirbelnder Ball aus rotem Licht zu mir. Ich wusste einfach, dass sie es war!

Ich konnte tatsächlich meine Hand in dieses Licht legen und wurde dabei von einem starken Gefühl von Liebe durchströmt. Sie ließ mich wissen, dass ich niemals allein bin und dass sie mich liebt und immer bei mir ist. Meine Mutter ließ mich auch wissen, dass das Leben und die Liebe wichtig sind, dass stets viele Geister um mich sind und dass das Leben weitergeht. Vor allem half sie mir zu verstehen, dass es ihr gut geht und dass sie glücklich ist.

Meine Mutter war katholisch erzogen worden, und viele Leute hatten gefragt: »Wurde sie erlöst?« Nun, meine Mutter ließ mich wissen, dass wir alle erlöst sind. Sie half mir zu verstehen, dass es viele Wege gibt, die zum gleichen Ziel führen. Ich hatte meine Gabe des hellsichtigen Sehens und Erkennens immer bekämpft, doch jetzt bin ich dankbar zu wissen, dass ich nicht alleine bin, dass das Leben weitergeht und dass Veränderungen gut sind. Der Besuch meiner Mutter hat mein Leben zum Besseren gewendet und mich auf einen stärker spirituellen Weg geführt. Ich weiß, dass ich sie immer rufen kann.

Ich empfinde nicht mehr den Schmerz des Verlusts, da ich weiß, dass sie immer bei mir ist. Meine ganze Lebensperspektive ist positiver geworden. Ich bin jetzt offen für Hilfe, die ich jederzeit, wenn ich sie brauche, bekommen kann. Liebe ist immer da. Ich bin so dankbar, dass ich einen Blick in das Leben nach dem Tod werfen durfte. Ich danke Gott dafür.

Ein beruhigender Nebel

VON VIOLET BURNS

Es passierte vor etwa 28 Jahren, als ich von der Nachtschicht bei der Post nach Hause kam. Meine Familie stand im Hof, als ich vor meinem Haus vorfuhr, das am Meer liegt. Sie sagten: »Mutter, reg dich nicht auf, aber Billy und sein Freund sind von ihrem Ausflug in der Bucht nicht zurückgekommen. Die Küstenwache sucht nach ihnen.«

Ich fing an zu schreien, da bemerkte ich, wie ein schwerer Nebel auf mich fiel, und die Präsenz dieses Nebels beruhigte mich. Dann hörte ich diese Worte, die zu mir gesprochen wurden: »Billy kommt in 20 Minuten nach Hause.«

Nach 15 Minuten sah ich ein Boot kommen, und nach weiteren fünf Minuten war Billy zu Hause. Das war das größte Wunder, das ich je erlebt habe.

Unzertrennlich

VON EILEEN STRALEY

Meine Mutter Jane war immer eine starke Raucherin gewesen. Im August 1998 stellte man bei ihr Lungenkrebs fest. Sechs Wochen später starb sie. Mein Vater und meine Schwester gingen ohne mich zum Bestattungsinstitut, um ihre Beerdigung zu organisieren, da ich weit entfernt in einem anderen Bundesstaat lebe. Als mein Vater das Bestattungsinstitut verließ, fiel er von der Steintreppe und schlug sich den Kopf an. Er kam ins Krankenhaus und musste operiert werden. Nach seiner Entlassung musste er zu Hause rund um die Uhr gepflegt werden. Er sprach aber gut auf die Physiotherapie an, und wir sprachen jeden Tag miteinander am Telefon.

Am Morgen des 9. Februar 1999 war die Pflegerin bei ihm, als das abgedunkelte Zimmer plötzlich von einem Lichtblitz erhellt wurde. Mein Vater blickte über die Schulter der Pfle-

gerin und sagte: »Hallo, Jane, ich habe dich so vermisst.«
Dann fiel er nach vorne und war tot.

Ich glaube, dass meine Mutter zu meinem Vater kam, um
ihn abzuholen. Sie waren mehr als 42 Jahre miteinander verheiratet gewesen.

Eine dringende Botschaft aus dem Nebel

VON GERBORG FRICK

Meine Geschichte handelt von meinem Sohn, als er vier Jahre
alt war (inzwischen ist er 31). Es war Anfang April, und wir
wohnten an einem See in Michigan. In der Nacht davor war
es so kalt gewesen, dass eine dünne Eisschicht den See be-
deckte.

Mein stets aktiver Jüngster brannte darauf, nach draußen
zu gehen. Ich packte ihn warm ein und sagte zu ihm mit
Nachdruck: »Martin, geh nicht in die Nähe des Sees, hörst
du?« Seine schönen hellblauen Augen leuchteten vertrauens-
voll auf, und schon war er ohne Antwort nach draußen ge-
rannt.

Ich setzte mich an den Tisch beim Aussichtsfenster, von wo
aus man den See überblicken konnte, und arbeitete an meiner
Strickmaschine, die bald meine ganze Aufmerksamkeit in
Anspruch nahm. Plötzlich blickte ich auf und sah einen
weißen Nebel, der über dem Tisch schwebte. Ich sah in die
Küche, um festzustellen, ob etwas kochte und Dampf erzeugte. Aber nichts war an. Ich prüfte, ob die Luft nach Rauch
roch, um festzustellen, ob etwas brannte und die weiße
Wolke erzeugte, die über meinem Tisch schwebte. Aber es
roch nicht angebrannt.

Verblüfft schaute ich wieder auf den weißen Nebel, der sich
jetzt in Richtung Fenster ausdehnte. Ich blickte hinaus und
sah Martin mitten auf dem See auf der dünnen Eisschicht.

Voller Entsetzen sprang ich auf und rannte hinaus auf den
Balkon. Ich brüllte: »Martin, komm sofort herein!« Das Kind

gehorchte, und er kam zurück, ohne dass ihm etwas passierte. Das Eis hätte mich nicht getragen.

Erst später hatte ich Zeit, über den Nebel nachzudenken. Ich bin überzeugt, dass es ein Schutzengel oder Schutzgeist war, der meine Aufmerksamkeit geweckt hat.

Danke, lieber Gott!

VON ANITA PYLE

Am 19. April 1999 fuhr ich durch eine lange Baustelle auf dem Highway. Durch die Bauarbeiten war die Fahrbahn verengt und der Verkehr stark behindert. Ich musste hinter einem schweren Lastwagen anhalten, und das Nächste, an das ich mich erinnere, ist, dass ich aufwachte und den Himmel sehen konnte. Ich wusste nicht, wo ich war und was passiert war, aber ich sah überall um mich herum zersplittertes Glas. Rechts von mir, keine 30 Zentimeter von meinem Kopf entfernt, befand sich der Unterbau des Lasters. Doch bevor ich wieder vollständig zu Bewusstsein kam, erblickte ich dieses wunderschöne weiße Licht.

Mir wurde klar, dass ich einen Unfall gehabt hatte und dass mein Hals gebrochen war. Ich nahm den Gestank von Benzin wahr. Mein Kopf, mein Hals, mein Rücken und meine Beine taten sehr weh. Ich wusste, dass sich mein Leben für immer verändert hatte. Dann roch ich Chemikalien. Der Lastwagen, mit dem ich zusammengestoßen war, hatte einen Tiefladeanhänger, der mit drei 200-Liter-Tanks mit Chemikalien beladen gewesen war. Ein Tank war heruntergefallen, der Inhalt lief aus und vermischte sich mit dem Benzin. Der Geruch war unerträglich.

Jemand legte mir ein Tuch über Mund und Nase und sagte mir, ich solle es nicht abnehmen. Jeder um mich sagte, man müsse mich von dort fortbringen, denn man fürchtete, dass mein Auto explodieren würde. Aber sie konnten mich nicht fortbringen – ich war eingeklemmt. Ambulanz und Feuerwehr mussten mich herausschweißen, um mich zu retten. Dann wurde ich auf dem Luftweg in die nächste Klinik gebracht.

Später fand ich heraus, dass der Wagen, der von hinten auf mich aufgefahren war, den hinteren Teil meines Autos auf den Rücksitz geschoben hatte. Mein Auto wurde in den Lastwagen vor mir gedrückt, wobei das Dach von meinem Wagen gerissen wurde. Der einzige Teil meines Autos, der nicht beschädigt worden war, war der Platz, auf dem ich saß. Wenn an diesem Tag jemand mit mir gefahren wäre, wäre er getötet worden. Jeder, der mein Auto sah, sagte, dass mein Schutzengel mich gerettet haben muss, denn eigentlich hätte ich tot sein müssen.

Ich hatte ein Fischsymbol auf dem Kofferraumdeckel meines Wagens. Um das Fischsymbol herum war das Auto vollständig zerdrückt und verbeult, doch das kleine Fischsymbol war weder zerkratzt noch verbogen. Mein Bruder entfernte das Fischsymbol von meinem Wagen, und ich trage es heute in meiner Brieftasche. Ich habe immer noch häufig Schmerzen, doch ich danke Gott jeden Tag, dass er mir das Leben gerettet hat. Ich weiß, es gibt noch eine Arbeit für mich, die ich hier auf der guten alten Erde zu erledigen habe. Ich zeige anderen Leuten gerne die Bilder von meinem Auto und erzähle ihnen, wie Gott mein Leben gerettet hat. Jeder stimmt zu, dass an diesem Tag mein Engel bei mir war.

KAPITEL 11

HIMMLISCHE ZEICHEN

Der Engel mit den Purpurhaaren

VON LEANNE HERNANDEZ

Meine Großmutter starb 1998, kurz vor dem fünften Geburtstag meiner Tochter. In ihren jüngeren Jahren war meine Großmutter dafür bekannt, recht exzentrisch zu sein – viele Jahre lang hatte sie ihre Haare sogar purpurfarben gefärbt.

Ich war unterwegs auf einer Geschäftsreise, deshalb half mir meine Mutter bei den Vorbereitungen für die Geburtstagsfeier meiner Tochter. Unter anderem bestellte sie einen Kuchen mit einem Engel darauf. Als sie den Kuchen abholte, war sie verblüfft, weil der Bäcker für die Haare des Engels einen purpurfarbenen Zuckerguss gewählt hatte. Meine Mutter fragte: »Wer hat schon einmal von einem Engel mit Purpurhaaren gehört?«

Doch ich weiß, dass dies ein Zeichen meiner Großmutter war, um uns zu zeigen, dass sie im Himmel ist und dass sie im Geiste bei uns ist, um den besonderen Tag meiner Tochter mitzufeiern.

Ein Engel auf meiner Schulter

VON GERRI MAGEE

Vor einiger Zeit nahm ich an einem von Doreen Virtues Seminaren über die Kommunikation mit Gott und unseren Schutzengeln teil. Vor der Mittagspause erzählte uns Doreen, dass wir alle mit mindestens zwei Schutzengeln in dieses Leben kommen, einem zu unserer Linken und einem zu unserer Rechten. Doreen forderte uns auf, unsere Augen zu schließen, ruhig zu sein und zu hören, ob die Schutzengel uns ihren Namen sagen.

Der Raum wurde ganz still, als wir alle die Augen schlossen. Wir wurden angewiesen, zuerst auf die Stimme des Engels zu unserer Linken zu hören. Überraschenderweise hörte ich eine leise Stimme flüstern: »Gabriel«, und fühlte eine sanfte, leichte Berührung auf dieser Seite. Während wir weiter still dasaßen, sagte Doreen, wir sollten einfach der Stimme vertrauen, die wir hörten. Dann sollten wir auf die Stimme des Engels zu unserer rechten Seite achten. Die Stimme, die ich dieses Mal hörte, war etwas kräftiger, und ich fühlte einen kleinen Druck auf meiner rechten Schulter, als ich den Namen »Michael« vernahm.

Wir blieben noch einige Minuten still sitzen, dann bat uns Doreen, in die Gegenwart zurückzukommen. Sie fragte uns, ob jeder die Namen von seinen Engeln erfahren habe. Als wir zum Mittagessen gingen, bat Doreen uns, auf Zeichen zu achten, die die Namen, die wir empfangen hatten, bestätigen würden.

Wir verließen alle den Raum und gingen zum Mittagessen. Im Restaurant saß ich einer Freundin gegenüber, mit der ich mich über das Seminar unterhielt, an dem wir gerade teilnahmen. Plötzlich sah ich aus dem Augenwinkel etwas auf meiner rechten Schulter. »Was ist das?«, fragte ich, als ich meine linke Hand danach ausstreckte und es buchstäblich aus dem Stoff meines Kleides herausreißen musste. Ich traute meinen Augen nicht. Was ich sah, war eine kleine, flaumige weiße

Feder. Sie steckte auf Schulterhöhe in meinem Kleid. Meine Freundin und ich schnappten beide nach Luft. Das war das Zeichen, um das ich gebeten hatte – eine Feder als Beweis für meinen Engel!

Ich war so aufgeregt, dass ich zu zwei anderen Tischen im Restaurant rannte, wo andere Seminarteilnehmer saßen. Ich musste ihnen einfach dieses besondere Zeichen zeigen. Sie waren alle hingerissen davon. Stellen Sie sich die Freude vor, eine Feder zu finden, die als Zeichen der göttlichen Engelswelt auf Ihrer Schulter steckt! Das sollte für jeden Beweis genug sein, dass Engel wirklich existieren und auf unsere Bitten antworten. Immerhin hatte jeder in diesem Raum die Namen seiner Engel vernommen und Zeichen erhalten. Auch wenn wir sie in der Regel nicht sehen können, sind sie doch da!

Am Ende des Tages forderte Doreen uns erneut auf, still zu sitzen, damit unsere Engel uns eine Botschaft übermitteln konnten. Der Raum wurde still, und als ich die Augen schloss, übermittelte mir der Engel auf meiner rechten Seite (Michael) eine Botschaft. Er flüsterte: »Du bist geliebt.« Er wiederholte es noch einmal, und ich fühlte mich eingehüllt wie von Flügeln, die mich umarmten und umfingen. »Du bist geliebt.«

Ich werde die Gegenwart meiner Engel immer fühlen und mich daran erinnern, dass sie zu mir sprachen. Ich glaube, dass ich jetzt eine starke persönliche Beziehung zu meinen Engeln habe. Ich erzähle Ihnen das, um Sie wissen zu lassen, dass unsere Engel immer bei uns sind und nur darauf warten, dass wir sie um Hilfe bitten. Zweifeln Sie nie daran, dass Sie Schutzengel haben. Sie sind nie allein.

Die tröstende Engelswolke

VON REBECCA POWERS

Mein Vater hatte Krebs und lag im Sterben. Sein Ende war nahe, und er war bei uns zu Hause, gut versorgt und ohne Schmerzen. Er war nicht mehr bei Bewusstsein, doch ich war mir sicher, dass er wusste, dass wir bei ihm waren. Ich hatte große Probleme mit dem Thema »Tod« und wie ich damit umgehen sollte, und ich hatte Angst um ihn – Angst vor dem, was mein Vater empfand und was er vielleicht würde durchmachen müssen. Ich wollte sicher sein, dass es ihm gut ging und dass er nicht alleine sein würde. Ich brauchte so etwas wie eine Antwort, irgendein Zeichen. Ich hatte nichts dergleichen, und ich hatte Angst.

Es war ein typischer Oktoberabend. Meine Familie und ich warteten auf das Ende, *beteten* für das Ende. Ich ging hinaus auf die vordere Treppe, um mit einem Freund, der mich tröstete, etwas Luft zu schnappen. Ich setzte mich hin und sprach ein kleines Gebet. Ich flehte: »Bitte, bitte, gib mir ein Zeichen, irgendein Zeichen, nur damit ich weiß, dass es ihm gut gehen wird.«

Genau in diesem Augenblick blickte ich hoch zum Himmel, auf einen herrlichen Sonnenuntergang, und ich sah einen Engel – klar wie der Tag, sichtbar für das menschliche Auge. Es war eine wunderschöne Wolke – ein wunderschöner Engel. Das war meine Antwort.

Ich rannte ins Haus, holte meine Mutter und griff nach meinem Fotoapparat. Wir saßen beide da und weinten. Ich machte ein Bild von dem Engel, dann verschwand er. Mein Vater starb zehn Minuten später. Der Engel war gekommen, um ihn heimzuholen. In diesem Moment wusste ich, ich *wusste* wirklich, dass es ihm gut gehen würde. Mein Vater war nicht allein, und er ging mit diesem wunderschönen Engel heim. Ich habe das Bild von dem Engel und schicke es gerne jedem, der nicht daran glaubt. Ich werde immer daran glauben.

Sofortiger Beweis

VON MARIE NELSON

Ich hatte von einem Engelgeschäft in Kalifornien mit dem Namen »Tara's Engel« gehört. Eines Tages ging ich in den

Laden und schaute mich etwa eine Stunde lang um. Ich glaubte nicht wirklich an Engel, doch ich war neugierig, was es damit auf sich hat. Das Geschäft hatte eine wunderbare Atmosphäre, und ich hörte viele Engelsgeschichten, während ich dort war. Ich fing an zu denken: »Vielleicht sind wirklich Engel bei uns.«

Als ich zu meinem Auto ging, bat ich im Stillen Gott, mir ein Zeichen zu schicken, ob Engel tatsächlich um uns sind. Ich fuhr los, kam auf die Autobahn, und innerhalb von drei Minuten setzte sich ein Auto vor mich mit dem amtlichen Kennzeichen »RAPHAEL«. War das etwa keine Botschaft?

Glücklich im Himmel

VON HELEN

Mein 24-jähriger Sohn starb am 14. August 1999. Wir vermissen ihn sehr, denn er hatte immer noch bei uns zu Hause gewohnt, während er an der Universität studierte. Ich denke tagtäglich fast ununterbrochen an meinen Sohn, auch wenn ich nach außen hin funktioniere.

An einem Abend kurz nach Thanksgiving hatte ich einen sehr schwierigen Moment, als ich einmal alleine zu Hause war. Es zog mich zum Fenster hin, denn dort stand die Urne, die die Asche meines Sohnes enthielt. (Wir wollten seine Asche bald ins Meer streuen.) Ich berührte die Urne mit den Fingerspitzen und sprach innerlich zu ihm, während ich leise vor mich hin weinte. Da bemerkte ich, dass der Mond sehr niedrig am Himmel stand und extrem hell war.

Während ich noch am Fenster stand, gewahrte ich plötzlich eine Wolke, die die Umrisse eines Engels hatte, mit großen geschwungenen Flügeln auf jeder Seite eines zierlichen Körpers, in einem fließenden Gewand, und mit kleinen, fußähnlichen Wolken darunter! Das war ein sehr tröstlicher Anblick für mich, und ich empfand augenblicklich Frieden. Ich hatte das Gefühl, dass mein Sohn, der wohl mit mir fühlte, mir zu übermitteln versuchte, dass er bei den Engeln ist und dass sie sich im Himmel gut um ihn kümmern.

Eine innere Gewissheit

VON LUCIE GRACE FULLER-KLING

Ich bin sieben Jahre alt. Ich hatte vor kurzem ein ganz besonderes Erlebnis, denn ich sah meinen Schutzengel. Es passierte vergangenen Montag, als unsere Familie von den Ferien in Kanada nach Hause fuhr. Ich sah aus dem Fenster in die Wolken. Plötzlich sah ich einen Engel oben am Himmel. Es sah aus, als trage er ein Kleid aus Wolken, das im Wind flatterte. Er hatte kleine Locken im Haar, und es sah aus, als würde er mir zulächeln. In diesem Moment sagte mir etwas in meinem Kopf, dass das ein Zeichen von meinem Schutzengel war.

Die Botschaft der Rosenblätter

VON BONNIE SUZANNE KOESTER

Ich hatte einige Schwierigkeiten an dem kleinen College in Pasadena, wo ich arbeitete. Es gab jede Menge Intrigen unter den Angestellten, meinen Chef eingeschlossen, und schließlich wurde es so schlimm, dass ich mir überlegte, meine Stelle zu kündigen. Ich betete um Führung.

Es war mir zur Gewohnheit geworden, jeden Morgen zur Frühstückspause in einen kleinen Laden in der Nähe des Colleges zu gehen. An diesem Tag fand ich einige rote Rosenblätter auf dem Rasen zwischen dem College und dem Laden. Ich hob eines davon auf und lächelte und fragte mich im Stillen: »Ist das von meinen Engeln?« Doch dann dachte ich, jemand muss sie wohl fortgeworfen haben. Ich nahm ein Blütenblatt mit in mein Büro und legte es auf den Fuß meiner Lampe.

Als ich am nächsten Morgen hereinkam, war das Blütenblatt vertrocknet. Als ich zum Frühstücken wieder zu dem
Laden ging, lagen auf dem Rasen an derselben Stelle frische
rosafarbene Rosenblätter. Von den roten war keine Spur
mehr zu sehen.

Ich runzelte nachdenklich die Stirn und dachte: »Wie
kommt es, dass von gestern keine mehr da sind, und wer
macht das?« Warum ließ jemand Rosenblätter auf dem
Rasen zurück? Ich bemühte mich, eine logische Erklärung
dafür zu finden.

Ich hob eines der rosa Blütenblätter auf, und als ich über
den Parkplatz ging, um in mein Büro zurückzugehen, nahm
ich einen so intensiven Geruch nach Rosen wahr, dass
meine Augen vor Staunen ganz weit wurden. Ich dachte:
»Ein einziges Blütenblatt kann doch nicht so stark riechen.«
Ich hob meine Hand an die Nase und roch an dem Blütenblatt. Ich roch aber nur den Geruch meiner Hand. Ich nahm
meine Hand wieder fort, und wieder roch es intensiv nach
Rosen!

In Pasadena gibt es zahlreiche Ölraffinerien. Die Luft riecht
hier nie nach Rosen. Ich weiß deshalb ohne den geringsten
Zweifel, dass diese Rosenblätter ein Zeichen von meinen Engeln waren. Frieden, Ruhe, Freude, Liebe und Humor –
etwas, was einen zum Lächeln bringt –, all das vermittelten
sie mir.

Ich nahm das Blütenblatt und legte es neben das welke
rote. Am nächsten Tag war auch das rosa Blütenblatt welk geworden. Ich kehrte wieder an die Stelle zurück, und dieses
Mal fand ich frische rote und rosa Blütenblätter. Mit einem
Lächeln sagte ich: »Okay, okay, ich stehe das durch, ich harre
hier noch ein bisschen länger aus. Danke. Ihr seid wirklich
sagenhaft!«

Die Engel hatten Recht – ich habe heute eine neue Stellung
am College und verdiene fast das Doppelte. Und ich habe
immer noch die Blütenblätter!

Ein Regenbogen als Zeichen

VON DANIELLE

Ich kehrte mit meiner Familie aus den Ferien zurück und fühlte mich sehr niedergeschlagen und allein. Ich war an einem solchen Tiefpunkt meines Lebens angelangt, dass ich kurz davor war, einen Selbstmord in Betracht zu ziehen.

Ich sah zum Himmel und entdeckte einen doppelten Regenbogen, was seltsam war, denn es hatte an diesem Tag nicht geregnet. Ich fragte meine Mutter, ob sie den Regenbogen auch sah, aber sie sah ihn nicht. Auch mein Bruder sah ihn nicht. Da wusste ich, dass er ein Zeichen für mich war, denn ich hörte eine Stimme sagen: »Alles wird gut werden. Alles kommt in Ordnung. Du wirst geliebt, Danielle. Gott liebt dich.«

Diese Stimme und diese Vision veränderten mein Leben von diesem Moment an. Die Depressionen hörten auf, und ich begann, anderen, die in einer ähnlichen Situation wie ich damals waren, zu helfen, seelisch zu gesunden und sich weiterzuentwickeln. Ich kann ehrlich sagen, dass ich heute ein anderer Mensch bin, denn ich weiß, ich werde geliebt. Die alten egoistischen Denkmuster und Ängste sind verschwunden.

Ein Zeichen von Schutz

VON MICCI DEBONIS

Meine Mutter Katherine hatte sich gerade ein neues Auto gekauft. Ich schenkte ihr einen Anstecker in Form eines Engels, den sie an der Sonnenblende in ihrem Auto befestigte.

An diesem besonderen Tag passte meine Mutter den Tag über auf meine sechs Monate alte Tochter auf, während ich bei der Arbeit war. Bei einem Ausflug in Mamas neuem Auto hielten sie an einer Tankstelle.

Sie warteten in der Schlange vor der Zapfsäule. Meine

Tochter zappelte auf dem Rücksitz herum. Meine Mutter drehte sich um, um zu sehen, was los war, und sah, dass meine Tochter ihre Flasche wollte. Sie drehte sich um, um sie zu holen. In diesem Augenblick bemerkte sie ein Auto, das direkt auf sie zukam. Der Mann prallte frontal auf das Auto meiner Mutter auf und verursachte einen Totalschaden. Der Airbag entfaltete sich, und glücklicherweise wurden weder meine Mutter noch mein Baby verletzt.

Nachdem der Polizeibericht abgeschlossen war, ging meine Mutter zum Auto zurück und stellte fest, dass der Engelanstecker an der Sonnenblende fehlte. Sie sah im ganzen Wagen nach und fand ihn schließlich: Er war auf der Rückbank gelandet, wo meine Tochter in ihrem Kindersitz saß.

Ich bin fest davon überzeugt, dass Engel für die Sicherheit meiner Mutter und meiner Tochter sorgten. Der Polizeibeamte sagte, dass der Unfall nicht so gut ausgegangen wäre, wenn meine Mutter auch nur ein paar Zentimeter näher an der Zapfsäule gewesen wäre. Ich bin ganz sicher, dass die Engel meine Mutter und meine Tochter während dieses Vorfalls behüteten. Sie und ich danken ihnen jeden Tag.

Ein Zeichen von der Muttergottes

VON ANTOINETTE VOLL

Meine 66-jährige Mutter hatte jedes Mal Schwierigkeiten mit dem Atmen, wenn sie Treppen stieg oder einen Hügel hinaufging. Mit der Zeit wurde es immer schlimmer. Da ich meinen Vater erst 18 Monate zuvor verloren hatte, waren wir alle sehr angespannt. Sie ließ sich schließlich untersuchen und dabei stellte sich heraus, dass sie an zwei Stellen eine Koronarverengung hatte. Unser Hausarzt überwies meine Mutter in ein Krankenhaus, wo eine genauere Untersuchung durchgeführt werden sollte, um das Ausmaß ihrer Krankheit festzustellen.

Eine Woche vorher begann ich ernsthaft zur Muttergottes zu beten. Ich sprach zu ihrem Bild und bat sie, entweder die Arterienverengungen aufzulösen oder mir die Kraft zu geben, diese nächste Krise zu überstehen. Als meine Mutter an diesem Morgen ins Krankenhaus kam, blieb ihre Schwester bei mir, und wir beteten.

Als die Untersuchung vorbei war, fragte der Arzt im Krankenhaus, wieso sie eigentlich durchgeführt worden sei. Sie hatte ergeben, dass ihre Arterien vollkommen in Ordnung waren, ohne jegliche Blockaden. Ich sagte ihm, er solle unseren Hausarzt fragen. Als unser Hausarzt schließlich kam, zeigten alle einen seltsamen Gesichtsausdruck. Es gab keine logische Erklärung für das, was passiert war.

Als die Krankenpfleger meine Mutter auf ihre Station bringen wollten, stellte sich heraus, dass alle Betten belegt waren, und man musste sie auf die Pflegestation bringen. Als man sie neben dem Fenster der Station abstellte, hing über ihrem Kopf genau das gleiche Bild der Muttergottes, zu dem ich die ganze Woche über gebetet hatte. Meine Gebete waren emporgestiegen und erhört worden! Es war ein wunderbares Gefühl. Wir hatten ein echtes Wunder erlebt, und die Heilige Muttergottes zeigte mir ihr Bild, um mich zu beruhigen und mir mitzuteilen, dass sie eingegriffen hatte.

Daniel

VON CHARMAINE JABR

Mein 44-jähriger Bruder Daniel starb an einer Lebererkrankung. Er hatte sein Leben lang Drogen genommen und übermäßig Alkohol getrunken und als Folge davon einige schlimme Fehler begangen und dabei viele Leute in Mitleidenschaft gezogen. Ich liebte ihn trotzdem und fragte mich immer, was wohl mit seiner Seele passiert war, als er starb.

Es war die Zeit um seinen Geburtstag herum, und im Autoradio lief Elton Johns Song »Daniel«. Den Namen meines

Bruders zu hören, brachte mich zum Weinen. Ich bat Gott, mir ein Zeichen zu geben und mich wissen zu lassen, was mit Daniels Seele passiert war. In diesem Augenblick setzte sich ein Kleintransporter vor mich, der mit einem beeindruckenden Bild bemalt war. Auf der linken Seite der Ladeklappe war eine düstere, stürmische, trostlos aussehende Szenerie, und auf der rechten Seite schwebte Jesus auf Wolken in den Himmel. Dann sah ich den Aufkleber darunter, auf dem stand: »Jesus hat gesiegt.«

Von diesem Tag an löste sich der Kummer auf, den ich über den Verlust meines Bruders empfunden hatte. Seine Kindheit war so voller Leid gewesen, dass er von Anfang nie eine echte Chance hatte. Und doch besaß er so viel Geist und Charme – er konnte nur an einem besseren Ort sein. Jetzt bin ich mir dessen sicher.

Gesundheit!

VON CAMMI COLLIER

Mein Mann und ich gingen in der Weihnachtswoche nach Sedona in Arizona. Eines Abends machten wir einen Spaziergang. Der Mond leuchtete besänftigend. Doch mir war kalt und mir lief die Nase. Ich sagte zu meinem Mann: »Ich weiß, dass das Ganze mit den Engeln funktioniert, wenn ich alleine bin. Wollen wir doch einmal sehen, ob es mit dir hier auch funktioniert!«

Ich betete um ein Taschentuch, um mir die Nase zu putzen. Ich hatte gelernt, dass den Engeln keine Bitte zu trivial ist. Auf der Stelle hörte ich die Engel zu mir sagen, ich solle auf die rechte Seite der Straße schauen. Tatsächlich lagen etwa einen Meter vor uns auf der rechten Seite der Straße zwei saubere Taschentücher. Obwohl ich schon lange an Wunder glaube, bin ich doch immer wieder begeistert, wenn ich sie erlebe. Die Tücher waren neu, dick und weich, mit einem Geruch nach Lotion.

Ich dankte den Engeln für ihre Liebe und Großzügigkeit. Es ist beruhigend zu wissen, dass sie sich sogar um laufende Nasen kümmern können!

Ein großzügiges Zeichen

VON ELLEN TADDEO

Vor einigen Jahren hatte mein Mann einige Besorgnis erregende körperliche Symptome, und wir hatten Angst, dass sie Anzeichen für eine ernsthafte Erkrankung sein könnten. Wir vereinbarten also einen Termin beim Arzt, wo verschiedene Untersuchungen gemacht werden sollten. Eines Nachmittags als ich mit meinem Sohn im Park war, machte ich mir ganz besonders viel Sorgen um die Gesundheit meines Mannes. Ich bat meinen Schutzengel, mich wissen zu lassen, ob alles in Ordnung kommen würde.

Ich sagte zu den Engeln: »Bitte lasst mich ein vierblättriges Kleeblatt finden als Zeichen, dass alles gut geht mit meinem Mann.« Ich setzte mich mit meinem Sohn ins Gras, sah mich suchend um, und siehe da, da war mein vierblättriges Kleeblatt! Ich pflückte es und zeigte es glücklich meinem Sohn. Dann schaute ich wieder auf die gleiche Stelle, und da war ein weiteres vierblättriges Kleeblatt! Erfreut pflückte ich es und dachte, wie ungewöhnlich das war. Ich zeigte auf die Stelle, wo ich es gepflückt hatte, damit mein Sohn sie sah, und wir fanden noch ein vierblättriges Kleeblatt! Und noch eines, und noch eines! Ich pflückte insgesamt 27 vierblättrige Kleeblätter von derselben kleinen Stelle im Gras! Am nächsten Tag fand ich fünf weitere in meinem eigenen Garten! Ich trocknete sie alle und habe sie immer noch.

Die Engel müssen gedacht haben: »Du möchtest ein vierblättriges Kleeblatt? Nun gut, du sollst vierblättrige Kleeblätter bekommen!« Ich habe später versucht, diesen magischen Fleck wieder zu finden, aber es gelang mir nicht. Ich brauche wohl nicht zu sagen, dass alle Untersuchungen bei meinem Mann gut ausgingen und dass ihm nichts fehlte.

Du musst nur bitten

VON RETA

Es war ein wirklich anstrengender Tag gewesen. Ich hatte morgens ein Bewerbungsgespräch für eine berufliche Position, die ich gerne haben wollte, aber es gab noch ein paar offene Fragen. Ich nahm mir anschließend frei, ging zur Massage, kam nach Hause und bereitete mich dann auf die nächsten Bewerbungsgespräche vor.

An diesem Abend hatte ich beträchtliche Probleme, zur Ruhe zu kommen. Ich wusste, dass der nächste Tag richtig strapaziös werden würde, denn ich musste beinahe vier Stunden mit dem Auto fahren, hatte zwei Treffen am Morgen, musste dann wieder fast vier Stunden mit dem Auto zu einem Treffen am späten Nachmittag fahren und schließlich weitere 90 Minuten zurück nach Hause. Nach einer Weile gab ich den Versuch einzuschlafen entnervt auf und beschloss, mir Doreen Virtues Webseite anzuschauen.

Ich werde meinen Besuch unter www.angeltherapy.com nie vergessen. Ich las einen Artikel von Doreen mit dem Titel »Du bist von Engeln umgeben«. Genau diese Ermutigung hatte ich gebraucht. Ich las den Artikel noch einmal und fühlte, wie meine Gelassenheit zurückkehrte. Als ich von meinem Computer zurück in mein Schlafzimmer ging, um ins Bett zu gehen, dachte ich: »In gewisser Weise habe ich mit fast allen Möglichkeiten der Begegnung mit Engeln, die Doreen beschreibt, bereits meine Erfahrungen gemacht. Doch ich kann mich nicht erinnern, jemals eine unerklärliche Feder gefunden zu haben. Das wäre wirklich eine beeindruckende Erfahrung!«

Der nächste Morgen kam schnell. Auf dem Weg zu dem ersten Treffen fuhr ich in meinem Büro vorbei, um die Unter-

lagen zu holen, die ich an diesem Tag benötigte. Als ich es
verließ, war ich so voller Selbstvertrauen, dass ich die Tür ab-
schloss, ohne noch einmal zurückzublicken. Da ich eine lange
Fahrt vor mir hatte und es noch früh war, ging ich noch einmal kurz zur Toilette. Als ich das Licht anmachte, bemerkte
ich, dass irgendwelche Fussel auf meinem Rock klebten. Ich
war ziemlich genervt, denn noch einmal nach Hause zu fahren, um die Kleidung zu wechseln, würde mich mehr als eine
Stunde kosten. Ich versuchte den Rock also mit der Hand ab-
zubürsten … und hielt mitten in der Bewegung inne, als mir
klar wurde, dass es Federn waren!

Natürlich fühlte ich mich durch dieses Erlebnis beschützt
und geliebt und unterstützt. Ich hatte meine Engelsfedern
bekommen – ich musste nur darum bitten!

KAPITEL 12

Visionen auf dem Totenbett oder bei Nahtoderfahrungen

Eine aufschlussreiche Erfahrung
VON CHAYA KOSTELICKI

Mein Vater starb am 24. Februar 1991. Auf den Tag genau vier Monate später erlitt ich einen Herzstillstand. Ich ging durchs Licht, während man mich im Krankenhaus behandelte. Während dieses Traums, dieser Halluzination, oder welchen Begriff auch immer Sie für meine Erfahrung nehmen wollen, kamen mein Vater und ein alter Freund von mir, um sich mit mir zu unterhalten. Als ich aus dem Krankenhaus kam, rief ich die Frau meines Vaters an, um sie nach der Telefonnummer dieses Freundes zu fragen. Sie erzählte mir, dass dieser Freund kurz vor Weihnachten 1990 gestorben war, was ich nicht gewusst hatte.

Eine Erfahrung, die mein Leben veränderte
VON TAMMY ZIENKA

Im Jahre 1996 war ich zusammen mit einem Auto, in dem eine vierköpfige Familie saß, in einen Unfall verwickelt. Ich kann mich an die Angst erinnern, die ich in ihren Augen sah, kurz bevor ihr Auto in die Seite des Wagens krachte, in dem ich saß. Ich war sicher, ich würde sterben.

Als Nächstes erinnere ich mich, dass ich mich in einem goldenen Raum mit einem langen Tisch befand, an dem viele goldene Lichtwesen saßen. Einer von ihnen war mein geliebter Großvater. Ich war so glücklich! Ich lachte – nicht weil irgendetwas komisch gewesen wäre, sondern weil ich unendlich glücklich war. In diesem Augenblick erinnerte ich mich, was meine Aufgabe auf der Erde war. Ich sagte zu meinem Großvater, der dort mit mir in der geistigen Welt war: »Ich kann nicht glauben, dass ich mich über so viele nichtige Dinge aufgeregt habe!«

Ich kann mich an nichts mehr erinnern, was mir im Himmel gesagt wurde. Ich erinnere mich mehr an meine Gefühle und daran, dass ich mit Großvater Jim zusammen war. Dann waren ein Lichtwesen und ich plötzlich zurück an der Unfallstelle. Da ich das Gefühl hatte, dass ich sehr lange Zeit in dem goldenen Raum gewesen war, erkannte ich das irdische Umfeld zunächst nicht mehr. Dagegen schien ich meinen Begleiter gut zu kennen, das Wesen aus der geistigen Welt, das mich wie ein langjähriger Freund begleitete. Doch dieses Wesen, das ein weißes Gewand mit einer Kapuze trug, war niemand, den ich von der Erde her kannte.

Ich sagte zu meinem Freund, dem Geistwesen: »Oje, das war aber ein schlimmer Unfall!« Wir standen zwischen den beiden völlig zerstörten Autos. Der Verkehr wurde auf beiden Seiten der Straße angehalten. Dann erblickte ich mein Auto, und in diesem Moment »erinnerte« ich mich an meinen Autounfall. Ich sah einen Mann in einem orangegelben Mantel, der auf der Fahrerseite in mein Auto blickte. Mein Freund, das Geistwesen, begann mich in meinen Körper zurückzuführen. Ich erinnere mich, dass ich zurückkommen wollte, um meine Aufgabe hier auf Erden zu erfüllen. Ich hatte auch das Gefühl, dass ich sehr bald in der geistigen Welt zurück sein würde, denn die Zeit hat in jener Welt eine andere Bedeutung. Mit anderen Worten, 80 Jahre auf der Erde entsprechen nur einer Sekunde in der anderen Welt. Die geistige Welt ist außerhalb der Zeit und wird nicht durch die Zeit begrenzt. Dort gibt es nur *jetzt*.

Als wir uns meinem Auto und meinem Körper näherten, hielt ich abrupt an und sagte: »Nein!« Plötzlich wollte ich nicht zurück. Ich sah zu der Familie hinüber, die mit mir zusammengestoßen war. Sobald in meinem Kopf die Frage auftauchte: »Geht es ihnen gut?«, erwiderte das Lichtwesen: »Ja, es geht ihnen gut, doch sie sind sehr besorgt um dich.« Ich sah alle vier Leute und ihre Auren.

In der nächsten Sekunde war ich zurück in meinem Körper. Ich sah den Sanitäter im orangegelben Mantel, der mich durch die Tür ansah. Er fragte mich, ob ich in Ordnung sei. Ich sagte: »Ja, ich bin nur gerade auf der Straße spazieren gegangen!« Später, kurz bevor ich in den Krankenwagen gebracht wurde, fragte der Sanitäter noch einmal: »Sind Sie in Ordnung?« Ich erzählte ihm dann kurz von meinem Erlebnis, das, wie ich jetzt weiß, eine Nahtoderfahrung genannt wird. Ich nehme an, dass Sanitäter recht oft von solchen Begegnungen mit der anderen Welt hören, wenn sie Menschen zu Hilfe kommen, die dem Tod nahe sind.

Von dieser Erfahrung weiß ich, dass wir in der geistigen Welt absolut aufrichtig denken und kommunizieren. Wenn zum Beispiel ein Mensch, der bei einer Nahtoderfahrung sein ganzes Leben wie einen Film vor sich ablaufen sieht, dabei einen Vorfall bemerkt, bei dem er die Gefühle eines anderen Menschen verletzt hat, würde er sich nicht für das, was er getan hat, rechtfertigen oder entschuldigen wollen. Stattdessen würde er es als eine verpasste Gelegenheit sehen, dem anderen Menschen zu helfen und zur Seite zu stehen. Darum empfinde ich es als so wichtig, bei allem, was wir tun, stets bedingungslose Liebe walten zu lassen und diese Absicht nie aus den Augen zu verlieren.

Sanfte Lichtwesen

VON DOROTHY WOMACK

Als meine Mutter im Sterben lag, sagte sie, dass ihr Zimmer voller strahlender Wesen sei. Sie lächelten alle freundlich, berührten sanft ihre Hand und gaben ihr Zeichen, mit ihnen zu gehen. Sie wurde emporgehoben und fand sich selbst wieder, wie sie über eine üppig grüne Wiese ging. An diesem Ort gab es Springbrunnen, Blumen und noch mehr strahlende Wesen. Die Gärten waren erleuchtet, doch ohne Sonnenlicht. Sie wunderte sich, dass sie laufen konnte, denn sie war seit vier Jahren bettlägerig.

Diese Wesen flogen um sie herum und hoben sie wieder empor, und sie fühlte sich schwerelos. Die strahlenden Wesen brachten sie zurück in ihr Bett, küssten sie auf die Wange und erklärten ihr, sie würde bald nach Hause kommen. Meine Mutter sagte, die leuchtenden Wesen waren so sanft und zärtlich. Ihre Augen waren groß, voller Liebe, und ihre Körper waren zierlich wie die von Kindern. Sie hatten Flügel, die sich wie Seide anfühlten und wie Satin schimmerten. Sie sprachen im Flüsterton mit ihr und versprachen ihr, dass sie bald zurückkehren würden. Meine Mutter sagte, dass niemand sich jemals vorm Sterben fürchten solle und dass wir an einen wunderschönen Ort gehen, wenn wir unseren Körper verlassen. Sechs Wochen später starb meine Mutter. Ihr Mut im Angesicht des sicheren Todes gab mir die Kraft, mich einem unsicheren Leben zu stellen.

In die Arme von Engeln

VON JADE D. EISENHOWER

Im Jahre 1998 kam mein Mann Ike todkrank ins Krankenhaus, und die Ärzte gaben ihm nur noch kurze Zeit. Ich erinnere mich, dass ich mit anhörte, wie die Schwestern am

Abend vor seinem Tod sagten, sie könnten nicht verstehen, dass er überhaupt noch am Leben war.

Auch ich wunderte mich, wie er noch so beharrlich am Leben festhalten konnte. Ich sagte zu Ike, es wäre besser für ihn, Gottes Hand anzunehmen und in Frieden zu gehen. Ich sagte ihm: »Mach dir keine Sorgen um die Jungs und mich, wir werden zurechtkommen. Du kannst uns von da oben beschützen und für uns einen Platz vorbereiten. Bitte geh. Ich komme zurecht.«

In diesem Augenblick tat Ike seinen letzten Atemzug. Als sein Körper die Farbe verlor, sah ich die geistige Gestalt meines Mannes in Form einer Wolke zur Decke schweben. Er streckte seine Hand aus und berührte eine Hand, die ihn nach oben zog. Ich glaube, dass es die Hand eines Engels war, die ihm den Weg wies.

Tante Nina

VON SONIA HUSTON

Als ich 16 Jahre alt war, starb ich. Es war der schlimmste Unfall in der Geschichte unserer Sadt in Kalifornien. Eine Polizeibeamtin, die in einer 30-Meilen-Zone mit 65 Meilen pro Stunde fuhr, prallte in das Auto, in dem ich saß. Sie hatte weder das Blaulicht an noch die Sirenen eingeschaltet, da sie auf einen Einbrecheralarm am anderen Ende der Stadt reagierte und keinen Lärm verursachen wollte.

In dem Augenblick, als sie über einen steilen Hügel kam, waren meine drei Freunde und ich gerade dabei, auf dem Hügelkamm zu wenden. Mitten in unserem Wendemanöver krachte sie in unser Auto. Ich saß auf der Beifahrerseite. Meine beiden Freunde, die hinten im Auto saßen, starben tragischerweise.

Meine Verletzungen waren schwer und in der Tat lebensgefährlich. Ich war auf der Intensivstation und lag im Koma. Die Ärzte sagten zu meiner Familie, sie müssten mit dem

Schlimmsten rechnen – dass ich wahrscheinlich die Nacht nicht überleben würde.

Während ich im Koma lag, kam meine Lieblingstante, die sechs Monate vor meinem Unfall gestorben war, zu mir. Sie sagte nicht viel, aber sie stand bei mir, während ich meine Situation langsam begriff. Jedes Mal, wenn ich mich zu ihr wandte, um sie etwas zu fragen oder zu weinen, lächelte sie bloß und nickte. Ich erinnere mich an den Glanz um sie herum und an den absoluten Frieden, den sie mir in meinem Zustand der Panik gab. Ich wollte so sehr der Verwirrung entkommen, die ich zu dem Zeitpunkt empfand. Mein erster Impuls war, meinen Arm auszustrecken und ihre Hand zu ergreifen und mit ihr dorthin zu gehen, woher sie gekommen war. Sie lächelte mich nur an, streckte ihre Hand nach mir aus und nickte.

Dann war ich wach, und die lange Zeit meiner Genesung begann. Zuerst erklärten die Ärzte meiner Familie, dass ich wohl nur dahinvegetieren würde. Dann sagten sie, ich würde ein wenig von meinem alten Selbst zurückgewinnen, aber ich würde nie mehr gehen können. Als ich wach wurde, konnte ich nicht sprechen, nicht gehen oder auch nur irgendetwas verstehen. Ich war ein Kind in einem 16 Jahre alten Körper. Ich musste zur Krankengymnastik, zur Sprachtherapie, zur Beschäftigungstherapie, und heute sitze ich hier und schreibe dies alles. Man glaubte, ich würde sterben, doch nun lebe ich mein Leben.

Jedes Mal, wenn ich denke, ich kann mit meinem Leben nicht weitermachen, gehe ich zu dem Moment zurück, in dem meine Tante Nina mir zulächelte und zunickte. Ja, mein altes Ich starb damals, doch das Ich, das ich heute kenne, wurde geboren.

TEIL II

WIE AUCH SIE ENGEL SEHEN KÖNNEN

KAPITEL 13

ÄNGSTE AUFLÖSEN

Jedes Wochenende gebe ich einen ein- oder zweitägigen Workshop zum Thema »Kontakt mit den Engeln aufnehmen«. Tausende von Menschen – Männer, Frauen und Kinder – haben bereits an diesem Seminar teilgenommen, und die überwiegende Mehrheit von ihnen war im Anschluss daran erfolgreich in der Lage, Kontakt mit ihren Engeln aufzunehmen. Viele – bestimmt die Hälfte meiner Schüler – konnten bereits während des Seminars Engel sehen.

Ich habe dabei nicht nur aus den Erfolgen meiner Schüler gelernt, sondern auch aus ihren Misserfolgen. Was ich gelernt habe, ist, dass *diejenigen, die Engel sehen wollen und dazu bereit sind, auch Engel sehen*. Wenn ich jetzt von »Engeln« spreche, dann meine ich damit alle geistigen Wesen, die helfend für uns da sind und uns lieben. Ob Sie nun ihre verstorbenen Lieben sehen wollen oder einen der großen Erzengel, Mutter Maria oder eine Legion von Engeln, der Prozess ist immer der gleiche.

Sie sind immer hellsichtig – auch jetzt

Die Linse, durch die wir Engel sehen können, ist ein Energiezentrum, das zwischen den beiden physischen Augen liegt und als das »dritte Auge« bezeichnet wird. Jeder Mensch hat ein drittes Auge, und es funktioniert bei jedem. Ich weiß, dass dies der Wahrheit entspricht, denn jeder Mensch hat visuelle Träume – auch wenn er sich am nächsten Morgen nicht daran erinnern kann.

Auch wenn Menschen Nahtoderfahrungen machen, erleben sie visuelle Erfahrungen. Sie sehen möglicherweise ihr Leben wie einen Film ablaufen, sehen Engel und Verstorbene oder ein helles, strahlendes Licht. Darüber hinaus zeigen Hunderte von gut recherchierten wissenschaftlichen Studien, dass wir alle die Fähigkeit zum Hellsehen haben. Viele dieser Studien werden in meinem Buch *Dein Leben im Licht* ausführlich beschrieben.

Sie können also bereits Engel sehen. Die Frage ist nur, ob Sie sie auch *wahrnehmen*. Wenn in einem Kinosaal der Filmprojektor läuft, dabei aber die Projektorlinse abgedeckt ist, kann man den Film nicht auf der Leinwand sehen.

Bei den meisten Menschen ist das dritte Auge sozusagen bedeckt, sodass sie ihre Engelsvisionen nicht bewusst wahrnehmen können.

Wir entscheiden selbst – bewusst oder unbewusst –, ob wir unser drittes Auge abdecken. Wir können uns folglich auch entscheiden, die Abdeckung zu entfernen. Außerdem können wir den Grad der Hellsichtigkeit kontrollieren. Deshalb brauchen Sie sich keine Sorgen zu machen, dass Sie vielleicht überall nur noch Engel und Verstorbene sehen werden, wenn Sie erst einmal das Fenster Ihres dritten Auges geöffnet haben.

Wie beim Fernseher können Sie Ihr drittes Auge nach Belieben heller oder dunkler einstellen oder ein- und ausschalten. Ich persönlich ziehe es vor, mein drittes Auge jederzeit weit geöffnet zu lassen, denn ich liebe die Schönheit, die ich dabei wahrnehme. Ich habe außerdem alle meine Ängste vor Visionen verloren.

Diese Ängste sind das Haupthindernis, warum manche Menschen keine Engelsvisionen haben.

Die Angst vor Visionen verlieren

Lassen Sie uns einmal die gängigsten Ängste durchgehen, die Menschen dazu veranlassen, ihr drittes Auge zu bedecken. Achten Sie genau auf die Reaktionen Ihres Körpers, während Sie die einzelnen Beschreibungen lesen. Wenn Sie eine innere Bewegung oder Beklemmung spüren, dann ist diese spezielle Angst wahrscheinlich in Ihnen vorhanden. In diesem Fall sollten Sie die entsprechenden Ratschläge befolgen, wie Sie sich von der jeweiligen Angst befreien können.

1. Die Angst, Furcht erregende Bilder zu sehen

»Ja, ich möchte wirklich Engel sehen«, sagte meine Schülerin Amy zu mir, »aber nur, wenn ich hundertprozentig sicher sein kann, dass ich keine Dämonen oder schrecklich aussehende Wesen sehe.«

Viele Menschen haben ähnliche Ängste. Einerseits haben sie den starken Wunsch, die göttlichen Lichtwesen zu sehen, andererseits befürchten sie, dass mit den spirituellen Visionen Furcht erregende Bilder verbunden sein könnten.

Der Film »Der sechste Sinn« hat viele realistische Szenen gezeigt, wie es ist, ein hellsichtiges Kind zu sein. Cole, das Kind in diesem Film, wurde von seiner Hellsichtigkeit geängstigt, bis ihm klar wurde, worum es sich dabei handelte. Erst als er erkannte, dass die Verstorbenen ihn nicht jagten, sondern einfach nur mit ihm sprechen wollten, konnte Cole seine spirituelle Fähigkeit schätzen lernen.

Der unrealistische Teil in diesem wie in ähnlichen Filmen war die visuelle Darstellung der verstorbenen Wesen. Der Film zeigte sie blutig und mit verstümmelten Körpern. Nichts könnte weniger der Wahrheit entsprechen als das! Im Gegenteil, Verstorbene sehen besser aus als die meisten Lebenden! Visuell erscheinen sie uns in einem »Ätherleib«, der so aussieht wie in den besten Lebenstagen der Person. Diejenigen, die beim Tod ausgemergelt, verkrüppelt oder behindert waren, sind wieder unversehrt, da dies schon immer ihre spirituelle Wahrheit war. Sie können so alt erscheinen, wie sie waren, als sie starben, oder einige Jahre jünger. Wenn Kinder sterben, wachsen sie in der anderen Welt oft weiter, deshalb sehen sie vielleicht einige Jahre älter aus als zu der Zeit, als Sie sie zuletzt auf Erden sahen.

Die Verstorbenen in der anderen Welt haben nichts mehr mit so irdischen Dingen wie Geld, Hektik oder Streit zu tun. Wenn Sie also einen verstorbenen Angehörigen sehen, werden Sie wahrscheinlich tief beeindruckt sein von der wunderbaren Ausstrahlung, die von ihm ausgeht. Etwa 95 Prozent der Verstorbenen, die mir erscheinen, sind glücklich, zufrieden und fühlen sich wohl.

Und was ist mit den anderen fünf Prozent? Was ist, wenn Sie Angst haben, dass Sie einem zornigen oder rachsüchtigen Verstorbenen begegnen? Zunächst einmal gilt, dass solche Wesen tatsächlich oft erscheinen. Doch wenn sie auch bis zu einem gewissen Grad Einfluss auf uns ausüben können – wie etwa Gegenstände verrücken, Geräte einschalten oder etwas in unser Ohr flüstern –, so haben sie doch keine Kontrolle über uns und können uns keinen wirklichen Schaden zufügen.

Viele Leute fürchten auch die »gefallenen Engel«, Wesen der Finsternis und des so genannten Bösen. Es gibt eine bestimmte Art von Geistern, die dem noch am nächsten kommen, was man als »gefallene Engel« bezeichnen könnte. Diese Kreaturen haben knochige, ledrige, fledermausähnliche Flügel, zerdrückte Gesichter und spitze Klauen. Sie tragen kein göttliches Licht in sich, was darauf hinweist, dass sie keine Schöpfungen Gottes sind, sondern Gedankengebilde der Angst, die durch den Glauben des Egos an die Finsternis und das Böse Lebenskraft bekommen.

Diese erdgebundenen Geister und Gespenster belästigen normalerweise keine gewöhnlichen Leute. Tatsächlich halten sie die meisten von uns für ziemlich langweilig. Sie fühlen sich von Menschen angezogen, die Drogen nehmen, von der Angst vor dem Teufel besessen sind oder anderen absichtlich seelischen oder körperlichen Schaden zufügen.

Wenn Sie aus Angst vor diesen Wesen vermeiden, Gottes himmlische Boten zu sehen, dann lassen Sie mich Folgendes fragen: Würden Sie auf einer Straße mit zwielichtigen Gestalten lieber um Mittag oder um Mitternacht entlanggehen wollen? Die zwielichtigen Typen sind dort auf jeden Fall, deshalb würde ich persönlich sie lieber *sehen* wollen, denn so kann ich mich entscheiden, die Straßenseite zu wechseln.

Hellsehen erinnert mich immer an das Schnorcheln in tropischen Meeren. Sie sehen herrliche Schwärme der wunderschönsten Fische in leuchtenden Farben, Korallenriffe und Unterwasserpflanzen. Doch gelegentlich sehen Sie vielleicht auch mal einen unattraktiven oder sogar gefährlichen Fisch. Lassen Sie sich dadurch davon abhalten weiterzuschnorcheln?

Oder legen Sie die Hände über Ihre Tauchermaske, um unattraktive Anblicke zu vermeiden – auch wenn Sie sich dabei gleichzeitig um die Möglichkeit bringen, die Schönheit von Gottes Unterwasserwelt zu sehen?

Hier nun eine kleine Engelstherapie gegen diese Angst, in welcher Form auch immer sie sich zeigt: Bitten Sie im Geiste den Erzengel Michael, Sie zu beschützen. Michael verhält sich dann wie ein Rausschmeißer in einem Nachtclub und kontrolliert, dass jedes Wesen, das in Ihre Nähe kommt, aus dem Licht stammt. Er strahlt außerdem göttliche Energie aus, die Ihnen in allen Situationen Mut verleiht.

Michael ist wie alle Erzengel in der Lage, gleichzeitig bei jedem zu sein, der nach ihm ruft, und auf jeden von uns ganz persönlich zu reagieren. Er ist nicht durch Zeit und Raum beschränkt. Wenn Sie ihn also rufen, brauchen Sie nicht zu befürchten, dass Sie ihn von einer »wichtigeren Aufgabe« wegholen.

Die Angst davor, finstere Geister oder Gespenster zu erblicken, ist der Hauptgrund, warum Menschen unfähig sind, Engel oder Verstorbene zu sehen. Angst in jeder Form deckt das dritte Auge ab, genau so, als würden Sie sich bei einer schrecklichen Filmszene die Hand vor die Augen halten. Hinzu kommt noch, dass die Engel und Ihre verstorbenen Angehörigen Sie nicht erschrecken möchten. Daher erscheinen sie nicht, solange Sie Angst davor haben, sie zu sehen.

Bitten Sie also den Erzengel Michael, Ihnen dabei zu helfen, Ihre Angst zu überwinden. Das ist seine göttliche Aufgabe, und wenn es darum geht, alle negativen Gedanken und Gefühle aufzulösen, die die spirituelle Sicht blockieren, übertreffen seine Fähigkeiten die des besten Therapeuten. Sprechen Sie die folgenden Worte:

»Erzengel Michael, ich bitte dich, erfülle meinen Geist, mein Herz und meinen Körper. Beseitige alle Auswirkungen falscher Gedanken, die mich daran hindern, klar zu sehen. Ich bin jetzt bereit, alle meine alten Ängste loszulassen. Ich weiß, dass ich bei dir und bei Gott sicher aufgehoben bin und von euch beschützt werde, jetzt und in alle Ewigkeit. Bitte gib mir den Mut zu sehen. Danke.«

2. Ängste aus der Kindheit

Wenn Sie ein hellsichtiges Kind waren, hat man Sie möglicherweise bestraft oder lächerlich gemacht. Vielleicht haben Ihnen Ihre Eltern erzählt, dass es schlecht oder verrückt sei, Engel, Verstorbene oder die Zukunft zu sehen.

Vielleicht wurden Sie als Besserwisser bezeichnet, wenn Sie Ihre hellsichtigen Erkenntnisse in Worte fassten. Oder die Kinder in der Schule nannten Sie komisch, wenn Sie erzählten, was Sie sahen. Manchmal sehen Kinder ein tragische Ereignis voraus, wie zum Beispiel einen Todesfall, einen Unfall oder eine Scheidung. Kinder verstehen den Zusammenhang von Ursache und Wirkung noch nicht richtig, deshalb glauben sie manchmal irrtümlicherweise, dass sie die Tragödie »verursacht« hätten, weil sie sie voraussahen.

All diese Ängste aus der Kindheit sind leichter aus dem Kopf zu entfernen als aus dem Herzen. Mit anderen Worten: Auch wenn Sie wissen, dass Ihre Ängste unlogisch sind, haben Sie damit noch nicht die emotionalen Nöte überwunden, die Sie vielleicht immer dann empfinden, wenn Sie wieder Zugang zu Ihrer Hellsichtigkeit suchen.

Diese mit der Kindheit verbundenen Ängste ähneln der folgenden Kategorie unter Punkt 3, weshalb die Therapie für beide dieselbe ist.

3. Angst, ein »Gesetz« zu übertreten und Gottes Zorn zu erregen

Sosehr Sie auch mit Ihrer verstorbenen Mutter sprechen möchten, vielleicht melden sich unbewusst Ihre christlichen Wurzeln und warnen: »Es ist eine Sünde, mit den Toten zu sprechen! Das sagt jedenfalls die Bibel!« Es stimmt, dass die Bibel davor warnt, Medien und Zauberer zu befragen, aber sie enthält auch zahlreiche Berichte über Menschen, die mit Engeln und Toten kommunizieren. Sogar Jesus selbst sprach mit den Toten, als er sie auferweckte.

Ich glaube, dass die meisten Menschen darin übereinstimmen, dass vieles in der Bibel unterschiedlich ausgelegt werden kann. Meine eigene Interpretation jener Warnungen ist, dass sie uns ermahnen sollen, die Verantwortung für unser Leben nicht den Toten zu überlassen. Mit anderen Worten, Sie sollten Ihre toten Verwandten nicht bitten, Ihnen allen Rat und alle Hilfe zu geben.

Nur weil Menschen sterben, werden sie nicht automatisch zu Heiligen (außer sie haben bereits entsprechend gelebt). Ein Verstorbener weiß nicht sofort, wie er Zugang zum gesamten universellen Wissen erlangen kann. Wenn Sie einen verstorbenen Angehörigen sehen oder sprechen möchten, sollte es Ihnen also vor allem darum gehen, die Beziehung zu ihm aufrechtzuerhalten, ihm zu sagen, dass Sie ihn lieben, oder eine alte Wunde zu heilen – und nicht darum, aus dem Verstorbenen Ihren persönlichen Guru zu machen.

Es ist auch Weisheit in den Worten des Apostels Paulus, als er sagte, dass wir alle die spirituelle Gabe der Prophezeiung besitzen und dass wir danach streben sollten, diese Gabe zu nutzen, solange wir es in Liebe tun.[13]

Heilung von diesen Ängsten finden Sie, indem Sie denen vergeben, die die begrenzenden Regeln und Richtlinien für Sie aufstellten oder die an den angstbesetzten Erfahrungen Ihrer Kindheit beteiligt waren.

4. Die Angst, verrückt zu werden, zu sterben oder die Kontrolle zu verlieren (verantwortungslos zu werden)

Viele meiner Schüler sagen mir, sie würden sehr *gern* ihr drittes Auge öffnen und hellsichtig werden. Doch gleichzeitig fürchten sie, die Beziehung zur Realität zu verlieren, wenn sie es tun. Sie haben Angst, ein schwachsinniger Idiot, ein ausgeflippter Verrückter oder ein Mensch ohne Persönlichkeit zu werden. Ähnliche Ängste äußern Leute, die fürchten, dass sie ihre Arbeit, ihre Ehe und ihr Leben im Allgemeinen nicht mehr ertragen könnten, wenn sie sich zu sehr mit Erleuchtung und Intuition beschäftigen. Sie haben Angst, dass sie einem Impuls folgen und plötzlich ihre Arbeit aufgeben, die Scheidung einreichen und auf eine tropische Insel ziehen könnten.

Von ähnlicher Art ist auch die Angst mancher Menschen, dass sie die Erde vorzeitig verlassen, also sterben könnten, wenn sie sich wirklich dem Göttlichen öffnen.

Es ist aber nur das niedere Selbst – das Ego –, das stirbt, verrückt wird und die Kontrolle verliert, wenn Sie sich den spirituellen Fähigkeiten Ihres wahren Selbst öffnen. Sich für Hellsichtigkeit zu öffnen bedeutet, alle Ängste zu verlieren, jede Unversöhnlichkeit und jedes Urteilen. Wenn Sie Ihre Ängste verlieren, verliert Ihr Ego die Basis seiner Macht. Wenn Sie vollkommen heiter werden, hat das Ego überhaupt

---

[13] Die Bibel, 1 Korinther 13.

keine Stimme, kein Leben mehr. Die Ängste dieser Kategorie stammen also aus der Identifikation mit dem Ego, aus dem Glauben, dass Sie Ihr Ego sind.

Wenn Sie sich dem Göttlichen öffnen, werden Sie liebevoller und zentrierter und sind mehr Sie selbst. Impulsives Verhalten stammt vom Ego, nicht vom wahren Selbst. Es kann sein, dass Sie dazu geführt werden, Ihr Leben zu verändern, und vielleicht kündigen Sie am Ende wirklich Ihre Arbeit, lassen sich scheiden oder ziehen um. Doch wenn diese Veränderungen von Ihrem wahren Selbst ausgehen, dann geschehen sie in Liebe und Harmonie. Gott und die Engel würden niemals von Ihnen verlangen, Ihr Leben in einer Art und Weise zu verändern, die Sie und andere verletzt. Wenn Veränderungen in Ihrem Leben für Ihr spirituelles Wachstum und Ihre Lebensaufgabe wichtig sind, werden Sie Schritt für Schritt Hilfe erhalten, die sowohl Ihnen als auch den anderen Mitgliedern Ihrer Familie den Weg bereitet. Gottes Führung kommt auf Engelsflügeln.

Die Angst, zu sterben, sobald ihre hellsichtigen Fähigkeiten erweckt sind, kann bei manchen Menschen auch von Problemen aus früheren Leben herrühren. Wenn Sie in diesem Leben ein »Lichtarbeiter« sind – ein Mensch, der das innere Bedürfnis hat, anderen und der Welt mit spirituellen Mitteln zu helfen –, dann waren Sie dies wahrscheinlich auch schon in früheren Leben. Selbst wenn Sie nicht unbedingt an frühere Leben glauben, kann es körperlich und seelisch für Sie hilfreich sein, eine Rückführung in frühere Leben zu machen, um diese Ängste aufzulösen.

Etwa 50 Prozent meiner Schüler haben durch eine Rückführung herausgefunden, dass sie in früheren Leben, in denen sie hellsichtige Fähigkeiten besaßen, getötet oder verfolgt wurden. Während der Zeit der Inquisition und der Hexenverfolgung wurden Menschen, die Mystiker, spirituelle Heiler, Propheten oder einfach nur »anders« waren, von den staatlichen und kirchlichen Autoritäten verfolgt und hingerichtet. Solche Leute wurden aufgehängt, auf dem Scheiterhaufen verbrannt oder gefoltert und verloren häufig ihre Angehörigen und Besitztümer.

Wenn Sie eine solche Erfahrung in einem früheren Leben gemacht haben, dann haben Sie vielleicht tief sitzende Ängste, sich Ihren hellsichtigen Fähigkeiten erneut zu öffnen. Das gilt besonders für Menschen, die glauben, überhaupt keine hellsichtigen Fähigkeiten in diesem Leben zu besitzen. Ihr drittes Auge ist fest verschlossen, da sie unbewusst versuchen, dadurch einem ähnlichen Schicksal wie in ihrem früheren Leben zu entgehen. Die Ironie dabei ist, dass es in unserer heutigen Zeit viel sicherer ist, hellsichtig zu sein, statt sich zu verschließen. Hellsichtige Fähigkeiten und Intuition geben uns eine Orientierungshilfe und helfen uns, die richtige Arbeit, die passende Partnerschaft und einen gesunden Lebensstil zu finden. Diejenigen, die sich diesen Fähigkeiten verschließen, geraten viel eher in gefährliche oder negative Situationen, die ihre geistige und körperliche Gesundheit gefährden.

Wenn Sie glauben, dass Ihre hellsichtigen Fähigkeiten der Grund dafür gewesen sein könnten, dass Sie in einem früheren Leben getötet oder verletzt wurden, finden Sie hier ein paar wirksame Heilmittel.

Erstens sollten Sie sich wiederholt die folgenden Affirmationen vorsagen:

Es ist jetzt gefahrlos für mich, hellsichtig zu sein.
Es ist jetzt gefahrlos für mich, meine Wahrheit zu erkennen.
Es ist jetzt gefahrlos für mich, die Zukunft zu sehen.
Es ist jetzt gefahrlos für mich, mein wahres Selbst zum Ausdruck zu bringen.

Ich empfehle Ihnen außerdem eine Rückführung mit dem Ziel, die Erfahrungen aufzudecken, die die Unterdrückung Ihrer Hellsichtigkeit ausgelöst haben. Die meisten Hypnosetherapeuten sind dazu qualifiziert, Sie in frühere Leben zurückzuführen.

Es gibt auch Bücher und Audioprogramme, die Sie durch einen solchen Prozess führen können. Schließlich können Sie auch einfach Ihr Unterbewusstsein bitten, alle Informationen freizugeben, die in diesem Zusammenhang von Bedeutung sind. Sprechen Sie dazu laut oder innerlich die folgende Affirmation:

»Mein Unterbewusstsein und mein höheres Selbst, ich bitte euch, enthüllt mir die Gründe, warum ich mich entschieden habe, mich meiner Hellsichtigkeit zu verschließen. Bitte helft mir zu verstehen, was mir in diesem oder einem früheren Leben in Bezug auf meine Hellsichtigkeit passiert ist. Bitte helft mir, mich von allen tief sitzenden Ängsten zu befreien und mich meiner Hellsichtigkeit zu öffnen, sodass ich von neuem die Wahrheit und Schönheit sehen kann. Danke.«

Ihr Unterbewusstsein schützt Sie davor, sich an etwas zu erinnern oder etwas wieder zu erleben, das Sie nicht bewältigen können. Die Erinnerungen werden deshalb meist nach und nach auftauchen und nicht vollständig und auf einmal. Vielleicht sehen Sie irgendwelche Details in Ihren Träumen, oder bei einem historischen Film steigt eine Welle von Gefühlen oder körperlichen Empfindungen in Ihnen hoch. Vielleicht empfangen Sie auch eine Art inneres Wissen, sodass Sie plötzlich ganz sicher sind, dass Sie zum Beispiel auf einem Scheiterhaufen in Osteuropa verbrannt wurden. Oder Sie verstehen plötzlich, dass Ihre Aversion gegen Halskragenpullover aus einem früheren Leben herrührt, in dem Sie gehängt wurden.

Aus meiner persönlichen und klinischen Erfahrung weiß ich, dass Rückführungen uns größere Klarheit und Freiheit geben können, indem sie einen Prozess der »Katharsis«, des tiefen Loslassens, ermöglichen.

Es gibt auch noch andere Situationen aus früheren Leben, die möglicherweise zu einer Unterdrückung aller hellsichtigen Fähigkeiten geführt haben. Beispielsweise gibt es Menschen, die die Kreuzigung Jesu miterlebten und dies als so furchtbar empfanden, dass sie beschlossen, nie wieder etwas sehen zu wollen. Und auch Menschen, die blutige Schlachten erlebten, haben unter Umständen dauerhafte Traumata entwickelt, die sie davon abhalten, in ihrem jetzigen Leben zu »sehen«.

Schließlich können es auch unterbewusste Überzeugungen sein, die uns dazu bringen, uns unserer Hellsichtigkeit zu verschließen. Zum Beispiel sagte eine ältere Dame bei einem Wochenendseminar immer wieder: »Ich möchte nur einmal einen Engel sehen, bevor ich sterbe! Das ist alles, was ich möchte!« Natürlich würde sie definitiv Engel sehen, wenn sie stirbt, aber sie wollte unbedingt schon vorher einen Engel sehen.

Am ersten Tag des Seminars war sie vollkommen frustriert, weil sie überhaupt nichts sehen konnte. Sie verglich sich dauernd mit den anderen Teilnehmern, die bei den Kursübungen erfolgreich Engel, Auren, verstorbene Angehörige und sonstige hellsichtige Bilder sahen.

Am zweiten Tag drückten wir ihr alle die Daumen und beteten darum, dass ihr Wunsch erfüllt würde. Aber der zweite Tag war genauso ergebnislos für sie. Doch dann am letzten Kurstag hatte sie während der allerletzten Übung ihren Durchbruch. Ich hörte, wie sie aufgeregt rief: »Ich habe ihn gesehen! Ich habe ihn gesehen!«

Ihr Timing war aufschlussreich. Warum hatte sie gewartet, bis der Kurs fast zu Ende war, ehe sie zuließ, dass sie etwas sah? Es stellte sich heraus, dass ihr Unterbewusstsein ihren Wunsch wörtlich genommen hatte. Sie hatte immer wieder gesagt: »Ich möchte einen Engel sehen, bevor ich sterbe«, und ihre unbewusste Angst war: »Wenn ich einen Engel sehe, dann werde ich sterben.«

5. Die Angst, die Liebe oder Anerkennung von jemandem zu verlieren, wenn Sie sich der Hellsichtigkeit öffnen

Wenn Ihre Familienmitglieder oder Ihr Ehepartner aus einem Umfeld mit konservativem religiösem Hintergrund kommen oder allen esoterischen Dingen skeptisch gegenüberstehen, haben Sie vielleicht Angst vor ihren Reaktionen, wenn Sie ihnen erzählen, dass Sie Engel sehen.

Denken Sie daran, dass die Engel Ihnen in allen Ihren Beziehungen Führung schenken. Sie werden nie von Ihnen verlangen, etwas zu sagen oder zu tun, was einen Konflikt heraufbeschwören könnte. Sie werden Ihnen klare Anweisungen geben, was Sie wann und zu wem sagen können. Wenn Sie Ihre Ängste ganz Gott übergeben, wird er dafür sorgen, dass Ihre spirituellen Erfahrungen auf harmonische Weise einen Platz in Ihrem Leben finden.

Von unserem irdischen Standpunkt aus gesehen, sind Beziehungen nur dann befriedigend, wenn sie uns erlauben, unser authentisches Selbst zu zeigen. Wie könnten Sie sich sonst wirklich geliebt fühlen? Solange Sie in einer Beziehung verbergen, wer Sie wirklich sind, müssen Sie annehmen, dass Ihr Partner das unechte Selbst liebt, das Sie ihm vorspielen.

In dauerhaften Liebesbeziehungen ist es wichtig, dass Sie Ihrem Partner erzählen, was in Ihnen vorgeht. Sprechen Sie über Ihre Verwirrung, Ihre Zweifel und Ihre eigene Skepsis genauso wie über Ihre Wünsche und Träume.

Erkennen Sie, dass Ihr skeptischer oder konservativer Partner anfangs möglicherweise aus seinen eigenen Ängsten heraus reagiert.

Versuchen Sie Ihrem Partner vorsichtig zu helfen, statt automatisch in die Defensive zu gehen, wenn er nicht sofort begeistert darauf reagiert, dass Sie Engel sehen und hören. Suchen Sie einen irdischen Engel in Form eines aufgeschlossenen Eheberaters auf, wenn Sie feststellen, dass Ihre Beziehung auf der spirituellen Ebene nicht harmonisch ist.

6. Angst davor, was der Engel sagen könnte

In diese Kategorie fallen auch die Ängste, dass ein verstorbener Angehöriger wütend sein könnte wegen etwas, das Sie getan oder nicht getan haben, oder dass der Verstorbene Ihren derzeitigen Lebensstil missbilligt. Es gibt immer wieder Menschen, die mich um eine mediale Sitzung bitten, weil sie sich Sorgen machen, dass ihr verstorbener Angehöriger böse auf sie ist, weil sie nicht bei ihm waren, als er den letzten Atemzug machte, oder weil sie die Entscheidung trafen, alle lebensverlängernden Maßnahmen einzustellen, oder weil sie sich hatten scheiden lassen.

90 Prozent der Verstorbenen, denen ich begegne, verspüren überhaupt keinen Groll. Sie sind die heitersten Leute, die ich je getroffen habe! Die restlichen zehn Prozent fallen in zwei Kategorien: diejenigen, die bereits vor ihrem Tod chronische Pessimisten waren und dies auch weiterhin sind, und diejenigen, die wegen ihres Lebens von Gewissensbissen gequält werden. Statistisch gesehen sind die Chancen, dass Ihre verstorbenen Lieben friedvoll und glücklich sind, also ziemlich hoch.

Doch wenn sie unglücklich sind, dann ist es höchst unwahrscheinlich, dass *Sie* der Grund dafür sind. Ich habe niemals einen Verstorbenen sagen hören, dass er zornig ist, weil man ihm eine lebensverlängernde Maßnahme verweigerte oder weil ein Angehöriger nicht bei der Beerdigung oder am Totenbett war. Selbst Ermordete äußern selten, dass sie ihrem Mörder gegenüber Rachegefühle hegen.

Die Verstorbenen erhalten von dem Augenblick an, in dem sie auf der anderen Seite ankommen, beinahe rund um die Uhr himmlische Unterstützung, die ihnen hilft, emotionalen Ballast wie Zorn, Vorurteile oder Unversöhnlichkeit loszulassen. Diejenigen, die neu angekommen sind, werden aufgefordert, sich selbst und alle anderen voller Mitgefühl zu betrachten und daran zu denken, dass jeder immer nur versucht, sein Bestes zu tun.

Wenn Ihr verstorbener Angehöriger im Leben ein notorischer Pessimist, Grübler oder Nörgler war, dann ist es wahrscheinlich, dass dieser Mensch im Himmel immer noch mürrisch ist (ein Grund mehr, diesen Charakterzug, der sämtliche Lebensfreude raubt, zu Ihren Lebzeiten zu heilen!). In solchen Fällen ist es am besten und hilfreichsten, für den Verstorbenen und seinen seelischen Frieden zu beten. Bitten Sie Gott, ihm zusätzlich Engel zu schicken. Sagen Sie dem Verstorbenen auf geistigem Wege, dass es unnötig ist, sich Sorgen zu machen, und dass es niemandem nutzt und nichts verbessert. Oder schreiben Sie dem Verstorbenen einen Brief und notieren Sie dabei alle Reaktionen in Form von Gedanken, Worten, Gefühlen oder Visionen. Durch Briefeschreiben können Sie alle ungelösten Probleme heilen und sogar eine engere Beziehung entwickeln, als Sie beide auf der Erde hatten.

7. Die Angst, dass Sie nicht fähig sind, Engel zu sehen

Ein trauriges Paradox ist, dass diejenigen, die am meisten Engel sehen möchten, oft die sind, die die größten Schwierigkeiten damit haben! Der Grund dafür ist, dass sie es zu verbissen versuchen. Die unterschwellige Angst ist: »Vielleicht kann ich gar keine Engel sehen«, und dieser negative Gedanke wirkt wie eine sich selbst erfüllende Prophezeiung.

Wenn Sie sich bei etwas verkrampfen, ob es nun darum geht, Tennis zu spielen, eine Beziehung aufzubauen oder ein Kind zu zeugen, führt das selten zu positiven Ergebnissen. Die Muskulatur verspannt sich, die kreativen Gedanken verschwinden, und wir neigen dazu, den Atem anzuhalten.

Im folgenden Kapitel werde ich spezifische Techniken beschreiben, die dazu führen, dass Sie Engel sehen können. Doch zunächst müssen Sie in sich eine positive Erwartungshaltung entwickeln. Die Engel sagen, dass unsere Absichten und Erwartungen unsere Erfahrungen schaffen. In diesem

Fall heißt das, dass Ihre Absicht, einen Engel zu sehen, eine entsprechende Erfahrung zur Folge hat. Doch eine unterschwellige negative Einstellung, etwa wie: »Oje, ich hoffe, dass ich wirklich fähig bin, das zu schaffen«, führt zu einer negativen Erwartungshaltung und verringert Ihre Chancen, einen Engel zu sehen.

Alle Aktivitäten, die dazu beitragen, nervöse Spannungen und Aufregung abzubauen, wie etwa Yoga, Massage, tiefes Atmen, stille Meditation oder ein Spaziergang durch die Natur, können die Häufigkeit und Intensität Ihrer Engelsvisionen verbessern.

KAPITEL 14

EIN WOCHENPROGRAMM FÜR ENGELSVISIONEN

Dieses Kapitel vermittelt einen wirksamen Trainingsplan, der Ihnen die optimalen Voraussetzungen gibt, um Engel zu sehen. Einige von Ihnen werden möglicherweise sehr rasch Ergebnisse erzielen und schon bald Engel oder verstorbene Angehörige sehen. Andere müssen unter Umständen etwas mehr Geduld aufbringen, und es kann einige Wochen dauern, bis Sie eine Engelsvision haben. Doch wenn Sie den hier aufgezeigten Schritten folgen, werden Sie auf jeden Fall innere Veränderungen erleben, die schließlich zu Visionen führen. Ich schlage vor, dass Sie die folgenden Schritte sieben Tage lang täglich ausführen. Sobald Sie bereit sind, Engel zu sehen, werden diese auch erscheinen.

Vielleicht ist Ihnen aufgefallen, dass es bei den Berichten der Menschen, die ihre verstorbenen Angehörigen in einem Traum oder als Erscheinung sahen, einen gemeinsamen Faktor gibt: Die Betreffenden befanden sich in einer Krise oder hatten ein sehr starkes emotionales Bedürfnis, Verbindung mit dem geliebten Menschen aufzunehmen. Wenn Sie sich zutiefst nach einer bestimmten Person sehnen, gelangt dadurch ein Signal zum Himmel, dass Sie den starken Wunsch haben, mit dem Verstorbenen zu sprechen. Tatsächlich hat der Ihnen nahe stehende Verstorbene Sie wahrscheinlich schon besucht. Wenn Sie irgendwann das Gefühl hatten, dass er oder sie präsent war, hatten Sie damit sicher Recht. Sie konnten den Betreffenden nur deshalb nicht sehen oder sich nicht an die Trauminteraktion erinnern, weil Sie durch Trauer, Angst oder Zorn emotional stark aufgewühlt waren.

Wenn Sie Angst davor haben, eine Erscheinung zu sehen, wird der Verstorbene Ihnen nicht erscheinen, weil er sie liebt und sie nicht erschrecken möchte. Doch wenn Sie sich ernsthaft mit Ihren Ängsten auseinander setzen und spirituelle oder psychologische Schritte zu Ihrer Heilung unternehmen, ist die Wahrscheinlichkeit groß, dass Ihnen der Verstorbene doch noch erscheint.

Es gibt keine Garantie dafür, dass ein Verstorbener Ihnen erscheinen wird, deshalb ist es wichtig, dass Sie sich keine negativen Gedanken machen, wenn Sie ihn oder sie nicht sehen. Wenn der Ihnen nahe stehende Verstorbene nicht auftauchen sollte, heißt das nicht, dass er auf Sie böse ist oder dass er Sie nicht liebt. Und wenn er jemand anderem in Ihrer Familie erscheint, ist das kein Zeichen von Bevorzugung – es bedeutet nur, dass dieser andere eine größere Bereitschaft hatte, sein Erscheinen wahrzunehmen.

Es kostet ein Wesen aus der geistigen Welt viel Energie, in Form einer Erscheinung zu uns zu kommen, etwa so, wie es für uns wäre, auf den tiefsten Grund des Ozeans zu tauchen. Manchmal müssen Verstorbene sich zusätzliche Energie von der »Batterie« ihrer eigenen geistigen Führer »ausleihen«, um den Lebenden sichtbar erscheinen zu können. Eine Studie über Menschen, die auf ihrem Totenbett Erscheinungen hatten, ergab, dass die überwiegende Mehrheit dieser Erscheinungen nur fünf Minuten oder weniger dauerte.[14] Die geistige Welt kann eine Erscheinung oftmals nur für kurze Zeitspannen aufrechterhalten. Sie sollten also nicht erwarten,

---

[14] Osis, K.; Erlendur, H. (1997).

dass Sie stundenlang mit einem Verstorbenen sprechen können. Manchmal geschieht auch das, doch im Allgemeinen ist eine Erscheinung aus der geistigen Welt nur recht kurz zu sehen und zu sprechen. Doch auch wenn es nur ein kurzer Besuch ist, kann er Ihr Leben verändern und stark heilsam und therapeutisch wirken.

Auch die Begegnung mit einem Schutzengel oder einem geistigen Helfer ist in der Regel nur von recht kurzer Dauer. Bei solchen Begegnungen tritt aber meist das Gefühl auf, als würde die Zeit stillstehen. Deshalb ist es anschließend für Sie möglicherweise recht schwierig einzuschätzen, wie lange Ihre Engelsbegegnung tatsächlich gedauert hat.

Das Wochenprogramm

Hier folgen nun die einzelnen Schritte, die ich den Schülern in meinen Kursen zur Entwicklung von Hellsichtigkeit und Medialität immer an die Hand gebe. Gewöhnlich empfehle ich, nur einen oder zwei dieser Schritte zur selben Zeit zu machen. Doch wenn es Ihnen sehr ernst damit ist, Engel oder einen verstorbenen Angehörigen zu sehen, können Sie sich auch das nun folgende Intensivprogramm vornehmen und alle Schritte hintereinander ausführen. Das führen Sie einfach so lange fort, bis Sie eine Vision haben. Wie ich bereits sagte, kann diese nach zwei Tagen oder auch erst nach 42 Tagen auftreten. Doch eines ist sicher: Wenn Sie den beschriebenen Schritten folgen, werden Sie irgendwann eine Vision haben.

Wie zielstrebig Sie die Schritte durchführen, ist Ihre Sache. Wenn dieser Prozess für Sie wirklich wichtig ist, dann führen Sie diese Schritte einfach so lange aus, wie es notwendig ist. Als zusätzlichen Gewinn werden Sie feststellen, dass Sie sich dadurch nach einiger Zeit leichter, stärker, gesünder und glücklicher fühlen werden.

Zunächst wählen Sie einen Tag aus, an dem Sie beginnen wollen, und tragen ihn in Ihrem Kalender als »Start der Engelsvisionen« ein. Am Tag vor dem Start sollten Sie sich mit ein paar irdischen Dingen eindecken und Nahrungsmittel einkaufen, die Ihre hellsichtigen Fähigkeiten verstärken können. Gehen Sie dazu nach Möglichkeit in einen Naturkostladen oder zu einem lokalen Obst- und Gemüsehändler mit erstklassigen Produkten.

Kaufen Sie sich verschiedene frische Früchte, vorzugsweise organisch angebaute, zum Beispiel frische Ananas, Grapefruit, Orangen, Äpfel, Zitronen, Beeren und Melonen (Reihenfolge entspricht dem Potenzial, Ihre hellsichtigen Fähigkeiten zu fördern). Außerdem ein organisches Vollkorn- oder Müsliprodukt zum Frühstück, Vollkornreis, verschiedene grüne Salate, Nüsse und als Fleischersatz zum Beispiel Tofuprodukte, Seitan, Gemüsebratlinge oder Ähnliches. Wenn Sie schon dabei sind, erwerben Sie gleich auch ein oder zwei vegetarische Kochbücher oder Zeitschriften, die Sie mit den verschiedenen Aspekten vegetarischer Ernährung vertraut machen.

Sich vegetarisch zu ernähren ist der schnellste Weg, Hellsichtigkeit zu entwickeln. Noch schneller ist eine »vegane« Ernährungsweise, bei der man nicht nur Fleisch, sondern auch alle sonstigen tierischen Produkte wie Milch und Eier vermeidet und durch Sojaprodukte ersetzt. Milchprodukte, Fleisch, Schokolade und Alkohol sind nämlich die größten Hindernisse auf dem Weg zur Hellsichtigkeit.

Anmerkung: Die vorgeschlagenen Übungen für den Morgen dauern mindestens 20 Minuten, deshalb empfiehlt es sich, den Wecker morgens entsprechend früher zu stellen. Einige der Übungen mögen Ihnen merkwürdig vorkommen. Vielleicht fragen Sie sich, ob Sie einige von ihnen auch auslassen können. Mein Rat ist, alle Übungen durchzuführen, und wenn Sie sich dabei unwohl fühlen, Gott und die Engel zu bitten, Sie von Ihrem Unbehagen zu befreien oder Ihnen eine Ersatzaktivität aufzuzeigen. Am ersten Tag werden Sie sich vielleicht von der Vielzahl der verschiedenen Übungen überfordert fühlen. Doch schon bald werden Sie eine Routine entwickeln, durch die das Ganze weniger anstrengend wird. Übrigens lohnt sich jede zusätzliche Anstrengung, denn Sie werden feststellen, dass Ihnen diese Aktivitäten mehr Energie für den Tag geben.

Die täglichen Übungen

1. Morgenmeditation. Sofort nach dem Aufwachen und der Morgentoilette und bevor Sie irgendeine längere Unterhaltung mit Familienmitgliedern oder Mitbewohnern beginnen, sollten Sie meditieren. Für jeden Tag gibt es eine bestimmte Morgen- und Abendmeditation. Sie können diese Meditation mit Ihren sonstigen Meditationspraktiken verbinden oder sie nur alleine machen.

2. Tagebuch. Dann schreiben Sie (auf einen Notizblock, in ein Heft oder ein gebundenes Tagebuch) einen Brief an die Wesenheit, die Sie sehen möchten. Das kann ein Brief an den Schutzengel sein, den Sie noch nicht kennen, an einen bestimmten Verstorbenen, an Jesus oder einen Heiligen, oder auch ein Brief an Gott, in dem Sie darum bitten, das zu sehen, was Sie sehen sollten. Ihr Brief sollte aus dem Herzen kommen und alle Ihre Gefühle zum Ausdruck bringen. Denken Sie daran, dass die Berichte in diesem Buch darauf hinweisen, dass es häufig zum Erscheinen eines Verstorbenen oder eines Engels kommt, wenn der Betreffende starke Gefühle dazu hat. Schütten Sie deshalb in diesem Brief Ihr Herz aus! Kümmern Sie sich nicht um Grammatik, Rechtschreibung und Satzbau. Schreiben Sie einfach, was Ihnen am Herzen liegt.

3. Tönen. Möglicherweise müssen Sie für diesen und den nächsten Schritt nach draußen gehen oder sich sonst irgendwo einen geeigneten Platz suchen. Hier geht es nämlich darum, das OM oder AUM zu singen, den Ton der göttlichen

Schöpfung, und zwar am besten laut. Diese Übung trägt dazu bei, das dritte Auge zu öffnen. Wenn Ihre Familie skeptisch ist, können Sie auch leise singen, doch im Allgemeinen ist es umso besser, je lauter Sie tönen.

Schließen Sie die Augen und stimmen Sie siebenmal »Aaauuummm« an. Dabei richten Sie Ihre Aufmerksamkeit auf den Bereich zwischen den Augen und halten dabei den positiven Gedanken fest: »Es ist gefahrlos für mich, Engel zu sehen.« Konzentrieren Sie sich auf das Wesen, das Sie sehen möchten, wer immer es auch sein mag. Wenn irgendwelche negativen Gedanken oder Ängste auftauchen, kämpfen Sie nicht dagegen an. Bitten Sie stattdessen Ihre Engel, diese Gedanken und Ängste aufzulösen.

4. Drehen. Nachdem Sie das AUM siebenmal gesungen haben, stehen Sie auf und strecken die Arme nach beiden Seiten aus. Halten Sie die Augen geöffnet und suchen Sie sich ein Bild an der Wand, einen in der Nähe stehenden Baum, einen Vorhang oder irgendein anderes Objekt in Augenhöhe aus. Dies ist Ihr »visueller Anker«. Fixieren Sie diesen Gegenstand und drehen Sie sich nun langsam nach rechts im Uhrzeigersinn. An irgendeinem Punkt können Sie Ihren visuellen Anker nicht mehr sehen. Drehen Sie sich einfach weiter im Uhrzeigersinn, wenden Sie den Kopf nach links, um Ihren visuellen Anker wieder zu finden, und drehen Sie den Körper weiter, bis Sie sich Ihrem visuellen Anker wieder gegenüber befinden.

Machen Sie diese Drehübung dreimal jeden Morgen. Wenn Ihnen dabei schwindlig wird, heißt das, dass Ihr drittes Auge (das Fenster zur Hellsichtigkeit) nicht vollständig klar ist. Sobald das Chakra durch Meditation, Tönen und Drehen gereinigt ist, werden Sie mit der Zeit in der Lage sein, sich öfter zu drehen, ohne dass Ihnen schwindlig wird. Zunächst aber sollten Sie die Drehungen langsam ausführen. Um das Schwindelgefühl zu verringern, ist es hilfreich, nach den Drehungen stehen zu bleiben und die Hände wie zum Gebet vor der Brust zu falten (in der Haltung des indischen »Namaste«-Grußes).

5. *Leicht essen.* Achten Sie darauf, sich vegetarisch oder vegan (ohne Fleisch- und Milchprodukte) zu ernähren, wenn Sie Engelvisionen haben möchten. Je konsequenter Sie dabei vorgehen, desto größer ist die Wahrscheinlichkeit eines Erfolgs.

Wenn es Ihnen wirklich ernst mit der Sache ist und Sie aufrichtig Engel sehen möchten, dann sollten Sie während der Zeit des Übungsprogramms vor allem auf Alkohol und Schokolade verzichten, da diese beiden Substanzen das hellsichtige Potenzial am meisten blockieren. Bitten Sie Ihre Engel darum, Sie von Ihrem Verlangen nach Alkohol oder Schokolade zu befreien, sodass Sie nicht das Gefühl haben, dass Ihnen etwas fehlt. Bitten Sie sie um Hilfe, zum Beispiel mit den folgenden Worten:

»Ihr lieben Engel, ich möchte euch sehen, deshalb bitte ich euch, erfüllt meinen Körper, meinen Geist und mein Herz. Nehmt alle Gefühle von Angst oder Leere von mir, die dazu führen, dass ich Verlangen nach diesen stimmungsverändernden Substanzen habe. Ich bin bereit, mich von jedem Bedürfnis zu lösen, Schokolade zu essen oder Alkohol zu trinken. Ich weiß, dass diese Substanzen kein wirklicher Ersatz für die göttliche Liebe und Energie sind. Danke und Amen.«

Außerdem sollten Sie den Konsum von Koffein, Zucker, Nikotin und Konserven während dieses Prozesses auf ein Minimum beschränken. Trinken Sie reichlich frisches Quell- oder Brunnenwasser (ohne Kohlensäure) oder frisch gepressten Saft von Zitrusfrüchten (möglichst aus organischem Anbau). Sie werden feststellen, dass natürliches Wasser und frische Säfte Ihnen mehr Energie geben als irgendein koffeinhaltiges Getränk.

6. *Kontakt mit der Natur.* Ziehen Sie einmal am Tag Ihre Schuhe und Strümpfe aus und stellen sich mindestens fünf Minuten lang barfuß auf Mutter Erde. Lassen Sie Ihre bloßen Füße mit Erde, Gras oder Sand in Berührung kommen. Sie müssen regelmäßig mit der Erde in Kontakt sein, um auf übersinnlicher Ebene Informationen und Liebesenergie mit ihr austauschen zu können. Wenn Sie diese tägliche Verabredung mit Mutter Erde einhalten, werden Sie mehr Nähe zu allem Lebendigen empfinden. Und eine Voraussetzung für die Öffnung Ihrer hellsichtigen Sinne besteht in dem Wissen, dass Sie mit allem und jedem eins sind.

Legen Sie Wert darauf, sich zu Hause und im Büro mit gesunden grünen Zimmerpflanzen zu umgeben. Pflanzen absorbieren die Energien von Angst und Stress ebenso wie Kohlendioxid. Besonders wichtig sind Pflanzen im Schlafzimmer. Vor allem große Blattpflanzen wie Ficus, Zimmerlinde oder Philodendron absorbieren viel negative Energie.

7. *Bewegung.* Planen Sie täglich ausreichend körperliche Aktivität ein, zum Beispiel in Form von Yoga, Spazierengehen, Laufen, Schwimmen, Radfahren oder irgendeiner anderen sportlichen Betätigung, bei der Ihr Puls mindestens 30 Minuten lang erhöht ist. Vor allem die Bewegung an frischer Luft entfernt giftige Abfallprodukte aus Ihrem Körper, die sich dort angesammelt haben.

8. *Tönen am Abend.* Stimmen Sie wieder siebenmal das »AUM« an, wie unter Schritt 3 beschrieben.

9. *Abendmeditation.* Verbringen Sie mindestens zehn Minuten allein, selbst wenn Sie sich dafür ins Badezimmer einschließen müssen, und atmen Sie mehrmals tief durch. Konzentrieren Sie sich auf die Abendmeditation, die für den entsprechenden Tag des Wochenprogramms vorgesehen ist.

10. Abendgespräch mit den Engeln. Bevor Sie einschlafen, sollten Sie im Geiste mit Ihrem Schutzengel oder verstorbenen Angehörigen sprechen. Schütten Sie Ihr Herz über Ihre Gefühle aus, über das, was während des Tages passiert ist, und über sonstige Probleme, für die Sie Hilfe brauchen.

Bitten Sie Ihren Engel oder verstorbenen Angehörigen, in Ihren Traum zu kommen oder Ihnen sichtbar in Gestalt zu erscheinen. Bitten Sie um Hilfe, Ihre insgeheimen Ängste zu verlieren, damit Sie gelassen, ruhig und zentriert sein können. Bitten Sie auch darum, irgendwelche Traumbegegnungen mit Ihrem Engel oder geliebten Verstorbenen in Erinnerung zu behalten (auch wenn die meisten Traumbegegnungen dieser Art so lebhaft sind, dass sie unvergesslich bleiben).

Die Morgen- und Abendmeditationen

1. Tag – Morgen:
»Ich fühle mich jetzt umgeben von der heilenden Präsenz meiner Engel. Ich fühle, wie ihre Flügel mich einhüllen und mir dadurch zu verstehen geben, dass ich aufgehoben und ewig geliebt bin. Während ich ein- und ausatme, fühle ich ihre bedingungslose Liebe für mich als Wärme in meinem Herzen. Ich erlaube mir selbst, mich geliebt zu fühlen, und weiß, dass es sicher ist, mein Herz für die göttliche Liebe zu öffnen.«

1. Tag – Abend:
»Ich weiß, dass ich aufgehoben bin und dass große Engel beständig über mir wachen. Ich weiß, dass Gottes unendliche Weisheit und bedingungslose Liebe mich allezeit umgeben. Ich bitte darum, dass mein Engel (oder wer immer es sein mag, den Sie gerne sehen möchten) mir sichtbar erscheint. Ich weiß, dass es für mich gefahrlos ist, zu sehen. Ich dränge oder forciere nichts, doch ich lasse jetzt zu, dass Visionen so zu mir kommen, dass ich sie leicht bewältigen kann.«

2. Tag – Morgen:

»Alles ist in diesem Moment in göttlicher und vollkommener Ordnung. Ich werde Engel sehen, sobald es richtig für mich ist, und ich löse mich jetzt davon, meine Engelsvisionen forcieren zu wollen. Indem ich ein- und ausatme, entferne ich alle alten Giftstoffe aus meinem Körper, die mit schmerzvollen Erfahrungen aus der Vergangenheit zusammenhängen. (Atmen Sie tief ein und aus.) Ich lasse alles los. Ich sehe jetzt ein goldenes Licht in meinem Kopf, das alle alten Ängste auflöst. Ich fühle, wie mein drittes Auge vom Licht des Heiligen Geistes gereinigt wird. Ich erlaube dem Geist, mich zu reinigen und mich den göttlichen Erfahrungen zu öffnen.«

2. Tag – Abend:

»Ich atme tief ein und nehme dabei die Lebensenergie der Welt in mich auf. Ich bin eins mit dieser Energie. Meine Engel und meine verstorbenen Angehörigen sind eins mit dieser Energie. Beim Ausatmen lasse ich allen Stress, alle Zweifel und alle Angst vollständig los. Ich atme tief ein und nehme Glauben, Vertrauen und Wissen in mich auf. Ich atme alle Zweifel aus. Ich atme Akzeptanz ein. Ich atme Angst aus. Ich atme Glauben ein. Ich atme Zorn aus. Ich atme alles ein, was ich mir wünsche. Ich atme alles aus, was ich in meinem Leben nicht mehr möchte. Ich atme Dankbarkeit ein.«

3. Tag – Morgen:

»Lieber Gott und Heiliger Geist, ich wünsche zutiefst, meinen Engel (oder Namen des Verstorbenen) zu sehen. Ich bitte um eure Hilfe, damit dies geschieht. Bitte gebt mir klare und leicht verständliche göttliche Führung, damit ich weiß, was ich tun muss, um eine Engelsvision zu haben. Bitte helft mir, alle Ängste zu verlieren, die möglicherweise meine spirituellen Sinne blockieren. Bitte helft mir, die himmlischen Engel zu sehen.«

3. Tag – Abend:

»Ich bitte darum, dass meine Engel (oder Name des Verstorbenen oder aufgestiegenen Meisters, den Sie gerne sehen möchten) *mir jetzt in meinen Träumen erscheinen. Mein Herz und mein Geist sind offen für alle Möglichkeiten, und ich bin bereit, Liebe und Wahrheit zu empfangen. Ich weiß, dass ich aufgehoben bin, wenn ich Engelsvisionen habe, und dass mich die göttliche Liebe immer umgibt. Es ist gefahrlos für mich, Engel zu sehen. Es ist gefahrlos für mich, die Wahrheit zu sehen. Es ist gefahrlos für mich, die Zukunft zu sehen. Es ist gefahrlos für mich, zu sehen.«*

4. Tag – Morgen:
»Meine spirituellen Sinne sind jetzt weit geöffnet, und alles um mich herum ist von unglaublicher Schönheit. Überall, wohin ich blicke, sehe ich Beweise für die göttliche Liebe. Ich sehe liebevolle Handlungen, die Schönheit der Natur und die Anziehungskraft von allem und jedem. Da ich nur Liebe sehe, kann nur Liebe in mein Bewusstsein treten. Ich sehe nun Liebe in Form eines verkörperten Engels.«

4. Tag – Abend:
»Ich bitte den Erzengel Michael, heute Nacht in meinen Traum zu kommen und alle Ängste zu verscheuchen, die mich noch am vollen Glauben hindern. Ich erlaube jetzt Gottes göttlicher Liebe, sich in mir vollständig auszubreiten, mich mit ewigem Vertrauen zu erfüllen und jede Vorstellung von Angst auszumerzen. Ich bin aufgehoben, und ich werde geliebt.«

5. Tag – Morgen:
»Heute sehe ich das strahlende Licht der Engel, die permanent jeden Menschen umgeben. Ich sehe leuchtende Schattierungen von Weiß, Gold, Grün, Blau und Purpur um jedermanns Kopf und Schultern. Ich kann mich leicht mit dieser Engelsenergie verbinden, und ich erhalte während des ganzen Tages immer wieder göttliche Botschaften. Diese Botschaften sprechen von göttlicher Liebe und selbstloser Hilfe und helfen mir, mir meiner Dankbarkeit für den Himmel auf Erden bewusst zu bleiben.«

5. Tag – Abend:

»Ich lasse jetzt zu, dass Gutes zu mir kommt, ohne dass ich die Dinge forcieren oder erzwingen muss. Ich weiß, dass es Ausdruck einer tief sitzenden Angst ist, wenn ich etwas erzwingen will. Ich weiß, dass die Angst genau die Erfahrung blockiert, die ich gerne machen möchte. Ich überlasse meinen Wunsch, eine Engelsvision zu haben, ganz Gott. Ich vertraue Gott und dem Himmel, dass sie meinen Herzenswunsch erfüllen. Meine einzige Aufgabe ist, die Tür zu öffnen, indem ich alle Ängste loslasse. Alles Weitere wird ganz von allein geschehen.«

6. Tag – Morgen:

»Heute möchte ich einen glücklichen Tag verbringen. Ich bitte Gott und meine Engel, mich zu führen, damit ich mich den ganzen Tag über glücklich fühle. Ich bitte um Segen für jeden, der mich heute sieht, trifft oder an mich denkt. Ich bitte darum, heute ein irdischer Engel zu sein.«

6. Tag – Abend:

»Lieber Engel (oder Name der Person, die Sie sehen möchten), ich wünsche zutiefst, dich zu sehen. Bitte erscheine in meinen Träumen oder manifestiere dich als sichtbare Erscheinung, sodass ich dich unverzüglich sehen und erfahren kann. Ich bitte dich, mir zu erlauben, dich zu sehen. Falls ich diese Erfahrung in irgendeiner Weise blockiere, dann gib mir bitte eine klare und starke Botschaft, damit ich weiß, wo ich stehe.«

7. Tag – Morgen:

»Wenn ich mich auf mein drittes Auge konzentriere, sehe ich ein funkelndes weißes, blaues und purpurnes Licht. (Bitte nehmen Sie sich einen Moment Zeit, um Ihre Augen zu schließen und diese Farben vor sich zu sehen). Ich bitte nun den Erzengel Raphael, seinen Zeigefinger auf mein drittes Auge zu legen und alle noch verbliebenen Spuren von Angst von mir zu nehmen, die meine spirituelle Wahrnehmung behindern. Ich vertraue darauf, dass ich nun klar sehen kann. Ich bin nun bereit zu sehen!«

7. Tag – Abend:

»Ich bin mir jetzt der Gegenwart meiner Schutzengel bewusst. Während ich ein- und ausatme, entspanne ich mich und bringe mich in Einklang mit diesem Bewusstsein. Ich erlaube mir, die Tiefe ihrer Liebe für mich zu empfinden. Ich fühle ihre Wärme. Ich fühle ihre bedingungslose Liebe. Ich bin eins mit meinen Engeln. Ich bin eins mit der Liebe. Ich gebe mir nun die Erlaubnis, visuell mit meinen Engeln Verbindung aufzunehmen.«

Über das Tönen

Die Vorstellung des Tönens oder Singens von Mantren mag Ihnen vielleicht ungewohnt oder unangenehm sein. Doch es ist eine uralte Methode, zu spirituellen Visionen zu kommen. Diese Art des Singens ist aus der rituellen Anrufung des heiligen Namens unseres Schöpfers entstanden. Wenn Sie zum Beispiel in dieser Weise das Wort AUM singen, dann singen Sie im Grunde ein Liebeslied für Gott. AUM ist die Wurzel des Wortes AMEN, mit dem die meisten christlichen Gebete beendet werden.

Hier folgt die Geschichte einer Frau, der das Tönen zu einer Engelsvision verhalf.

Wie das Tönen mir half, einen Engel zu sehen

VON MOLLY DONOHUE

Am Weihnachtstag 1999 sah ich einen Engel über meinem Bett schweben. Ich hatte Doreens Rat befolgt, eine Woche lang morgens und abends jeweils siebenmal das AUM zu singen, und darum gebetet, einen meiner Engel zu sehen.

Mitten in der Nacht wurde ich von einem hellen, rötlich weißen Licht geweckt. Der Anblick war seltsam. Es sah aus wie ein Planetarium über meinem Bett. Die Helligkeit des Lichtes wurde ein wenig gedämpft, und ich sah einen wunderbaren weiblichen Engel, der auf der Seite lag und auf mich herunterschaute.

231

Natürlich war ich zunächst erschrocken. Doch schon bald wurde ich erfüllt von einem Gefühl der Wärme und Liebe und hatte ganz einfach keine Angst mehr. Ich erinnerte mich daran, in Doreens Buch gelesen zu haben, dass Engel Boten sind. Deshalb fragte ich die Erscheinung nach ihrem Namen und ihrer Botschaft.

Auf telepathischem Wege vermittelte sie mir, dass ihr Name Annabelle sei. Sie sah aus wie die Engel auf den Bildern der Renaissance. Ihre Botschaft war einfach. Sie wollte mich wissen lassen, dass ich überaus geliebt würde, mehr, als ich mir je vorstellen könne, dass jeden Augenblick über mich gewacht würde und dass eine Legion von Engeln auf meine Bitten warteten. Ich fragte nach einem Buch, von dem ich das Gefühl hatte, dass ich es schreiben sollte. Sie bestätigte mir, dass es mein göttlicher Auftrag sei, dieses Buch zu schreiben, dass es aber nichts mit ihrer Rolle zu tun habe. Sie war als Antwort auf mein Gebet geschickt worden und um Liebe – göttliche Liebe – zum Ausdruck zu bringen.

Ich sonnte mich mindestens 30 Minuten in der liebevollen und himmlischen Ausstrahlung, die von ihr ausging. Dann wurde sie langsam blasser, bis nur noch das rötlich weiße Licht übrig blieb und schließlich nichts mehr. Es war eine der wundervollsten Erfahrungen in meinem Leben. Seither sehe, höre und fühle ich meine Engel die ganze Zeit über.

KAPITEL 15

DIE BEGEGNUNG MIT ENGELN

Wenn Sie das in Kapitel 14 beschrie-
bene Wochenprogramm durchführen, wiederholen Sie die
Übungen einfach so lange wie
nötig. Und wenn Sie wirklich
bereit sind, Engel zu sehen,
dann gibt es keinen Grund,
warum sie keine Engelsvision
haben sollten. Die beschriebenen Methoden sind wirksame
und bewährte Schritte, die zu
Visionen führen. Sie wirken …
wenn Sie sich dazu verpflichten,
Sie konsequent zu praktizieren.

Wie Sie in den Berichten in Teil I
des Buches lesen konnten, sehen alle
Menschen ihre Engel auf ganz unterschiedliche Weise. Doch
ob sie ihre Vision nun in einem Traum oder im Wachzustand
hatten, ob sie Lichter sahen oder eine hilfreiche Begegnung
mit einem geheimnisvollen Fremden hatten, so gibt es doch
eine Gemeinsamkeit bei all den Menschen, über die Sie hier
lesen konnten: Ihre Engelsvision war immer von tiefer Bedeutung und hat ihr Leben verändert.

Sie haben wahrscheinlich eine bestimmte Vorstellung, in
welcher Form Sie Ihre Engel sehen möchten (und mit dem
Wort *Engel* meine ich hier sowohl die allgemein bekannten
himmlischen Boten wie auch verstorbene Angehörige und
aufgestiegene Meister). Ihre Engelsvision wird jedoch genau
in der Weise geschehen, für die Sie die größte Bereitschaft
haben. Wenn Sie Angst davor haben, einen großen Engel in

Ihrem Wohnzimmer zu sehen, dann haben Sie Ihre Engelsvision eher in einem Traum oder in Form einer Lichterscheinung.

In meinen Seminaren stelle ich immer wieder fest, dass die verschiedenen Teilnehmer auf sehr unterschiedliche Weise Engelsvisionen haben:

• mit geöffneten Augen,
• vor ihrem geistigen Auge bei geschlossenen Augen,
• als ein teilweises Bild vor ihrem geistigen Auge.

Einige der Teilnehmer haben Engelsvisionen, die wie zarte, rauchähnliche Gebilde aussehen. Andere sehen Engel, die ganz solide und fest wirken. Manche sehen Engel über anderen Menschen schweben. Für eine weitere Gruppe von Leuten scheinen die Engel, die sie vor ihrem geistigen Auge sehen, in ihrem eigenen Kopf zu existieren.

Wenn ich Engel sehe, sind meine Augen in der Regel geöffnet. Als ich ein Kind war, sah ich Verstorbene als solide und fest wirkende Gestalten. Ich konnte sie nicht von lebenden Menschen unterscheiden. Heute, da ich älter bin, sind meine Visionen weniger substanziell. Man könnte sie vielleicht damit vergleichen, bei eingeschaltetem Fernseher mit Freunden zusammenzusitzen. Ich kann sowohl die Menschen sehen, die mit mir physisch präsent sind, als auch die im Fernsehen. Ich weiß, dass die, die im Fernsehen zu sehen sind, weniger »real« sind als diejenigen, die neben mir auf dem Sofa sitzen.

Ihre Engelsvisionen werden sich also vermutlich von der Art und Weise unterscheiden, wie Sie lebende Personen sehen. Jedoch werden Sie wissen, dass Sie es mit einem wirklichen, lebendigen Wesen zu tun haben. Sie werden kaum Zweifel daran haben, ob Ihre Erfahrung echt ist. Bei den meisten Engelsvisionen erhalten Sie von den Engeln eine Botschaft, die wortlos in Ihr Herz oder Ihren Geist geschickt wird. Sie werden genau »wissen« oder »fühlen«, was der Engel Ihnen sagt.

Setzen Sie sich nicht unter Druck!

Sie blockieren Ihre Engelsvisionen, wenn Sie sich zu angestrengt darum bemühen.

Beten Sie viel, um Ihren Engel zu sehen und sich von den Ängsten zu befreien, die eine Engelsvision blockieren könnten.

Forcieren Sie nichts.

Lassen Sie die Engelsvisionen zu Ihnen kommen.

Stellen Sie sich vor, Sie sind eine Satellitenschüssel, die Signale empfängt.

Verschiedene Möglichkeiten, Engel zu sehen

Wenn Sie das Wochenprogramm durchgeführt und, falls nötig, wiederholt haben, werden Sie vermutlich irgendwann eine spontane Engelsvision haben. Wahrscheinlich geschieht es dann, wenn Sie es am wenigsten erwarten. Vielleicht wachen Sie mitten in der Nacht auf und sehen einen Engel am Fußende Ihres Bettes stehen. Die unglaubliche Liebe, die der Engel ausstrahlt, wird Ihnen alle Angst nehmen, die Sie in so einem Fall normalerweise hätten. Oder Sie fahren im Auto und sehen plötzlich einen Engel über der Motorhaube schweben. Es gibt unendlich viele Möglichkeiten für solche spontanen Engelsvisionen, und ich hoffe, dass Sie mir schreiben und über Ihre Erfahrungen berichten (Adresse siehe Seite 251).

Zusätzlich finden Sie hier einige Übungen, die ebenfalls zu einer visuellen Begegnung mit einem himmlischen Wesen beitragen können. Dabei geht es nicht darum, eine Vision zu forcieren; setzen Sie sich selbst also nicht unter Druck, wenn Sie diese Übungen ausführen. Am wirksamsten sind sie, wenn sie mit möglichst leerem Magen und ohne den Einfluss von Koffein, Zucker, Nikotin, Alkohol oder anderen bewusstseinsverändernden Substanzen ausgeführt werden.

Wenn Sie diese Übungen machen, ist es von großem Vorteil, sie mit der positiven Erwartung zu machen, dass Sie Engel sehen werden! Die Engel sagen immer: »Erwartungen schaffen Erfahrungen.« Wenn Sie also negative Gedanken haben, wie etwa: »Na ja, ich weiß nicht, ob mir das wirklich gelingt«, oder: »Ich habe so meine Zweifel, ob ich überhaupt geeignet bin, Engel zu sehen«, dann werden Sie blockiert sein, weil Sie *erwarten*, dass Sie blockiert sind.

Einige Zweifel von Zeit zu Zeit sind normal. Der Schlüssel liegt darin, sich dieser negativen Gedanken erst einmal bewusst zu werden und dann die Engel zu bitten, Sie von diesen Gedanken und Gefühlen zu befreien.

Bevor Sie mit den Übungen beginnen, nehmen Sie sich einen Augenblick Zeit und schließen die Augen. Atmen Sie tief und stellen Sie sich dabei acht gläserne Kugeln vor, die aufeinander liegen und von unten nach oben folgende Farben aufweisen:

Rot	Hellblau
Orange	Dunkelblau
Gelb	Violett
Smaragdgrün	Purpur

Sehen Sie diese Kugeln als leuchtend farbig und frei von jeder Art von Flecken oder Trübungen. Stellen Sie sich ein helles weißes Licht vor, das im Inneren einer jeden Kugel leuchtet. Sagen Sie sich dann innerlich:

Es ist jetzt leicht für mich, die spirituelle Welt zu sehen.
Meine Hellsichtigkeit ist stark und ich nutze meine Gabe, um der Welt in wunderbarer Weise zu dienen.
Es ist gefahrlos für mich, zu sehen.
Ich bin aufgehoben, beschützt und von Ruhe und Frieden umgeben.

Übungen mit Partner

Bei den folgenden Übungen ist es am besten, mit jemandem zu arbeiten, der aufgeschlossen ist und an Engel glaubt (oder wenigstens glauben möchte). Obwohl es durchaus möglich ist, auch beim Üben mit Skeptikern Engelserfahrungen zu machen, kann deren negative Einstellung Sie doch bei Ihren anfänglichen Versuchen stark behindern. Suchen Sie sich deshalb lieber jemanden aus, der Sie bestärkt und rückhaltlos unterstützt.

Übung vor einer Wand

Bitten Sie Ihren Partner, sich vor eine weiße Wand zu stellen. Die Wand sollte möglichst wenig Struktur und keine gemusterten Tapeten aufweisen. Auch eine weiße Leinwand, wie man sie für Dia- und Filmprojektionen benutzt, ist gut geeignet.

Bitten Sie Ihren Partner, die Augen zu schließen, sodass Sie sich bei der Übung nicht unter Druck oder unbehaglich fühlen. Atmen Sie dann ein paarmal tief ein und aus und kneifen Sie die Augen leicht zusammen. Lassen Sie Ihren Blick unscharf werden, indem Sie ihn nicht direkt auf Ihren Partner fokussieren, sondern so schauen, als würden Sie an ihm vorbei in die Ferne blicken.

Diesen leicht unscharfen Blick lassen Sie nun um die Umrisse von Kopf und Schultern Ihres Partners gleiten. Setzen Sie sich nicht unter Druck, etwas sehen zu müssen. Lassen Sie die visuelle Wahrnehmung von allein auftauchen. Vielleicht können Sie um Ihren Partner herum ein weißes Licht oder andere Farben sehen oder fühlen. Vielleicht nehmen Sie auch Energiewellen wahr, ähnlich wie das Hitzeflimmern über Asphalt an heißen Tagen.

Nehmen Sie einen weiteren tiefen Atemzug und schließen Sie die Augen. Prüfen Sie, was Sie nun mit geschlossenen Augen um den Kopf und die Schultern Ihres Partners herum sehen (manche Menschen sehen die geistige Welt mit geschlossenen Augen leichter). Wenn Sie mit geschlossenen Augen besser »sehen«, dann lassen Sie sie für den Rest der Übung geschlossen. Doch vielleicht sehen Sie die Energie oder das Licht der Engel mit offenen Augen besser, und wenn dem so ist, lassen Sie die Augen während der Übung geöffnet.

Sowie Sie irgendeine Art von Licht, Schwingung oder andere Anzeichen für eine Präsenz wahrnehmen, atmen Sie bitte weiter ruhig ein und aus, während Ihre geistige Wahrnehmung sich auf das Sehen einstellt. Dieser Vorgang ist so ähnlich, wie wenn Sie tagsüber aus einem dunklen Kinosaal kommen. Ihre Augen brauchen etwas Zeit, um sich wieder an die Helligkeit zu gewöhnen und zu sehen. Beschäftigen Sie sich nicht zu sehr damit, ob es sich um eine Fantasievorstellung handelt oder nicht. Nehmen Sie einfach alle Details der Engel wahr, die sich um Ihren Partner herum befinden.

Intuitionsübung

Dies ist eine Übung, bei der beide Partner gleichzeitig eine Engelsvision haben können. Zunächst setzen Sie sich Ihrem Partner gegenüber. Halten Sie sich an den Händen. Beide sollten dabei die Augen geschlossen halten. Lassen Sie Ihre Hände entspannt ruhen, damit sie nicht ermüden. Atmen Sie gleichmäßig ein und aus (manchmal halten wir den Atem an, wenn wir uns unter Druck fühlen). Das Atmen öffnet die hellsichtigen Sinne. Nehmen Sie sich außerdem Zeit für diese Übung, da jede Art von Eile Sie blockieren kann.

Stellen Sie sich nun vor, wie es wäre, wenn Sie den Schutzengel Ihres Partners sehen könnten. Lassen Sie einfach die Vorstellung zu, den Engel Ihres Gegenübers zu sehen. Es ist dabei nicht von Bedeutung, ob Sie sich die Engel nur vorstellen oder ob Sie sie wirklich sehen. Lassen Sie einfach zu, sie zu sehen.

Wie sehen sie aus? Sind sie groß oder klein? Sind sie weiblich, männlich oder androgyn? Welche Farbe haben ihre Augen? Welche Farbe haben ihre Haare? Sehen Sie Flügel? Sehen Sie irgendwelche sonstigen Einzelheiten? Haben Sie das Gefühl, dass die Engel Ihrem Partner irgendeine Botschaft mitteilen möchten?

Nach einigen Minuten tauschen Sie sich mit Ihrem Partner aus und erzählen ihm alles, was Sie sahen, fühlten, hörten oder dachten. Machen Sie sich keine Gedanken darüber, ob es »echt« war oder nicht. Ein Grund, weshalb Kinder so viel hellsichtiger sind, ist, dass sie nicht unterscheiden, ob etwas Vorstellung oder Wirklichkeit ist. Unsere Vorsicht als Erwachsene ist das wichtigste Hindernis, das uns davon abhält, hinter den Schleier zu schauen. Die Ironie dabei ist, dass Sie erst dann echte Engelsvisionen erleben werden, wenn Sie die Angst loslassen, Fantasie für Wirklichkeit zu halten.

Sie werden wissen oder fühlen, dass Ihre Vision echt ist, und Ihr Partner wird Ihnen bestätigen, dass die Vision für ihn wahr klingt. Sollten Sie jedoch Zweifel daran haben, dass Sie wirklich einen Engel sahen, bitten Sie Gott und die Engel, Ihnen zu einer wirklichen Engelsvision zu verhelfen oder Ihnen zu helfen, sich von allen falschen Zweifeln zu befreien, die Sie daran hindern, sich über Ihre Engelsvision zu freuen.

Es gibt keine Begrenzung dafür, wie oft Sie Ihren Schutzengel oder einen aufgestiegenen Meister oder Heiligen sehen können. Doch Ihr kürzlich erst verstorbener Verwandter oder Freund ist möglicherweise nicht so häufig in der Lage, Ihnen visuell zu erscheinen. Es kostet einen Verstorbenen enorm viel Energie, in sichtbarer Form zu erscheinen. Deshalb sehen Sie Ihren geliebten Verstorbenen vielleicht nur einmal im Monat. Außerdem können gerade erst Verstorbene nicht auf die Dauer auf der irdischen Ebene bleiben. Sie müssen erst im Himmel an sich arbeiten, um sich weiterzuentwickeln, bevor sie für jemanden als ständiger geistiger Führer bestimmt werden. Doch wenn Sie einen Verstorbenen einmal visuell wahrgenommen haben, sind Sie leichter in der Lage, seine Präsenz zu fühlen. Und seien Sie versichert, dass Ihre Verstorbenen Ihre Gebete, Botschaften, Bitten und Fragen immer hören. Sie befinden sich nie außer Hörweite, und wenn Sie sie rufen, sind Sie bei Ihnen, so schnell sie können.

Übungen ohne Partner

Verabredung mit einem Engel

Entscheiden Sie sich, welches himmlische Wesen Sie sehen möchten, zum Beispiel einen geliebten Verstorbenen oder Ihren geflügelten Schutzengel. Nehmen Sie nun Ihren Kalender heraus und wählen Sie einen Tag und eine Zeit, in der Sie mindestens zwei ungestörte Stunden für sich allein zur Verfügung haben. Tragen Sie in Ihren Kalender ein: »Meine Verabredung mit einem Engel«.

Dann gehen Sie irgendwohin, wo Sie allein sind, wie zum Beispiel in Ihr Schlafzimmer, ins Freie oder in einen Meditationsraum. Schließen Sie die Augen und konzentrieren Sie sich auf das himmlische Wesen, das Sie sehen möchten. Rufen Sie geistig dieses Wesen an. Senden Sie diesem Wesen Ihre Liebe.

Erklären Sie dem Wesen nun geistig, dass Sie ihm gerne begegnen würden (sagen Sie ihm den genauen Tag und die genaue Zeit für Ihre Verabredung). Wenn Sie das deutliche Gefühl haben, dass dies für den Engel oder Verstorbenen kein guter Tag oder keine günstige Zeit ist, dann sollten Sie eine andere Zeit für Ihre Verabredung wählen. Es könnte sein, dass Ihr Engel weiß, dass dies keine optimale Zeit für Ihr Treffen ist (der Engel sieht vielleicht eine unvorhergesehene Störung voraus), oder Ihr geliebter Verstorbener hat eine vorrangige Verpflichtung (er muss vielleicht einen Dienst verrichten, was die meisten im Himmel tun).

Wenn Sie ein gutes Gefühl für die Zeit Ihrer Verabredung haben, teilen Sie dem Wesen geistig den Ort mit, an dem Sie zu diesem Zeitpunkt sein werden. Sie tun dies für *sich* und nicht für das himmlische Wesen (die himmlischen Wesen können Sie recht leicht finden, ganz gleich, wo Sie sind). Wichtig ist nämlich, dass Sie eine klare geistige Vorstellung von Ihrem Treffen haben. Sehen Sie sich selbst, wie Sie sich mit Ihrem Engel verbinden und ihn sehen. Denken Sie daran, dass unsere Erwartungen unsere Erfahrungen beeinflussen. Bleiben Sie also bei einer optimistischen Einstellung, ohne sich dabei unter Druck zu setzen oder etwas zu forcieren.

Es ist wichtig, dass Sie Ihre Verabredung auch einhalten. Wenn Sie tatsächlich verhindert sind oder einen anderen Ort auswählen müssen, dann treffen Sie geistig mit Ihrem Engel eine neue Verabredung.

Am Tag Ihrer Verabredung seien Sie bitte pünktlich da und bringen einen Block und einen Bleistift mit. Sprechen Sie ein Gebet und bitten Sie, dass das göttliche Licht Sie umgeben möge. Bitten Sie den Erzengel Michael, während Ihrer Verabredung bei Ihnen zu bleiben, um sicherzugehen, dass nur Ihr Engel oder Ihr geliebter Verstorbener zu Ihnen kommt.

Setzen Sie sich dann hin und rufen Sie innerlich Ihren Engel oder geliebten Verstorbenen. Schließen Sie die Augen, atmen Sie ruhig ein und aus und nehmen Sie wahr, dass das Wesen bei Ihnen ist. Grüßen Sie das Wesen und beginnen Sie eine Unterhaltung auf der geistigen Ebene. Lassen Sie die Antworten als Gefühle, Worte, Gedanken oder Visionen zu Ihnen kommen. Öffnen Sie dann die Augen und schreiben Sie alles aufs Papier.

Nehmen wir an, Sie möchten zum Beispiel die Frage stellen: »Wie kann ich dich sehen?« Denken Sie diese Frage, während Sie sie aufschreiben. Dann schreiben Sie alle Eindrücke auf, die zu Ihnen kommen, selbst wenn Sie das Gefühl haben, es kommt nichts. Automatisches Schreiben beginnt oft als kleines Rinnsal, doch wenn Sie alles aufschreiben, was Ihnen in den Sinn kommt, wird mit der Zeit ein Gedankenstrom daraus. Schreiben Sie weiter Ihre Fragen auf und notieren Sie dann, welche Eindrücke als Antwort zu Ihnen kommen. Bald werden Sie eine richtiggehende Unterhaltung mit dem Himmel führen.

Ihr himmlisches Wesen wird Ihnen hilfreiche Tipps geben, die Ihnen zu Engelsvisionen verhelfen können. Vielleicht erhalten Sie Anweisungen, Ihr Leben zu verändern, mehr zu meditieren oder Ihre alten Überzeugungen zu überdenken. Wenn Sie der Führung Ihrer Engel Schritt für Schritt folgen, dann sind Sie auf dem besten Weg zu Ihren eigenen Engelsvisionen. Doch es ist auch möglich, dass Sie Ihren Engel oder geliebten Verstorbenen bereits bei Ihrer ersten Verabredung sehen. Sie sollten aber in jedem Fall weitermachen, und mit etwas Übung und Geduld werden Sie bald regelmäßig hilfreiche und liebevolle Unterhaltungen mit dem Himmel führen.

Spiegel-Übung

Für diese Übung braucht es einen schwach beleuchteten Raum mit einem großen Spiegel. Sie können diese Übung bei Nacht mit einer kleinen Nachtlampe machen. Doch vielen Leuten macht es Angst, im Dunkeln in einen Spiegel zu schauen. In diesem Fall ist es besser, in einem diffus beleuchteten Raum während des Tages zu sein. Decken Sie also Ihr Badezimmerfenster zum Beispiel mit einem dicken Handtuch ab.

Stellen Sie sich vor den Spiegel und lächeln Sie. Dabei entspannen Sie sich automatisch, und die Übung wird so zu einer vergnüglicheren Angelegenheit. Sie können auch Grimassen vor dem Spiegel schneiden, sodass Sie lachen müssen und noch entspannter werden. Ein Geheimnis erfolgreicher Engelvisionen ist Entspanntheit, Spaß und Freude.

Schauen Sie sich dann selbst mit einer lockeren »Geht ja ganz einfach«-Haltung im Spiegel an und suchen Sie den Bereich um Ihren Kopf und Ihre Schultern ab. Versuchen Sie nicht, eine Engelsvision zu erzwingen. Nehmen Sie einfach alles, was zu Ihnen kommt, als eine angenehme Überraschung an. Vielleicht nehmen Sie eine leuchtende Aura um Ihren Kopf herum wahr, äußerlich oder auch nur mental.

Das helle Strahlen, das Sie sehen, ist die Aura Ihrer Schutzengel.

Konzentrieren Sie sich auf dieses Strahlen und atmen Sie tief ein und aus. Sagen Sie innerlich zu Ihren Engeln: »Ich würde euch jetzt gerne sehen.« Sie können dann vielleicht blitzartig Details Ihrer Engel erkennen. Blicken Sie weiter auf den Bereich oberhalb Ihrer Schultern. Schauen Sie nicht direkt auf Ihr Gesicht, denn es scheint sich während dieser Übung häufig zu verändern und wie das Gesicht verschiedener anderer Personen auszusehen. Das könnte Sie ablenken oder Ihnen sogar Angst machen. Es geschieht aber nur, weil Sie dabei in die »Akasha-Chronik« oder das »Buch des Lebens« blicken und Visionen der darin aufgezeichneten Geschichte Ihrer Seele wahrnehmen.

Damit Sie bei dieser Übung Engelsvisionen haben, müssen Sie Ihren Blick also auf den Bereich oberhalb des Kopfes und der Schultern gerichtet lassen.

Traumarbeit

Sie können Ihren geliebten Verstorbenen, Ihren Engel oder Ihren persönlichen geistigen Führer wie Jesus auch einladen, nachts in Ihren Träumen zu erscheinen. Um eine starke Engelsvision im Traum zu haben, sollten Sie den Tag über möglichst keine Substanzen zu sich nehmen, die Ihre Stimmung und Ihr Bewusstsein verändern, wie zum Beispiel Koffein, Zucker, Schokolade, Alkohol, Nikotin usw. Diese hemmen nämlich die REM-Phasen des Schlafs und reduzieren oder verändern die Traummuster.

Bevor Sie am Abend zu Bett gehen, schreiben Sie auf ein Stück Papier: »(Name des Wesens, dem Sie begegnen möchten), ich würde gerne mit dir sprechen und dich sehen. Ich bitte dich, heute Nacht in meinen Traum zu kommen. Ich liebe dich und wünsche mir zutiefst, dich zu sehen.« Legen Sie das Stück Papier dann unter Ihr Kopfkissen und wiederholen Sie beim Einschlafen geistig diese Bitte.

Wie bereits im Vorwort erwähnt, sind die meisten Engels-visionen im Traum außerordentlich lebhaft. Es ist unwahr-scheinlich, dass Sie eine Traumbegegnung mit Ihrem Engel oder geliebten Verstorbenen vergessen, besonders, wenn Sie mit einem klaren Geist schlafen gehen. Es ist jedoch möglich, dass Ihr Unterbewusstsein einen Traum verdrängt, wenn es weiß, dass Ihr Wachbewusstsein damit nicht umgehen kann.

Sie müssen diese Übung vielleicht einige Tage lang wieder-holen, bevor Sie schließlich eine Engelsvision im Traum haben. Und es kann auch passieren, dass der Traum erst kommt, nachdem Sie sich von Ihrem Wunsch gelöst und alles Gott überlassen haben.

Seitlich schauen

Nachdem Sie meditiert haben, bitten Sie innerlich Ihre Engel oder Ihren geliebten Verstorbenen, Ihnen zu erscheinen. Schauen Sie dann aus den Augenwinkeln im Raum umher. Manche Menschen können die geistige Welt aus den Augen-winkeln heraus leichter wahrnehmen, als wenn Sie gerade-aus nach vorne schauen. Es scheint, dass wir offener dafür sind, Dinge wahrzunehmen, die unser Bewusstsein beim Blick nach vorne ausschaltet, wenn wir aus den Augenwin-keln heraus schauen.

Um ein Zeichen bitten

Engelsvisionen können auch bedeuten, Zeichen zu sehen, die ein Beweis für die Präsenz Ihrer Engel sind. Sie können Ihre Engel oder verstorbenen Angehörigen bitten, Ihnen ein Zei-chen zu senden, das Ihnen zum Beispiel hilft, bei einer wich-tigen Entscheidung die richtige Wahl zu treffen. Sie können Sie auch bitten, Ihnen ein Zeichen zu schicken, nur um Sie wissen zu lassen, dass sie bei Ihnen sind.

Sie können bestimmen, welche Art von Zeichen Sie erhal-ten möchten, oder Sie können dies Ihren Engeln oder Verstor-benen überlassen. Ihre Aufgabe ist es, das Zeichen zu erkennen, wenn es Ihnen geschickt wird. Glücklicherweise wird es Ihnen auch wiederholt geschickt, wenn Sie es nicht sofort wahrnehmen, so lange, bis Sie es erkennen. Diese Wiederholung hilft auch, Ihnen etwaige Zweifel zu nehmen, die Sie bezüglich der Richtigkeit des Zeichens vielleicht haben.

Häufige Zeichen sind Federn, Vögel, Schmetterlinge, Regenbogen oder Blumen. Es können aber auch Zulassungsschilder, Reklametafeln oder Gemälde sein, die von Bedeutung für Sie sind. Manche Zeichen sind auch auditiv, zum Beispiel, wenn Sie wiederholt ein Lied hören, das für Sie und Ihren geliebten Verstorbenen von Bedeutung war, oder wenn Sie ein Klingeln in einem Ohr hören.

Auch sehen Sie vielleicht leuchtende oder funkelnde Lichter als Zeichen dafür, dass die Engel in Ihrer Nähe sind. Diese »Engelsspuren« sind die elektrischen Funken der himmlischen Wesen, die sich durch den Weltenraum bewegen.

Ganz gleich, ob Ihre Engelsvision klar oder undeutlich war, wichtig ist immer, dass Sie Gott und den Engeln innerlich für ihre Hilfe danken. Wenn wir glücklich, friedvoll und dankbar sind, ist das die Belohnung für den Himmel für all die Hilfe, die wir erhalten.

KAPITEL 16

ENGELSVISIONEN IM ALLTAG

Engelsvisionen beschränken sich nicht auf die Begegnung mit himmlischen Wesen. Die Erde wird von zahlreichen Engeln bewohnt, und Sie können sie leicht mit eigenen Augen sehen. In diesem Buch und auch in meinem Buch »Die Heilkraft der Engel« (Heilung durch Engel) habe ich von Engeln gesprochen, die menschliche Gestalt annehmen. Manchmal erscheinen diese Engel kurzfristig während einer Krise und verschwinden dann wieder auf mysteriöse Weise. Doch es gibt auch inkarnierte Engel, die ihr ganzes Leben in einem menschlichen Körper verbringen.

Doch bei irdischen Engeln handelt es sich um eine andere Erscheinung. Es ist Teil unseres spirituellen Wachstums, ein Bewusstsein für die Schönheit und Liebe zu entwickeln, die beständig um uns herum existieren. Wie es im »Kurs in Wundern« heißt: »Ich bin den ganzen Tag über mit Geschenken gesegnet.« Wir müssen sie nur wahrnehmen.

Widmen Sie den heutigen Tag der Aufgabe, die Engelnatur der Menschen um Sie herum und in sich selbst wahrzunehmen. Achten Sie auf jeden Akt der Liebe, auch wenn er noch so klein ist. Wenn Sie ein Kind sehen, das seiner Schwester die Haare aus den Augen streicht, oder einen Fußgänger, der anhält, um den Hund eines Nachbarn zu streicheln, dann nehmen Sie dieses engelhafte Verhalten zur Kenntnis. Wenn ein Mitarbeiter Ihnen spontan anbietet, Ihnen bei einem eiligen Bericht oder einer anderen Terminsache zu helfen, machen Sie einen inneren Vermerk über dieses Geschenk des Himmels.

Je mehr wir lernen, die ganz gewöhnlichen Wunder des Alltags zu bemerken, desto fähiger werden wir, auch die außergewöhnlichen wahrzunehmen. Wenn Sie sich darin üben, überall Liebe wahrzunehmen, wird Ihr ganzes Wesen beginnen, immer mehr Liebe in Ihr Leben zu ziehen. Sie werden mehr Schutzengel anziehen, da engelhafte Wesen (irdische wie auch himmlische) vom Licht liebevoller Menschen angezogen werden.

Mit anderen Worten, nicht alle Engelsvisionen sind mystischer Art oder kommen aus der anderen Welt. Hier ein Beispiel:

Ein irdischer Engel in meinem Leben

VON ANTHONY DAVID REID

Ich war in der Oberstufe an der Highschool und hatte gerade in einem Basketballmatch gespielt. Ich hatte ein super Spiel gespielt, was ein Glück war, denn ich hasste es zu verlieren. Das ging so weit, dass ich auch meine Spielgegner hasste. Ich hasste jeden, gegen den ich spielte. Ich glaubte tatsächlich, dass sie alle schlechte Leute waren. Natürlich hatte ich bisher keinen von ihnen außerhalb des Spielfeldes getroffen. Ich hasste sie einfach. Verstehen Sie mich nicht falsch – ich war kein schlechter Sportsmann oder ein gemeiner Kerl. Ich war einfach nur extrem konkurrenzbewusst.

Als ich die Turnhalle verließ, stand mir ein junger Mann im Weg. Es war niemand, den ich kannte. Deshalb wollte ich an ihm vorbeigehen. Er aber streckte seine Hand aus, um meine zu schütteln. Ich ging nicht gleich darauf ein, da ich nicht wusste, wer er war. Ich sah in sein Gesicht. Ich kann Ihnen nicht genau sagen, was er zu mir sagte, denn diese Unterhaltung liegt jetzt 22 Jahre zurück. Ich weiß aber noch, dass er mir zu meinem guten Spiel gratulierte. Da nahm ich seine Hand an. Ich war beeindruckt von der Tatsache, dass dieses Lob von einem völlig Fremden kam.

Als ich in den Umkleideraum kam, stand mein Trainer an der Tür. Er fragte mich, worüber Jerry Koala und ich uns unterhalten hätten. »Das war Jerry Koala?«, fragte ich. Er nickte. Jerry Koala war der Star des anderen Teams. Er hatte wegen eines verstauchten Knöchels nicht gespielt.

Mir wurde zum ersten Mal klar, dass man Gegner und gleichzeitig ein guter Freund sein kann. Jerry hatte mein Spiel gewürdigt, ganz einfach, weil es gut war, unabhängig davon, wer der Spieler war. Das zeigte mir, dass die Gegner, die ich hasste, nicht die schlechten Leute waren, die ich in ihnen immer gesehen hatte. Jerry Koala war in Ordnung, und ich mochte ihn. Mein Hass hatte keine Grundlage. Es gab keinen Grund, meine Spielgegner außerhalb des Spielfeldes nicht zu mögen. Zwei Wochen später spielte ich gegen Jerry, und sein Team schlug meins 57:54 beim Bezirksturnier. Sein Team gewann auch das nächste Spiel und wurde zum Landesturnier zugelassen. Das erste Mal freute ich mich für ein gegnerisches Team.

Ein Jahr später traf ich Jerry zufällig in der Cafeteria der Universität von Northern Iowa. Keiner von uns studierte dort, aber wir hatten beide Freundinnen dort. Wir unterhielten uns mehrere Stunden lang und wurden Freunde. Ohne es zu realisieren, war Jerry der Engel in meinem Leben gewesen, der mir half, den Weg der Brüderlichkeit zu finden, der die Fähigkeiten der anderen ohne Eifersucht anerkennen kann. Diese Lektion lehrte mich, die Verbundenheit aller Menschen zu erkennen. Ich bin sicher, dass Gottes Engel etwas damit zu tun hatten.

Die Engel unter uns erkennen

Ich habe festgestellt, dass es meist liebevolle Menschen sind, die Engelsvisionen, mystische Erfahrungen oder wunderbare Zufälle erleben.

Damit wir auf irdische Engel treffen können, müssen wir unsere Angst vor anderen Menschen verlieren. Die meisten Menschen, die Sie treffen, wollen Sie nicht absichtlich verletzen. Völlig Fremde würden Ihnen sofort zu Hilfe kommen, wenn Sie bemerken würden, dass Sie verletzt sind oder in irgendeiner Weise leiden. Wenn Sie sich bewusst machen, dass jeder ein Mensch ist mit denselben Wünschen und Sehnsüchten wie Sie selbst, so kann Ihnen das helfen, sich in Gegenwart anderer zu entspannen. Es ändert Ihren Blick, sodass Sie das Gute in sich selbst und in anderen leichter sehen können. Und Sie wissen wahrscheinlich auch, dass Ihre positiven Erwartungen andere Menschen dazu inspirieren, sich von ihrer besten Seite zu zeigen, wenn sie mit Ihnen zusammen sind. Sind Sie nicht selbst freundlicher, netter und glücklicher, wenn Sie mit Menschen zusammen sind, die Sie offensichtlich mögen, respektieren und würdigen?

Im Himmel ist jeder kooperativ, offen und glücklich. Niemand muss anderen etwas vormachen oder sich in Acht nehmen, denn es gibt nichts, wovor man sich schützen müsste. Die Verstorbenen haben mich gelehrt, dass für uns auf Erden dasselbe möglich ist. Wir können uns wirklich so fühlen, als wären wir im Himmel, von Engeln umgeben, wenn wir das Gute in jedem Menschen und in jeder Situation sehen können.

Wenn Sie die Straße entlanggehen, erlauben Sie sich, Dankbarkeit für alle Menschen zu fühlen, die Sie sehen. Denken Sie daran, dass sie alle auf Ihrer Seite sind und dass sie wirklich wie Schutzengel handeln würden, wenn Ihnen ein Notfall passieren würde. Und wer weiß, der eine oder andere, dem Sie auf Ihrem Weg zur Arbeit – oder vielleicht sogar bei der Arbeit – begegnen, könnte ein getarnter Engel sein.

Machen Sie es sich heute zur Aufgabe, die engelhaften Handlungen der Menschen um Sie herum wahrzunehmen. Nehmen Sie es bewusst zur Kenntnis, wenn ein Fremder einem anderen hilft, wenn jemand einen anderen Menschen anlächelt oder wenn ein Autofahrer anderen Fahrern den Weg zeigt oder ihnen die Vorfahrt lässt. Sehen Sie auch Ihre eigenen engelhaften Handlungen Fremden gegenüber.

Wenn Sie sich darin üben, die vielen irdischen Engel um Sie herum wahrzunehmen, öffnet sich Ihr Herz für die Engel, die in himmlischen Dimensionen leben. Ein dankbares Herz ist ein furchtloses Herz, und je mehr Sie sich von Angst befreien können, umso eher ist es möglich, dass Sie in der Lage sind, alle Arten von Engeln um Sie herum zu sehen.

Glückliche Engelsvisionen!   *Doreen Virtue*

ÜBER DIE AUTORIN

Dr. Doreen Virtue ist eine hellsichtige Psychotherapeutin, die sich schon seit vielen Jahren mit dem Phänomen der Engel beschäftigt. Sie ist Autorin zahlreicher Bücher, unter anderen »Das Heilgeheimnis der Engel«, »Die Heilkraft der Engel« und »Dein Leben im Licht«.

Doreen Virtue gibt laufend Seminare in ganz Nordamerika, bei denen sie den Teilnehmern beibringt, wie sie ihre Schutzengel sehen, hören oder fühlen können. Außerdem lehrt sie praktische Möglichkeiten, mit himmlischer Hilfe das eigene Leben zu heilen. Sie war bereits bei zahlreichen Talkshows zu Gast.

Dr. Virtue lädt ihre Leserinnen und Leser herzlich dazu ein, Berichte über ihre Begegnungen mit Engeln an sie zu schicken, entweder als Mail an die Adresse *AngelsStories@Angel Therapy.com* oder mit normaler Post an die Adresse des amerikanischen Verlags Hay House. Bitte fügen Sie gegebenenfalls Ihre Erlaubnis zur Veröffentlichung bei und geben Sie an, ob Ihre Geschichte anonym oder unter Ihrem vollständigen Namen veröffentlicht werden soll.

Informationen über Doreen Virtues Seminare finden Sie auf der Webseite *AngelTherapy.com.*

VERLAGSANSCHRIFT:
Hay House, Inc.
P. O. Box 5100
Carlsbad, CA 92018-5100
USA
www.hayhouse.com

DANKSAGUNG

Herzlichen Dank an Jill Wellington Schaeff, Emma Heathcote, Share International Media Service, Dr. Ian Stevenson und seine Mitarbeiter von der University of Virginia School of Medicine, Andrew Greeley, Steve Allen, Steve Prutting, Corey Wolfe, Charles Schenk, Grant Schenk, Andrea Schenk, Bronny Daniels, Louise L. Hay, Reid Tracy, Jill Kramer, Christy Salinas, Jeannie Liberati, Janine Cooper, Jennifer Chipperfield, Tom Strapp, Arielle Ford, Bill Christy und an alle Männer und Frauen, deren wunderbare Engelsgeschichten die Seiten dieses Buches füllen.

BIBLIOGRAFIE

Greeley, A. M.; Hout, M. (1998): Pie in the Sky While You're Alive: Americans' Belief in Life After Death and Supply-Side Religion

MacDonald, William L. (1995): The effects of religiosity and structural strain on reported paranormal experiences. *Journal for the Scientific Study of Religion*, Vol. 34, S. 366–376

Osis, K.; Erlendur, H.: *At the Hour of Death*. Hastings House, Norwalk, 3. Aufl. 1997

Palmer, J. (1979): A Community Mail Survey of Psychic Experiences. *Journal of the American Society of Psychical Research*, Vol. 73, S. 221–251

Stevenson, I. (1982): The Contribution of Apparitions to the Evidence for Survival. *The Journal of the American Society for Psychical Research*, Vol. 76, S. 341–358

Stevenson, I. (1983): Do We Need a New Word to Supplement ›Hallucination‹? *American Journal of Psychiatry*, Vol. 140, Nr. 12, S. 1609–1611

Stevenson, I. (1992): A Series of Possibly Paranormal Recurrent Dreams. *Journal of Scientific Exploration*, Vol. 6, Nr. 3, S. 281–289

West, D. J. (1960): Visionary and Hallucinatory Experiences: A Comparative Appraisal. *International Journal of Parapsychology*, Vol. 2, Nr. 1, S. 89–100

LOUISE L.HAY

*Seit Gesundheit für Körper und Seele vor 20 Jahren
zum ersten Mal erschien, ist es zu einem der erfolgreichsten
Selbsthilfebücher geworden – mit über 30 Millionen
Weltauflage, davon über 1,5 Millionen in Deutschland.*

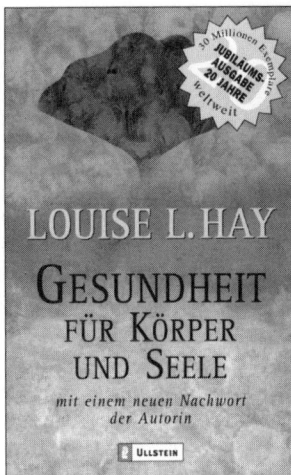

30 Millionen Exemplare
**JUBILÄUMS-
AUSGABE
20 JAHRE**
weltweit

LOUISE L. HAY

**GESUNDHEIT
FÜR KÖRPER
UND SEELE**

*mit einem neuen Nachwort
der Autorin*

ULLSTEIN

ULLSTEIN TASCHENBUCH

OSHO

Ein radikaler und unkonventioneller spiritueller Visionär,
dessen Bedeutung erst heute allgemein anerkannt wird.
Übersetzt in 47 Sprachen, weltweite Gesamtauflage
über 80 Millionen.

Kinder
Sei einfach du selbst
528 Seiten
€ [D] 9,95/€ [A] 10,30/sFr 18,00
ISBN 3-548-74109-6

Ego
Von der Illusion zur Freiheit
624 Seiten
€ [D] 10,95/€ [A] 11,30/sFr 19,80
ISBN 3-548-74110-X

Frauen
Die Quelle der weiblichen Kraft
696 Seiten
€ [D] 10,95/€ [A] 11,30/sFr 19,80
ISBN 3-548-74111-8

Intuition
Einsichten jenseits des Verstandes
224 Seiten
€ [D] 7,95/€ [A] 8,20/sFr 14,80
ISBN 3-548-74112-6

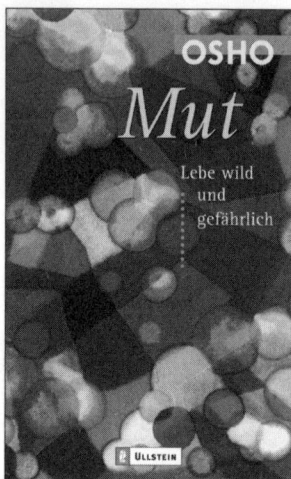

Mut
Lebe wild und gefährlich
224 Seiten
€ [D] 7,95/€ [A] 8,20
sFr 14,80
ISBN 3-548-74113-4

ULLSTEIN TASCHENBUCH